了不起的邻家女孩

香港的女儿梅艳芳

AMAZING NEIGHBOUR GIRL

ANITA MUI DAUGHTER OF HONGKONG

马超 著

华龄出版社
HUALING PRESS

有 态 度 的 阅 读

小马过河（天津）文化传播有限公司

自序
一代巨星陨落，一个时代落幕

2003年11月，香港红磡体育馆内，身穿洁白婚纱的梅艳芳笑着问大家：“我穿婚纱好看吗？”顿时，台下“好看”声如雷鸣！整个红磡体育馆，暖潮汹涌，大多数观众的眼中闪烁着泪光。

梅艳芳又说：“我是个歌手，也是演员，穿婚纱不是第一次，但是没有一次是属于我自己的。这也许是我一生的遗憾，但我有你们的爱，已将这遗憾弥补上了。我把我自己嫁给了音乐，嫁给了你们。”

说这番话时的梅艳芳，已经病入膏肓，身体极度孱弱。在那厚重的演出服下，是一副病弱的躯体；在这病弱的躯体中，跳动着的是一颗火热的心。她好似一个在舞台上跃动的精灵，又好似一位尊贵圣洁的女王。她的演出风格和造型设计始终是富于变化又引领潮流的，她曾经用自己的百变造型征服了一个时代。她告诉人们，美不止有一种样子，美不应该以陈旧的标准来评判。

就在这场演唱会刚开始时，梅艳芳手持话筒，望向台下观众淡淡地笑着，说："头饰加上衣服，起码80多磅[①]。"台下观众也笑着，他们凝望着这位舞台上衣着华丽的百变天后。她依然是那样的洒脱与自信，举手投足间散发着无限的魅力，根本不像一位癌症晚期患者，甚至那一刻的她比以往的舞台形象更加光彩照人。

但其实，此时的梅艳芳穿着尿布；她的身体正在不受控制地流血。赵文卓回忆起"梅姑"这最后一场演唱会时说："演唱会上她（梅艳芳）唱歌时上身在摆动，腿已经抖得很厉害了，但是她一直都在坚持。"

坚持唱完最后一首歌的梅艳芳，绝非逞强，而是想在生命的最后阶段以一种美好的姿态向舞台作别，向观众作别。在短短40年的人生历程中，她有36年的舞台表演经验。她的一生是属于舞台的。因而她想着在绚丽灿烂的舞台上，为自己的人生画上一个漂亮的句号。她不需要世人的怜悯，她以无比平静的心态实践着自己的死亡美学——即便病魔缠身，却依然顽强

① 1磅≈0.45359千克。

而乐观，以自己光彩夺目的璀璨演艺成就，照亮了港澳台地区，以及内地的演艺圈。

有人说，梅艳芳在二十几岁的年龄，同时斩获了“歌后”与“影后”的桂冠，已经冲到了事业的巅峰，她的演艺事业如此辉煌，已经没有什么遗憾了。但是，对于梅艳芳本人来说，她依然尚有心愿未了。在她的生命即将走到尽头时，她举办了最后8场演唱会，并且穿上好友刘培基为她设计的婚纱，嫁给了舞台。

当告别演唱会上最后一支歌《夕阳之歌》的前奏响起时，舞台上光影斑驳，舞台中间的人身影伶仃。梅艳芳本人最中意的歌曲，便是这一首了。只是夕阳再美，也是一片黄昏景象，不禁让人愁绪万千。此时的梅艳芳，已经进入生命倒计时。她就像那夕阳，尽力地燃烧自己，释放出点点余晖。

身穿洁白婚纱的梅艳芳深情演唱着，然而依然有细心的歌迷能听出来，她的声音略有颤抖，并且声音里透露着些许的疲惫。当演唱即将结束时，着一身洁白婚纱的梅艳芳，唱着歌，缓步地走上阶梯，一个挺拔却也落寞的身影如同一声绝响，镌刻在万千歌迷的记忆深处。她大声喊着“拜拜”，向观众用力挥着手，身后那道门渐渐地打开，她通过那道门缓缓退场。大家知道，她余下的时间已不多了。

最后8场演唱会，她散尽了身上仅存的光与热。当她终于完成演出时，面向观众蓦地回首一笑，那便是她留给人们的最后一抹美好。

一个多月后，梅艳芳在香港养和医院病逝，享年40岁。可是她的故事并没有结束——自从她去世后，各种纪念影视剧和纪念书籍相继问世。这些纪念作品，饱含着人们沉甸甸、情深深的思念。梅艳芳，以另一种形式继续活在人们的心中。

在人们谈起梅艳芳时，诸如“豪爽仗义”“赤子情怀”等评价成了高频词汇，而实际上梅艳芳在诸多的杰出品质之中最为耀眼的，便是坚强、独立、坚持自我。她幼年生活坎坷，却始终乐观向上；她在歌坛、影坛均有不俗的成就，却仍乐于学习、精益求精。文化研究学者李展鹏说，香港曾涌现过不少巨星，但不是所有巨星都能留下一种精神。然而梅艳芳的精神之所以被人们记得，就因为这种精神体现了诸多美好、光明，比如对事业的热爱、对公益的追求，即使面对人生困境也不轻言放弃，绝不让自己轻易垮掉，永远保持着积极上进的生活态度。

曾几何时，当人们望着舞台上的梅艳芳一边忘情、忘我地唱着歌，一边挥洒自如地跳着舞时，纷纷为她鼓掌喝彩，致敬这位演艺天才。可无人知道她为了做一场演出要付出多少辛劳。梅艳芳说：“天底下没有什么是天生就会的。”在梅艳芳家中有一面光洁巨大的镜子，每次她在家放着音乐练习舞步，都要对着这面镜子反复纠正动作，反复找对的感觉。

当梅艳芳得知自己患上宫颈癌晚期的时候，她明知身体已没有任何好转的希望，但依然选择以坚强积极的姿态，笑对剩下的人生时光。她说："我只希望大家在某一晚抬头望向天空，看见其中的一颗星星时，会想起曾经有个很熟悉的名字，一个曾经为你们带来一点儿欢乐的人，她的名字叫梅艳芳。"有的人最初与别人并没有什么不同，但他们奋斗、向上，永不停息地前进。因此，到了一定的时候，他们便实现了生命质量的飞跃，如同星星永远挂在天穹，被人们永久铭记。那颗叫梅艳芳的小行星，就挂在天宇的那一端，它的编号是55384。

人生诸多事，如梦幻泡影，万般带不去。从4岁半开始在荔园游乐场演唱，到19岁一举赢得新秀冠军，梅艳芳自始至终都体现出一种独有的"香港精神"，那就是乘势而起，不屈不挠。她身上似乎有一种永不消歇的能量，那便是真实，便是赤诚。香港著名音乐教育家、"音乐教父"戴思聪评价梅艳芳是"第一位在香港开创舞台的女艺人"，"她开创了属于梅艳芳的舞台，一个眼神，一个动作，都令观众着迷，她自己也沉浸其中"。他还称梅艳芳为"乐坛的天之骄女，舞台的巨人，后继无人"。(摘自戴思聪遗作《星河回忆录》)

梅艳芳迫于生活，年幼便出来唱歌表演，这一经历与美国流行音乐天王迈克尔·杰克逊颇为相似，他们都曾有过不幸的童年，也都为流行音乐和流行文化的发展做出过贡献，并且他们在成名之后努力地奉献自我，在慈善事业上发光发热。经历过不幸的人，更懂得关怀他人；被剥夺了童年之爱的人，更加心怀悲悯、满怀善意。他们在年幼时未曾感受到的幸福，便以另一种方式回馈到他们身上。在1993年格莱美颁奖典礼上，迈克尔·杰克逊是这样说的：“我根本没有童年，没有圣诞节，没有生日。那不是一个正常的童年，也没有童年可以享受到的任何快乐，取而代之的是辛勤工作、奋斗和痛苦，最终换取了物质和事业上的成功。但我却付出了沉重的代价，因为我再也不能重塑这段人生。”实际上，这也正是梅艳芳一生经历的真实写照。

特殊的童年经历，奠定了梅艳芳一生的性格基础：努力拼搏，喜欢付出。在香港经济开始崛起时，出身草根的梅艳芳更是满怀希冀，徒手搏来一个绚丽的人生。虽然她的人生已经落幕，可是她的精神永存。她的精神代表着香港精神，是独属于那个时代的珍贵乐音。梅艳芳这一生的故事，便是香港发展的故事、腾飞的故事。可以说，香港乐坛再难出现第二个梅艳芳，那个曾经引领时代的巨星徒然留下了一段芳华绝代的传奇。

但是生活在这个时代的人们，依然需要被梅艳芳的精神所激励，依然需要从她的人生故事中汲取向上生长的动力。我们无须将她神化，但应该了解她在演艺事业上的成就，为改变人生而做出的努力，以及为公义、公理和慈善事业做出的贡献。她被封为香港乐坛的百变天后，更被称为“香港的女儿”，这称号的由来便是她在演艺事业的影响力之外，对公益慈善事业的真诚奉献。

她不只是出色的艺术家，更是一位生命价值的倡导者。

目录

童年

灰蒙蒙的童年时光
初登舞台：荔园游乐场
11岁的『小歌女』

灰蒙蒙的童年时光

1963年的香港，遭遇了一场百年难遇的严重干旱，大约350万人陷入生活困境，有20多万人离开了自己曾经生活过的家园。那时候的香港，不仅是一座典型的移民城市，还是一个破败的小渔村，它并没有现在这般繁华与多元，人们都在为了生存而奔波，不同的是，贫苦的人活得更为挣扎、更为艰难。就像《七十二家房客》中演的那样，经济拮据的普通老百姓只能用竹竿晒衣服，大家吃了这一顿就开始为下一顿发愁，可无论如何，在和平年代，大家辛苦讨口饭吃，能吃饱饭睡好觉，便也没有太多的怨言。大家都觉得，以后的日子会越过越好。

也正是在这一年，香港旺角花园街的某户贫苦人家诞生了一个女婴，这个女婴从出生起便承受着命运的淬炼。没有人会料到，这个不讨母亲欢心的女婴，在出生数十年后竟能成为

“全球华人个人演唱会最多女歌手”。这个女婴，便是梅艳芳。她出生的这一天是1963年10月10日。“双十”本是个很圆满的数字，但是这一天出生的梅艳芳的整个童年时光并不幸福快乐。成年后的她曾多次表示，自己根本没有童年，如果人生可以重新来过，那么十几岁之前的人生就不要了吧，因为实在太苦了。

梅艳芳的母亲覃美金并非香港本地人，而是来自广州西关（即现今的荔湾区），是个不折不扣的西关大姐。20世纪50年代覃美金来到香港谋生，此后多年，她在香港与内地之间往来奔波，十分操劳。为生活奔波的覃美金已在广州生下了两儿一女，梅艳芳是最小的女儿，她被生在了香港。

当年覃美金拖着病躯来到香港，因为身体不舒服去看医生，才得知自己怀孕。这个消息着实令她忧愁了许久——家中子女较多，生活又不富裕，再多一个孩子，能否养得活呢？小女儿的到来，并没有给覃美金带来多少惊喜，覃美金甚至还认为这个柔弱的小生命给自己带来了诸多麻烦。因为在当时那种穷困潦倒的情况下，这意外到来的小生命已经超出了她的抚养能力。那时候的覃美金有多穷呢？在梅艳芳尚未出生时，覃美金手头没有多余的钱租房子，只能租下一张床，勉强带着孩子们用来睡觉。

生活在极端穷困之中的覃美金，为了度日，处处精打细算，有时候这种算计甚至非常“不近人情”。当覃美金怀着梅艳芳时，她便已经有了自己的盘算：若生的是男孩儿，即便再苦再累也要将他培养成才；若生的是女孩，那么最好让她尽快地赚钱养家，待成年后便一嫁了之。在覃美金看来，反正女孩迟早都要嫁人，因而不必让她在学业上用功。老辈人的观念，着实难以脱离时代的局限性。

梅艳芳刚出生时，覃美金在亚皆老街独自经营一所名为“月华中医诊所”的中医馆，主要治疗颈部、喉部的疾病。据说这家中医馆可以开出比较灵妙的偏方，正因如此，它才能在众多的诊所、医馆中站稳脚跟。不过家传秘方治病能否有效，那也是要看概率的，如果覃美金给出的偏方并不好用，那么估计连药费、诊金都难以足额收到。可即便如此，覃美金依旧能够靠着这小小的营生带着子女们勉勉强强地过活。他们过着那种刚好糊弄肚皮的日子，尽管一日三餐不少，可能否吃得饱就另说了。

日子本就难过，想到家中又多了一张吃饭的嘴，意味着又多了一份花销，覃美金满面愁容。贫穷困苦的现实生活，足以消磨掉人心中的那一点点柔软。为了生存，人不得不让自己的那颗心生长出利刃，否则就无法掘出生存下去的口粮。本就有些重男轻女陈旧观念的覃美金，想着日子本就艰苦，更何况这意外到来的孩子又是个女孩，因而她对这个新生的婴幼儿并不是很喜欢。

梅艳芳的父亲，如同那时候众多陷于穷困的男人一样，为了养家糊口便选择以跑船为生。在船上干活谋生的人，看似可以到处浪游，十分自在，但其实这一行业具有极高的危险性。若是在大海上遇到极端恶劣天气，那么船员极有可能葬身海底。加之通信受阻，出海便意味着船员在此后很长的一段时间里，与家人联系不上。也正因此，大多数船员妻子在丈夫每次离家之后，总要提心吊胆地生活好长一段时间，以至于将每一次分别都视为永别。

对于覃美金来说，独自一人拉扯众多子女终归是件艰难的事情。可日子即便再艰难，也总要支撑着过下去。为了维持生活，覃美金开办起粤剧班，她指导学员们唱粤剧，试图通过粤剧表演来获取收益，以补贴家用。在经营粤剧班的同时，她也盼望着丈夫早日归来。盼着，盼着，始终盼不到丈夫归家的身影，她难免心生怨气。当梅艳芳的父亲终于归家时，那副病恹恹的躯体似乎在言说着，他已经没有多余的力气出去跑船赚钱了；他已经病得不成样子，不久便撒手人寰了。

生活和命运待人如此刻薄，覃美金怎能不心生怨恨？在家庭最为困难的时候，孩子们享受不到母亲温暖的怀抱和轻柔的抚摸，特别是梅艳芳，对她来说，这样的呵护是母亲极为吝啬的。

覃美金的全部心思都放在讨生活上，都在应付沉重的生活压力。慢慢地，覃美金变得性格暴戾。不过，抛开人品和性格不说，覃美金还是有一些艺术功底的，她东挪西凑开办起来的粤剧班，在娱乐场所遍地开花的旺角，虽然称不上一枝独秀，却也帮她赚得些许生活费用。只是，这点儿微薄的收入也只够勉强支撑他们一家五口人的基本生活而已。在梅艳芳能够与姐姐外出赚钱贴补家用之前，支撑家庭的重任始终在覃美金肩上。长大后的梅艳芳在谈到父亲时说道，她对这位早逝的男人并没有太多印象。毕竟，父亲病逝的时候，她尚且年幼。原本应该在父母的羽翼下成长起来的小女孩，却因为家庭的贫困，以及父亲的过早离世，不得不在四五岁的时候将生活的重担压在自己稚嫩的肩膀上。

贫困、丧夫、子女众多、生活困苦，诸多现实困难让覃美金对人生充满了绝望。可她也只能忍受着生活的煎熬，就像大多数香港平民百姓一样苦熬着日子。覃美金的心里是有恨的，她要恨、要怨的实在太多；她也极少显露出好脸色，别人家母亲对子女们的温言软语，覃美金从不舍得“施舍”给自己的孩子们。梅艳芳在成名后接受采访时，曾大大方方地说过，印象中母亲凶得像个大女人，不过没有办法，母亲年轻的时候要带着好几个孩子过活，生活压力极大，并且家中孩子个个调皮，这就需要那种很有威严、很霸气的家长才能镇得住。

为了帮衬家里，年龄稍长的两个哥哥梅启明和梅德明也要外出做事，姐姐梅爱芳则带着梅艳芳跑到菜市场捡些别人不要的枯黄菜叶。反正只要煮熟能吃就好。穷人家的孩子，没有那么娇气，他们吞得下苦。

由于家庭生活过于困苦，覃美金又有些重男轻女的思想，以至于在梅艳芳出生之后，她一度动过将梅艳芳卖掉的念头，可终究还是不忍心。虽然覃美金最终将梅艳芳留在身边，可是她却在梅艳芳4岁半的时候，将她带到荔园游乐场，让她用歌声换取酬劳。我们倒也不必过多苛责覃美金的狠心，迫于生活压力，她选择的余地太小。

尽管缺少衣食、缺少关爱，灰蒙蒙的童年时光，给梅艳芳这一生笼罩上了悲伤的底色。可是，梅艳芳的灵魂却始终散发着温暖，她的心肠也是炽热的。她并没有因为过早地品尝到世间的苦辣辛酸而心怀不忿，也不曾因为自小缺少家庭的关爱而心灵扭曲，她反而在成名之前尽心地分担家庭重任，在成名之后尽力地回馈社会，为慈善事业做出了非凡的贡献。这种发自内心的善良，以及悲天悯人的情怀，最是难得。

在朋友们看来，梅艳芳就像一团火，所到之处皆充满了光与热。还有人说，梅艳芳所到之处，总是一众人同行，欢欢快快、热热闹闹。梅艳芳自己也承认，她喜欢人多、喜欢热闹，只有这样，她才会觉得开心，才会觉得不那么孤单。是的，这是一个有着孤独而悲伤的童年生活的人。梅艳芳刚出生时很是羸弱，作为一个身形瘦小、需要照顾的婴儿，她在家中却是那么不受待见，母亲覃美金要从早忙到晚，很难抽出多余的时间给予她陪伴和关怀，因此能够给她温暖与关心的也只有姐姐梅爱芳了。灰暗、孤独的童年生活，将梅艳芳的生命质地锻造得格外坚韧，她比其他同龄孩子更早熟，也更懂事，并且还有那么一些倔强，以及力争上游、不服输的精神，或许在她看来，只有自己做事做得好，才能被家人关注，才能突出自己的存在感。

可即便小梅艳芳十分努力地将事情做得再好，她的日子也依然过得艰难，家里实在过于贫寒，以至于饿了想吃上一口“皇上皇”的烧腊、馋了想嘬一个冰激凌的心愿都难以实现。梅艳芳小的时候没有吃过鸡腿，也没有吃过冰激凌，她经常想：到底有什么方法才能买到一只鸡腿呢？每天经过冰激凌铺子，她看到小贩招揽生意用的冰激凌塑料模型，只要多看几眼，便会看得口水直流，非常想一口咬下去。直到她八九岁的时候，才第一次拿到妈妈给的零花钱。零花钱到手之后，梅艳芳便立马买了一只梦寐以求的烧鸡。她望着喷香的烧鸡，将它捧在手中闻了半天都舍不得吃。

幼年的梅艳芳除了在荔园游乐场从事表演工作外，她还有一份照顾婴儿的工作。每次她看到小婴儿喝奶粉，便觉得那奶粉的味道肯定很香甜——年幼时的她总是觉得肚子饿。某天，她趁着小婴儿的妈妈不在，偷偷地打开奶粉罐子，将奶粉一勺一勺地塞进口中品尝。有一回，梅艳芳刚刚含了一口奶粉，小婴儿的妈妈突然回到家中，梅艳芳见状吓得不敢张嘴，只得赶快溜之大吉。尽管梅艳芳在年幼时总是处于饥饿状态，但是当她成年之后，别人问起她是否觉得童年的生活过于艰苦时，梅艳芳却表示，当时她根本没有时间去想这种日子苦不苦的问题，因为她要做很多事情，以至于连睡觉的时间都极为有限。如此的生活状态，累积下来的便是深深的自卑。

当然，小时候的梅艳芳也有其他小孩子的共性：贪玩、淘气，性格还十分倔强。覃美金一人既要忙于生计，又要照顾子女，自然没有什么好脾气。有时候，调皮的梅艳芳惹得覃美金动了火气，覃美金难免会动手打小梅艳芳，任凭梅艳芳的哥哥、姐姐怎么劝说也无济于事。挨了打的小梅艳芳紧紧地咬着嘴唇，绝不像别的小孩子那样只要挨打受骂便哭喊起来，更不会流着眼泪向妈妈哀求讨饶。这让覃美金颇为无奈——也不知小女儿这倔强的性格到底更像谁。

几年后，覃美金一家从花园街搬到了弥敦道。覃美金用积攒下的辛苦钱租借了一层楼，用作开办诊所和居家住宿。彼时，覃美金的表弟正在启德游乐场摆弄音乐，靠着为粤剧表演伴奏而维持生活。每到周六，他便呼朋唤友来到覃美金家中唱歌、奏乐，家里很是热闹。幼童梅艳芳时常可以听到乐器的演奏声和旋律优美的歌声，她觉得很有趣、很新奇。因此，只要看到表舅到来，梅艳芳便十分欢喜——她最喜欢听表舅唱歌了。

有一天，才满 3 岁的梅艳芳跑到表舅面前讲她也会唱歌，并且想要演唱一番。

“哦？那你会唱什么歌啊？”覃美金的表弟笑着回应。他原本以为梅艳芳是在说笑，并没有当真——才3岁的小孩子，会唱什么呢。

梅艳芳想了想，她说要唱一首《卖花女》。

“这首歌很有难度啊，你能唱下来吗？”表舅将信将疑地微笑着问她。

梅艳芳坚定地答道：“能。”并希望表舅在一旁用乐器伴奏。

覃美金的表弟拉起了二胡，只是他这时依然没把梅艳芳的话当真，而梅艳芳则毫不扭捏地完整地唱出了《卖花女》。作为经典的粤剧唱段，《卖花女》曲调宛转，唱词哀婉，演唱难度相当大。当3岁的梅艳芳一曲终了，她的表舅惊呼一声“天才”，并向表姐覃美金极力夸赞起来，“其他人唱歌，或是忘记拍子，或是忘记歌词。但阿梅只有3岁就能完整地唱出整首歌曲，真的很厉害啊！”

这首《卖花女》展示出梅艳芳在表演方面的非凡才华，但同时它也预示了梅艳芳在此后的岁月里，将与舞台表演结下不解之缘。一曲《卖花女》，是梅艳芳演艺生涯的开端，但它更像是一个人生隐喻，暗示了梅艳芳这一生的崎岖人生路。只是此时的一家人尚且沉浸在各自的惊喜之中——覃美金的表弟看到的是一个天才，而覃美金看到的则是一个希望。

在小梅艳芳完整地唱出《卖花女》的那一刻，覃美金坚定地认为站在自己面前的小女儿在歌唱方面确实有些天赋，她觉得应该进一步培养这个孩子，毕竟天分难得，或许这个孩子还能给自己、给这个家庭帮上忙。考虑小诊所生意举步维艰，覃美金索性将其直接关闭，将其改为音乐学校。这样一来，既可以招揽学生，又可以给梅艳芳提供学习唱歌的机会。由于覃美金开办的诊所名字中有个“华”字，而他的表弟名字中有个“强”字，所以，她便给自己操办起来的这所音乐学校取名为“华强中西音乐学校”。

覃美金规定，学校每周上两堂课，每月共计 8 堂，学费每月 50 元。每当老师讲课时，梅艳芳便在旁边认真地学，慢慢地她懂得了一些粤剧方面的知识，也跟随老师的教学有板有眼地走位，只是她还没有正式拜过师。初学粤剧的梅艳芳跟着老师“咿咿呀呀”地唱起了《梁山伯与祝英台》中的黄梅调，除了学习粤剧，她也学唱国语歌。小梅艳芳不仅喜欢听、喜欢唱，而且也喜欢学，虽年纪很小却非常上进。渐渐地，覃美金发现，由于对唱歌唱戏抱有浓厚的兴趣，梅艳芳渴望学到更多与音乐相关的东西。由于见小女儿唱歌唱戏有模有样，不论学什么都进步极快，虽然手头拮据，她却依然买回一双唱戏的鞋子送给梅艳芳。

20 世纪 60 年代的香港，经济逐步复苏。大量涌进香港谋生的内地居民，凭借着吃苦耐劳的精神在香港的街头巷尾做起各种各样的小生意，或者进入其他行业出卖劳动力。大家忙忙碌碌，过着那种紧巴巴的日子，生活说不上好，但也绝不算太坏。就像覃美金，为了养育子女又是开办小诊所，又是操持粤剧班，又是开办音乐学校，只为赚取些蝇头小利。她带着孩子们无比艰难地度日，日子虽难，终归一天天地好过起来。

作为家中幼女，梅艳芳是被母亲忽略最多的孩子，可在日后她反而成为担负责任最多、承受压力最重的孩子。她在这困窘的生活中扎下根来，耳之所闻、目之所见的全是草根民众那种守望相助的侠义气概，这样的侠义气概滋养了她那幼小的心灵，也催生出自强不息、不屈不挠的精神。凭借着这样的气概、这样的精神，梅艳芳在多年之后于香港娱乐圈站稳脚跟，并将自己的光芒投射到更广、更远的地方。

初登舞台：荔园游乐场

开业于1949年的荔园游乐场，一度成为香港乃至东南亚规模最大的游乐场。这里的游乐设施很丰富，也很时髦，设施完备，有诸如摩天轮、碰碰车、电影院、粤剧场、歌坛等，后来在荔园游乐场的动物园内，还饲养了一头憨态可掬的大象“天奴”，一时间，吸引游客众多。

好玩儿的设施，有趣的场所，名目繁多的娱乐项目，不同年龄段的人们，都能在荔园游乐场找到最适合自己的休闲方式，用以消磨时间，让生活多点儿乐子。

在这个平民化的娱乐场所中，也可以见到小孩子的身影。4岁半的梅艳芳和年长她4岁的姐姐梅爱芳也经常来荔园游乐场，只不过她们可不是来消遣娱乐的，而是来讨生活。位于荔枝角湾北面的荔园游乐场，便是梅艳芳演艺生涯的起点，尽管那时候的她并不晓得自己这一生与舞台有着特殊的因缘。

原先，香港并没有像红磡体育馆那样的专门演出场所，以表演为生的艺人们要经常奔波于各个夜总会之间，只有那些名气大、实力强的走红歌手，才有资格在夜总会举办专场的个人演唱秀。像梅氏姐妹这样的小孩子只能等夜幕降临后，在夜总会、歌舞厅、酒廊等场所穿梭，她们通过唱歌表演换取报酬，维持家庭开销。有些时候，她们甚至还会在街头唱歌、跳舞，演得卖力，只为博得客人的欢喜，可以多挣一些钱。

梅艳芳和姐姐梅爱芳能够在荔园游乐场表演，这与她们的表舅有着极大的关系。当时，覃美金的表弟和一众朋友在荔园游乐场玩音乐，最初梅艳芳只是因为喜欢上台玩耍便被赞叹她的音乐才华的表舅请来帮忙客串，后来她便与姐姐在此常驻。于是，在20世纪60年代末的荔园粤剧场和歌坛里，几乎每天都有两个小小的身影在其中来回晃动，她们是那样的柔弱而稚嫩。那两个小小的身影便是梅爱芳和梅艳芳。这姐妹二人穿着艳丽却廉价的衣衫，头戴夸张而沉重的饰品，她们的脸上浮现出一抹笑容，手提一个大茶壶，向来到园子里的客人殷勤地问着："先生、小姐，您要点歌吗？"如果有客人报出歌名，姐妹二人便高声唱歌，有风吹过时，她们的歌声便随风飘远。姐妹二人殷勤地笑着，迎着客人们或惊讶或鄙夷的目光，从不退缩。

在荔园游乐场的海燕歌剧院里，年幼的梅艳芳虽是初次在众人面前唱歌，可却丝毫不怯场，一首《卖花女》终了，众人喝彩。梅艳芳嗓音洪亮，歌声悠扬，但由于当时年纪尚小，个头儿也矮，所以每当她在那里开口唱歌时，人们都要四处寻找——唱歌的人究竟在哪里呢？为何只闻其声却不见其人呢？

其实覃美金早就发现了两个女儿的特质——嗓子好，能唱歌，而且还不怯场。想到家中情况的困窘，覃美金便要求两个小女孩通过卖唱表演的方式为家庭赚取生活费用。毕竟，那时候覃美金一家的生活实在太穷、太难了，只能像其他讨生活的家庭一样，让孩子也担负起赚钱养家的重任。可是，并非所有来到园子里消遣的客人都有涵养、都懂礼貌，难免有些人会用异样的目光打量这对姐妹，一个8岁半，一个4岁半，看起来瘦弱得很，也好欺负得很。平日里总会有些人恶声恶气地吓唬、取笑她们，还有些吹着口哨的小混混前来勒索“保护费”。但是，梅艳芳却永远是一脸无畏的表情。她似乎不懂得什么是害怕，只是想要用自己的方式护着姐姐。

小小年纪的梅艳芳虽然比姐姐矮了一大截儿，可她却懂得姐姐对自己爱护有加，因而她也要时刻护着姐姐，免得她被外人欺负。所谓侠义心肠不一定是天生有之，而是有所经历之后逐渐形成的一种舍己为人的心地。年幼的梅艳芳或许不懂得何为侠义心肠，何为舍己为人，但她却懂得体谅家庭的难处，更懂得家人的重要性。这份沉重的责任感，伴随着童年的艰苦生活，早已深深地融入梅艳芳的血脉中。

当然，也不是所有人都心怀歹意。有些客人见姐妹二人出来谋生不易，便点歌照顾她们的生意。当人们仔细聆听二人的歌声时便不难发现，年龄最小的那个，嗓音最独特、表现力最强，那清脆的童音里唱着的无非是些成年人的情情爱爱与聚散分离，全是与她这个年纪不相匹配的歌曲，可即便如此，这歌声依然具有击穿人心的力量。梅艳芳后来说，其实她那个时候并不懂得这些歌曲的含义，也不理解歌曲中的悲喜故事，只是站在舞台上唱歌，有人点歌便开口。

在荔园游乐场演唱的日子太辛苦了。不过，虽然梅氏姐妹二人几乎每天都会遭遇来自客人的欺负，可她们毕竟不孤单。因为许多日后红透香江的艺人在未出名时，都曾有过在荔园游乐场演出的经历，比如萧芳芳、陈宝珠、郑少秋等，而梅氏姐妹二人与郑少秋的友谊便发端于荔园游乐场这方小舞台上。郑少秋年长梅艳芳 16 岁，不仅给予了年幼的梅艳芳关爱，而且在舞台表演方面也给予了她耐心的指导。这段缔结于微末之时的友谊，贯穿了梅艳芳的一生。

另一位与梅艳芳交情颇深的艺人便是成龙。早年间，成龙跟随于占元先生学习京剧，后来他与兄弟们组成“七小福”在荔园游乐场表演京剧，而他们旁边的表演场地便是唱歌、跳舞的梅氏姐妹二人，因此他们算是自小就相熟的朋友。有时候梅艳芳会取笑成龙唱歌难听，还极为主动地要教他唱歌。面对这个小妹妹的玩笑，成龙从不生气，反而觉得她特别活泼可爱。在梅艳芳这段早年的艰辛演艺生涯中，来自这些大哥哥的和善暖透了她的心。

像其他不知名的小歌手一样，梅艳芳每天都要在台上卖力表演，这样献唱卖艺讨生活的日子，真是无比艰辛。梅爱芳和梅艳芳每次登台表演前的准备工作，总是急匆匆地完成——她们姐妹二人要赶场，并没有充裕的时间化妆，取一张红纸夹在小而薄的嘴唇中，轻轻地抿一下，便等于上妆了；连续赶场往往来不及更换服装，她们便直接穿着夸张又艳丽的演出服挤上开往表演场所的小车。这一整天下来，姐妹二人不仅没有充足的玩耍时间，就连休息时间都十分有限。但一个人只有咬着牙走过人生中最艰难的岁月，才有可能笑着迎来最灿烂的阳光。梅艳芳日后在歌唱表演方面取得的成就，全赖于从幼年时期开始便逐步积累下的演出经验。

实际上，小小年纪的梅艳芳在来到荔园游乐场演唱之前，便已经与姐姐积累了一些演唱经验。以前，香港市政局会在户外搭棚，举办一些歌唱活动，她们姐妹二人便受邀参加。虽然姐姐梅爱芳的歌声也很动听，但人们却更加看好年龄稍小的梅艳芳，因为她在舞台上的表演更富于个性色彩，更富有激情。

除了那首哀婉凄切的《卖花女》，梅艳芳还有另外一首拿手曲目叫《我爱妈妈》，后来她又喜欢上了当时的热门动作片《唐山大兄》的同名主题歌。为了更好地演唱《唐山大兄》这首歌，梅艳芳就时常扮成男孩儿模样，在台上一边唱歌一边舞动——不了解真相的观众还真的以为她是一个小男孩儿呢。她还扮过粤剧名家麦炳荣上台唱戏，也穿起男装唱《卖酒仔》。即便是不同风格的歌曲，梅艳芳依然能够完美地诠释出来；即便是扮作男生唱粤剧，她的表演水平也丝毫不在话下。只要往台上一站，便无惧无畏地放声高唱，梅艳芳身上有着一股子飒爽、直接的江湖劲头。

虽说贫寒的家境让梅艳芳从小就见识到人性善恶、世间冷暖，但这种天生的胆子大，着实也令她多了一些与其他女孩不一样的人生体验。身为姐姐的梅爱芳性格较为内向、软弱，面对来自外人的欺负只会忍气吞声，可梅艳芳往往挺起胸膛予以回击。在家中原本是小妹，偏偏遇事时喜欢当大姐。人人皆道梅艳芳是女儿身男儿性格，其实她这种男儿汉的个性从小时候起便鲜明地展现了出来。她喜欢冒险，面对陌生的人与事不会惧怕；她义气十足，个性强烈，经常为了保护姐姐挺身而出。梅艳芳还喜欢读小说，尤其是武侠小说，在少有的休息时间里，她总是要翻上几页，在书中的刀光剑影里畅游一番。加之20世纪70年代的香港武打动作电影风靡一时，梅艳芳便越发向往这种侠客生活。当年的日子太艰难了，像梅艳芳这样的小孩子能找到的娱乐方式并不多。

每当夜色垂下，其他孩子即将进入梦乡时，梅艳芳和姐姐便来到荔园游乐场、夜总会等一些地方进行歌舞表演。在舞台上，梅家姐妹又是唱又是跳，表演完毕还要跑到台下极其卑微地向观众讨要赏钱。有些时候她们收获颇丰，但很多时候她们在收到赏钱的同时还会收到客人的白眼。

许多年后，梅艳芳回忆起童年往事时也只是语气淡然地说："若某天的收获比昨天好一点儿，家里的菜就能丰富一些，妈妈和姐姐会吃得开心，房租就能补交，家中的氛围才会稍显快乐些。"对于穷困的一家五口人来说，每一天都是艰难的，因为他们也不确定明天是否能吃到新鲜可口的饭菜，是否能赚到微薄的收入。

梅艳芳小时候想吃点儿好东西改善一下伙食，都成为极难满足的愿望。当终于可以品尝到梦寐以求的美味时，那小小的手紧紧地攥着筷子，面对碗里的饭菜半天都不舍得吃。这是她童年生活中极为少有的幸福时刻，但实际上这所谓的美味，也只不过是比平日里的饭菜稍微好一点点而已。如果某天家里进账过少，那么能不能吃顿饱饭就是另外一说了。

梅艳芳周围那些寻常人家的小孩子，其实日子过得也不易，因为那时候家家户户都很穷，谁也不知道这样的苦日子还要持续到什么时候。年幼的梅艳芳对于家庭的困境看得很清楚，她知道家庭经济条件不好，因此每一次演出，她都十分卖力，并且因为自己能够为家庭做些什么而发自内心地感到幸福。人们都说小时候的梅艳芳很懂事，但在她的这份懂事之中，实在包含了诸多的无奈。

生活穷苦归穷苦，无奈归无奈，梅艳芳在这穷苦与无奈的生活之中似乎总能挖掘出少有的乐趣。从6岁以后她便自己化妆，不再需要覃美金帮忙，而且她还学着自己挑选化妆品，想要装扮得更时髦一些。虽然她只是个小女孩，却天生对时尚的东西比较敏感，即便小小年纪，也能把自己收拾得有模有样。偶尔，梅艳芳也会偷偷地用姐姐的化妆品，被当场发现还要与姐姐斗嘴，姐妹二人说笑着、玩闹着，尽情享受窘迫生活中的一点儿快乐。

与姐姐梅爱芳相比，梅艳芳更独立一些，胆子更大一些，也更有自己的主意。她不仅在登台表演时毫不胆怯，而且还很乐意尝试玩一些刺激的游戏，比如坐过山车。覃美金曾在心中暗自想过：这个小女儿怎么像个男孩子一般啊，又顽皮又倔强，脾气那么大，性格那么反叛。因为过于叛逆，梅艳芳没少遭到妈妈的责骂，但是每当覃美金责骂她时，哥哥、姐姐便要护着她。梅艳芳这种过于叛逆的性格，在她19岁正式踏入娱乐圈之后也没有任何收敛。

童年时期的梅艳芳还有一个习惯，不喜欢存钱。即便她每天通过辛苦表演才能赚钱维持生活，可她依然没有存钱的意识。只要手头有些钱，梅艳芳便想着如何潇洒地花出去。有时候梅艳芳会买些好看的衣服和化妆品，这些价格不高但样式美观的物品令她十分愉悦。有时候，梅艳芳会买来自己喜欢的唱片，一边听一边学，在演出之外给自己一些放松的时间，虽然只是片刻的轻松，这在她的童年生活中却是极为难得。成年以后的梅艳芳经常说，对她而言，钱不过就是个数字，只要够用便好。她没有理财意识，出手大方，对人豪爽，原来这样的做派在童年时期便已经存在。

当时的香港虽然进入了经济社会平稳发展的阶段，但我们要知道的是，在任何一个发展时期，繁华的城市里依然有不少生活穷苦之人，这些穷苦人反而在艰难的生活环境中展现出了不凡的坚韧品格。在 20 世纪 60 年代，香港经济得以高速发展，经济腾飞之势已见端倪，可梅艳芳这一家人的未来出路在哪里，他们心中却完全没有把握。在复杂而广袤的人类社会面前，个体渺小得简直不堪一提，唯有坚韧地活下去，或许才能得见命运的曙光。

夜色中的香港，四处弥散着光怪陆离的娱乐气息，五光十色的旋转木马，曾是多少香港人童年的最爱。梅艳芳是没有童年的，在本该与小伙伴们玩耍的时光里，她却承担起远远超过年龄的家庭重任。梅艳芳虽然从小生活困窘，每天为了讨生活四处奔波，可她却并未被艰难的人世消磨掉原初的人性本真。不论是通过梅艳芳家人的讲述，还是通过她成年后以电视短片、记者访谈等形式进行的描述，我们都不难发现她的这种纯真、赤诚。

1988年，早已成名的梅艳芳曾应电视台之邀拍摄过一部电视短片。在片中，梅艳芳带领观众去往她童年曾经生活过的地方，荔园游乐场便是起点。梅艳芳像个小女孩似的，跳上剧场舞台，再度唱起那首《卖花女》，无比熟悉的唱词悠悠响起："梅花靓，桃花靓，芬芳吐艳十分靓……"她像一阵风似的跑到台下，向着当年的自己鼓掌致意。她还来到化妆间，一边拿起大红色的"利是封"，一边告诉观众：当年，她与姐姐在荔园游乐场表演时，家中境况很窘迫，她们没钱购买化妆品，便用这片红纸上妆，只在唇边一抿，将双唇染红，就要准备登台献唱了。

她讲述这些童年时期的经历时，完全就像是在讲述别人的故事。她的脸上不见忧伤，反而是一派自然坦荡。从年幼时期便经历贫穷和奔波，让梅艳芳过早地品尝到世间炎凉、人情冷暖，可她成名之后却越发地闪耀出一种人性的光芒，让世人看到诸般美好。她是坚韧的，也是悲悯的。

早期的人生经历，对一个人此后的性格养成至关重要。虽然梅艳芳不曾有过童年的玩伴，也不曾与小朋友们快乐地嬉戏，可是她成年之后说起自己童年时期的表演经历，脸上并不曾展现自怜自伤的表情，反而十分自豪地表示，是早年的演出生涯磨炼了自己。

作为歌手的梅艳芳，幼年时便得到过一次十分难得的正式登上演艺大舞台的机会，那次与她同台表演的人是当红歌星邓丽君！与邓丽君同台演出的那天，是梅艳芳演艺生涯中的第一个“高光时刻”。说起来，那次演出正是梅艳芳的“处女秀”，第一次正式登台表演便与邓丽君合作，这对于当年的那个稚嫩幼童来说，自然是件开心而荣耀的事情，这也成为梅艳芳童年时期经历过的最大欢欣，而且这一经历对她以后的影响也比较深刻。以至于成名后的梅艳芳还曾多次眉飞色舞地讲起，当年自己与邓丽君同台演出时的那份激动与喜悦。只是当时年幼的梅艳芳并未料到，在此后的演艺生涯中，她与这位红透亚洲的歌手居然还有数度同台献唱的机缘。

如果说荔园游乐场的小舞台是梅艳芳演艺生涯的开端，那么在此后的数年，直到梅艳芳参加香港无线电视台举办的第一届新秀歌唱大赛，便是她积累舞台经验、夯实歌唱功底的关键时期。当然，对于年幼的梅艳芳来说，她与姐姐登台歌唱也并非完全因为天生热爱表演，更大的原因还在于被生活所迫不得已而为之。登台表演就是她们唯一的谋生方式。只是不知道那些曾经流连往返于娱乐生活的人，经年之后是否依然记得：荔园游乐场北角有一对笼罩在香港夜色下的小姐妹，她们努力地唱着跳着，她们用自己的歌声支撑起一个家庭，用出色的表演为自己搏一个未来。算起来，从 4 岁半开始登台表演，到 40 岁时英年早逝，梅艳芳的演艺生涯足有 36 年！她是一位天生的歌者，生来就属于舞台。借用梅艳芳的好友、香港作家李碧华多年后的一句话来讲，“乐坛寂寞得可怕，只出了一个梅艳芳”。

也许，即便不因维持家庭生计而登台献艺，她也会在某个人生阶段中，因了某种缘由而走上舞台，进而在舞台上大放异彩。只是，人生是一场单程旅途，它没有前提假设，更不可能推倒重来。梅艳芳的人生故事才刚拉开序幕，她将亲眼见证香港的社会巨变，也会见证自己的传奇人生。

11 岁的“小歌女”

湾仔庄士敦道是一条贯通东西的交通干线。在这条交通干线 120 号宜兴大厦的位置，是一家名为醉琼楼的酒楼。就是在这个地方，覃美金租下一块场地做歌坛。别人吃饭，他们一家便表演歌舞助兴。长年靠着卖艺来维持生活，虽然十分辛苦，却也为梅艳芳积累了丰富的舞台表演经验，磨砺了歌艺。

此时已是 20 世纪 70 年代中期，香港初步呈现出经济繁荣的趋势，五颜六色的霓虹灯四处闪烁，娱乐业更是比之前有了相当程度的发展。经常有一些台湾歌手在尖沙咀的娱乐场所驻唱，并且还组建起乐队、乐团，四处演出。在这些来自台湾的表演团体中有一个“艺霞歌剧团”较有名气，收入颇丰。覃美金便由此得到启发，关闭了粤剧班，组建起自家的歌舞团，名为锦霞歌舞团，既表演唱歌、跳舞，也表演话剧、歌舞剧。像锦霞歌舞团这种以家庭为单位的小型演出团体在当年并不少见。作为家庭的一分子，梅艳芳更是出力不少。她在表演《卖酒仔》时发挥出自己得天独厚的喜剧天赋，带动现场欢快的气氛。

像其他演出团体的负责人一样，覃美金也会带着锦霞歌舞团来到乡间演出，梅爱芳与梅艳芳姐妹二人十分受欢迎，她们随着歌舞团来到乡间演出时，人们便挥手笑着喊出她们当时的艺名："依依、依娜，欢迎你们。"20世纪70年代的香港人，听歌、看戏的娱乐方式越来越普遍，唱歌、唱戏、吹拉弹唱的艺人们也大量出现。只要一个艺人歌声靓、嗓音好，就不愁没有地方演出赚钱。

为了扩展演出门路，覃美金不仅带着锦霞歌舞团走进乡间，还去了新界、长洲、澳门等地，十几岁的梅艳芳便完成了早年的巡回演出。虽然往来颠簸很是辛苦，可每一次登台表演，对于梅艳芳而言都是一种历练。从小就见识过各种复杂环境的梅艳芳，早已磨炼出过人的胆识，在此后的演艺生涯中虽遭遇过种种意外情况，可她从不慌张，反而能够游刃有余地应对各种突发状况。梅艳芳回忆自己的幼年时期，曾经这样说道："人家说我有女强人的外壳，是因为我从小已经见惯了人生的复杂环境，无形之中自己建起了不少'墙'。"彼时的她已经是红极一时的明星，再度谈起童年往事时，从未流露出诸多抱怨。

不得不说，覃美金还是具有一定的经商头脑和商业眼光的，她的锦霞歌舞团在众多的表演团体中勉强生存下来，只不过这个歌舞团的演出设备实在过于破旧，并且经常出现人员短缺的情况，但即便如此，也不曾耽误锦霞歌舞团的表演。只是这种家庭式经营的小团体不仅所获报酬极为有限，而且时常会遭到黑社会人员的骚扰，甚至被胁迫缴纳“保护费”。梅艳芳就在这样的环境下与姐姐卖力表演、努力生活。小小年纪的她被艰难的生活磨砺得越来越顽强，就像一株毫不起眼的寒梅，在最艰难的时候花蕊也会吐艳绽放。

在这种靠表演维持生计的日子里，梅艳芳每天都要严格执行母亲安排的“工作时间”。下午2点到5点，晚上7点到9点，这就是梅艳芳一家人的工作时间。他们这一家人各有分工：大儿子帮忙打鼓，两个女儿负责唱歌，但很多时候两个女儿还要担任主持和伴奏的工作，此外诸如打扫卫生、端茶递水等零碎活计，也是由梅爱芳、梅艳芳姐妹二人完成。萨克斯风乐手黎学斌接受媒体采访时回忆道：“每逢节假日，覃美金就会请来台湾歌手助兴，并找来专业乐队伴奏。每每此时，我便过来帮忙。”一来二去，黎学斌便与覃美金一家熟识起来，因此他也认识了梅艳芳，再后来，他便一直为梅艳芳伴奏，当他加入华星唱片公司担任监制助理后，就带着梅艳芳走埠登台。在黎学斌看来，梅艳芳喜爱唱歌、热爱舞台，是舞台上不折不扣的王者，每当梅艳芳走上舞台便气场全开，十分抢镜。

虽然梅艳芳通过卖力表演为家庭解决了生活难题，这令她颇为自豪，然而，这种舞台生活却给一个正值学龄的小女孩带来了许许多多的困扰。

白天，梅艳芳像其他孩子一样走进学校；晚上，她则跟随姐姐一起登台表演节目，平日里还要挤出时间进行排练。此时的梅艳芳早已不是当初在荔园游乐场时那般稚嫩的模样，她表演得有板有眼、能跳会唱，并且因为歌声动听、台风老成而赚得了一些名气。只是，这并没有从根本上改变梅艳芳在家中的生活处境。

在那个年代，人们普遍看不起唱歌的人，尤其是像梅艳芳这种因为家贫而自小出来谋生的人，往往被同龄人排挤，被成年人鄙视，甚至有些人还称她为“小歌女”。也没有人把梅艳芳这个歌声出众、能唱会跳的小女孩视为“童星”，人们只会对她投来鄙夷的目光，对她指指点点，然后语带讥讽地说：“看这个浓妆艳抹的小歌女。”话里话外尽是鄙夷和讽刺之意。即便是在学校里，身边全是同龄人，梅艳芳的日子依然不好过。学生家长们得知自家孩子竟然与一个“小歌女”做同学，便大为不悦，特别是还有一些针对梅艳芳的家庭背景以及个人经历的传闻，被人传来道去，简直不堪入耳，因此这些不明真相的家长便极力管教自家孩子，要他们与梅艳芳保持距离，免得被她“带上歪路”。这样一来，梅艳芳就成了校园里备受排挤的那个。

出门上学，放学回家，这一路上梅艳芳始终是孤孤单单的一个人。没有人愿意与她讲一句话，也没有人在她受排挤时递过来一个温暖的眼神。梅艳芳的这些同学必然听到过那些针对她的议论，或许单纯的同学们只是觉得学校里这个10多岁的女生肯定“很有故事”，最好不要招惹，也不要与她走得太近。

不可否认的是，特殊的家庭环境和凄苦的童年经历，确实让梅艳芳周身散发出与同龄人不一样的气息，那是一种成年人才有的成熟气质。这种成熟气质，是苦难的生活打在梅艳芳身上的烙印。这样的家庭关系，这样的成长环境，梅艳芳不得不早早地成熟起来，她在家庭中寻不到更多的温暖，在社会上又要时刻防范着歹人，她似乎与一切都保持着距离，却又非常渴望得到真实的关怀。

过于独特的童年经历，使得梅艳芳比同龄人更早一步接触了社会的复杂百态，也更谙熟于世故人情。她怎能不知同学们疏远她、排挤她的真正原因，只是，她无法选择自己的原生家庭，也无法靠着自己的力量改变眼下的生存环境。她是孤独的，但更是清醒的。她知道摆在眼前的路不好走，但不咬牙走下去，又能如何呢？既然同学们把她视为“空气人”，她便隐匿在自己的小世界中。她就那样独来独往，看起来是如此与众不同。

多年以后，梅艳芳回忆起这些陈年往事时不带任何表情地说：“也许同学们认为，我不配跟他们一起玩耍吧。那时候的我，望着其他小朋友们围在一块儿，不知心中有多羡慕。而我，永远只是孤零零的一个人。”“如果问我人生有什么遗憾，那么应该是童年的生活留给我的一些遗憾。求学时期，人家可以在休息时间玩耍，我却要利用休息时间做功课，下课回家便要练歌，同学们都会觉得我是怪物。”

1995 年，华星唱片公司推出一张名为《歌之女》的专辑，其中的主打歌《歌之女》便以梅艳芳早年的歌女生活为蓝本。在这首量身定做的歌曲中，梅艳芳以低沉醇厚的音色娓娓道来一个小歌女辛酸的故事。

“我记起当天的一个小歌女，她身躯很瘦小。我记起她于不高档那一区，共戏班唱些古老调。旧戏院永都不满座，她照演以歌止肚饿，旧戏衫远观不错。纵近观穿破多……”

在梅艳芳尚未出道走红之前，她的“小歌女生涯”便是如此。只是梅艳芳和姐姐辛苦表演所获报酬毕竟有限，偶尔赚得比较多时，家中才能呈现出一片欢乐的气氛。覃美金一心希望两个儿子好好读书，在学业上能够有所成就；对于爱芳和艳芳这两个女儿，并没有对她们的学业抱以希望，反而认为两个女儿长大嫁人就好，而在这之前，两个女儿就要承担起养家的责任。

这样的苦难，这样的处境，让梅艳芳清醒地认识到，世间疾苦重重，而要扛起这个家、改变命运的担子也只能依靠自己。梅艳芳自小就经常生病，身体算不得健壮。当她那柔弱的双肩，因为命运的安排不得不挑起与年龄不符的重担时，已然完成了从少女到成人的心理过渡。

没有玩伴的童年，备受孤立的经历，让梅艳芳感受到无比寂寞却又无可奈何。她什么都知道，什么都明白，可无法改变当时的境况。生命之花总是在受苦的地方绽放，而生活中所有的经历，都会成为生命过程的积淀。人们越是冷言冷语，梅艳芳越是要坚强独立。年纪尚小的她，心中仿佛有一颗熊熊燃烧的火苗，任凭风吹雨打也不曾熄灭。

正是童年时期的这种经历，让梅艳芳在成名之后格外喜欢热闹，她经常呼朋引伴，和一大群人出去吃饭、娱乐。梅艳芳重视友情，为人豪爽仗义，多次为朋友慷慨解囊，这是人们对她最为深刻的印象。或许正是因为在她最需要朋友陪伴的年纪里，总是孤孤单单地进进出出，才形成了以后在相当长的一段时期里喜欢热闹、爱交朋友的性格，以及大方爽快的行事风格。

人人皆称道梅艳芳的行事做派如同江湖侠女，但也许只有梅艳芳本人才说得出、道得明，她从小就接触的“江湖”是个什么样子。那并不是一个温柔的处所，它也不会因为一个小女孩家境贫苦就会给予她更多的关爱。相反，梅艳芳从小接触的环境是那样冷酷，见识到的是人性中最阴暗、最冷漠的一面。但是，这些不幸并没有让她变得虚伪、自私，反而令其生长出尘世中鲜少见到的侠义和傲骨，也更加明白了踏实生活的重要性。这种踏实植根于她幼年的清贫生活——要赚钱养家，便不会计较别人那么多的白眼与闲话。

在锦霞歌舞团的那些日子里，梅艳芳比以往更加忙碌了，因为她在表演的同时还要兼顾读书。但很显然，她每天的时间已被唱歌表演占据了太多，无论如何，她都无法安心念书，成绩自然很不理想。于是，其他的同学便有了更多理由要远离这个不好好读书、只想着在娱乐场所唱歌卖艺赚钱的“坏女孩”。

不过，梅艳芳本人也似乎没有把心思完全放在书本上，当然，她也不太会在乎同学们的异样目光。作为母亲的覃美金对于女儿的学习成绩同样不上心——既然女儿有本事唱歌养家，那么只要以后把她嫁个好人家，读不读书又有什么要紧的呢。以当代观念来审视覃美金那时的想法，便觉得她目光太短浅了，但其实覃美金也有自己的无奈。作为一个生活在底层的女性，她既要承担起家庭的重担，还要忙于训练学员，以及指导歌舞团的日常排练，早已被艰难的生活磨掉了心中残存的耐性，很多时候她会因为一点儿小事气恼，但如果她不曾丧夫，如果她有一份收入不错的工作，如果她的家庭不曾这样贫寒艰难，或许她也不会做事过于急躁。

梅艳芳的恩师、香港音乐教父戴思聪曾讲述过这样一件事：早年他在餐厅担任钢琴伴奏，同时也对梅艳芳进行声乐训练，他与覃美金这一家人关系蛮好，覃美金还时常帮他联系一些演出合作，他们两个共事时也十分愉快。有一次梅艳芳与母亲闹脾气，吵着说不愿意唱歌了。覃美金见无法管教梅艳芳，便也来了脾气，狠狠地教训道：“不演出的话，今天一家人吃什么？”戴思聪见状便来劝解覃美金：“教育小孩子要有耐心，这样她才会听在耳里、记在心里。”经过他的一番劝说，覃美金与梅艳芳之间的这场小小风波才算得以化解。想想这一大家子人，每天都要靠着歌舞表演维持生计，确实很不容易，梅艳芳成年之后也提及母亲覃美金行事比较强硬，而自己性格又比较倔强，因此母女两人平时会有摩擦，有时候覃美金气急了还会打她，可任凭妈妈怎样打骂，梅艳芳也不会掉下一滴眼泪。她说自己的性格便是如此，遇事喜欢硬刚。

如果将梅艳芳一家人的遭遇，以及梅艳芳本人的经历放在大的时代背景中，我们或许会对覃美金少一些苛责，多一些理解——每一个讨生活的普通人都有各自的心酸，都有各自的无奈，只不过有些人选择了用最暴躁的方式去对抗生活的苦难，而有些人却选择默默承受生活里的一切困苦。覃美金是前者，而梅艳芳则是后者。梅艳芳是倔强的，也是要强的。不论是受了委屈，还是被人欺负，她从不肯在人前落泪，唯恐自己流露出一丝软弱。她深知，只要显得很弱，那么就会给旁人一千万个欺负自己的理由。既然从小就没有父母的关爱和庇护，她便要学着自己保护自己，并且还要保护姐姐——特别需要提及的是，她对一切比自己弱小的人都会抱以强烈的同情心。她从小就收养流浪狗，她认为，凡是弱小的，都理应受到保护。

母亲的操劳、家庭的贫苦，这些都被梅艳芳看在眼中。即便母亲没有给予她足够多的亲情温暖，她依然努力地为这个家唱着，即便后来声带结出老茧，也依然不懈地通过唱歌这唯一的方式来赚钱养家。在这个十几岁的女孩看来，她对这个家庭有着自己的责任和义务，她要用自己的方式支撑起这个家。然而其他那些同龄女生呢，很可能是在父母的羽翼下无忧无虑地生活着。梅艳芳没有那双可以呵护自己的羽翼，她只能成为自己的光，照亮这穷困的家庭，也照亮自己的人生。

一个人，若生来便不曾享受过温情与呵护，那么他极有可能成为两个极端：或是满怀暴戾凶狠，向着全世界挥动拳头；或是心中充满柔情悲悯，希望用自己的力量点亮世界的每一个角落。梅艳芳，便是后者，未成名前她对身边人尽力保护，成名之后就想着去帮助更多的人。少年时代的生活不曾厚待于她，而她却总是坚强乐观地面对生活。

虽然坚强乐观是一种极为难得的品质，但它们并不能够帮助梅艳芳扫除生活中的所有困难。在这种艰难的处境之下，梅艳芳总要做出一些更为艰难的选择——为了维持家庭生计，为了减轻母亲的负担，她要一直唱下去，哪怕已经很累了，她也要唱下去。

命运从来不曾悲悯过世间的人们，世事也不曾温柔地对待那些为了生活而奔波的众生。对于梅艳芳一家人来说，1976 年的某个夜晚原本极为普通、极为平静。但是，一个突然打来的电话，却打破了这份夜晚的平静。电话中说，覃美金花钱租下的表演场所醉琼楼发生了严重的火灾。当覃美金着急忙慌地赶到火灾现场时，她看到猛烈的火舌已然吞噬掉了昔日那个热闹喧哗的场所，连同她对生活的希望也一并吞噬掉了。

醉琼楼失火之后，覃美金一家人便失去了表演场地，没有了演出场地就意味着歌舞团无法正常运营，一家人的生活也就没了着落。覃美金苦心创办起来的锦霞歌舞团，不仅再也无法为他们这一家人提供收入来源，甚至还让他们背上了巨额债务。十几岁的梅艳芳心中明白，从此以后，她便要更加卖力地演出才能解决家中的困难。

一个不过 13 岁的少女，却已经在生活的百般打击中变得越发坚强起来。是啊，除了坚强她别无选择。家中无人可以给她更多的保护和温暖，她也只能默默地接纳命运赐予的一切，无论好的还是坏的。

锦霞歌舞团不复存在，梅爱芳、梅艳芳只得四处找寻可以唱歌的地方，通过跑场的方式进行表演。据成年后的梅艳芳回忆，最多的时候一晚上会演 10 场以上。多年以后，黎学斌说起这样一件往事：有一次梅氏姐妹二人联系到一个叫“富万年”的夜总会，那里的经理选了姐姐上台演唱却没有选中梅艳芳，因为那时的梅艳芳瘦而且黑，看起来不如姐姐漂亮。

跑场的次数多了，梅艳芳便看淡了很多事情。穿戴得花枝招展的梅艳芳，坐在开往各个演出场所的巴士上。乘客们见到这个年龄不大却浓妆艳抹的女生，很难说出什么善意的话语。不过，即便再难听的话，也不会让梅艳芳产生丝毫不快——从 4 岁半就出来唱歌谋生，她听到的脏话、闲话难道还少吗？与那些闲言碎语相比，梅艳芳更关注的是现实生活中的难题是否得到了解决，以及自己每天能否顺利赶场赚到钱。她没有多余的时间来抱怨命运不公，也没有空闲为自己的悲苦落下泪水，她心中想着的永远是生活与生意，毕竟这才是她早期人生经历中的两大命题。如果一个人阅尽风霜，眼中依然还有光芒，这便是一束强大的生命之光。

梅艳芳早年在荔园游乐场唱歌，已经唱出了一点小名气，而娱乐业日趋发展的香港也需要大量歌手。她的歌声极富个人特色，内敛低沉而富有深情，她心想只要自己唱得好，便不愁生意做不起来。在最为繁忙的日子里，她一晚上要去好几个场所唱歌，虽然很累，可至少多赚点儿钱也蛮好，母亲还有债务要还，一家人的日子还要过下去。霓虹灯闪亮的香江夜色中，梅艳芳想着的是她要赶去的那些表演场地，一个又一个、一家接一家。她似乎有永远赶不完的场，又似乎永远也赚不足钱。

其实，梅艳芳当年凭借着自己出色的不知疲倦的演唱已经实现了财务自由。那时候的香港娱乐业，只要有客人点歌，只要歌手唱得动情动听，那么客人少不得会给歌手打赏，有些社会大哥更是出手阔绰。梅艳芳歌声悦耳动听，每次都是倾情演唱，因此每场唱下来都能获得不错的报酬。覃美金完全不必操心女儿的演出服装、化妆用品等事项，因为梅艳芳完全可以自己负担这些开销。

但令人诧异的是，当年即便梅艳芳自家的日子已经很不好过了，她却对别人极为大方，如果有人向她借钱，她便大大方方地借给对方。成名之后的梅艳芳依然爽快地借钱给朋友，全然没有明星架子，这种豪侠仗义的处事风格，原来在她七八岁时便已养成。大概是因为梅艳芳自小受尽穷苦，所以她不忍见到别人身在难处。不过也并不是所有人向梅艳芳借钱都能成功借到，如果对方人品过于恶劣，梅艳芳便忽略掉对方的借钱请求。善与恶、是与非，在她心中是如此泾渭分明。

世人皆知梅艳芳为人豪爽，但这种豪爽的性格也是需要底气的，而梅艳芳的底气，便是她的动人歌喉，便是她的音乐才华。尽管梅艳芳在音乐方面取得了极高的艺术成就，可是对于少女时期的她而言，专注于唱歌表演，着实也给自己带来了很多困扰。

白天上学，晚上唱歌，久而久之便导致经常睡眠不足，她没有多余的精力用在功课上，对于未来的人生发展似乎也是茫茫然然。八九岁时的梅艳芳还是很喜欢上学的，可是越到后来，她越是觉得学校里的氛围对自己很不友好，而且她将大部分时间都用在练习唱歌和演出上，哪儿还有充分的时间用于学习？成年后的梅艳芳对友人们说过，她读书的时候缺少学习条件，每次上课最担心的便是突然听到老师高声喊道，“梅艳芳，你又打瞌睡了！”

害怕被老师训斥且缺少同龄朋友的梅艳芳渐渐对上学产生了畏惧心理，加之缺乏友善的学习环境又无人给予学习上的指导，她便在课业上不做他想，甚至觉得只有站到舞台上才能重拾信心。可是，一旦她看到那些背着书包高高兴兴上学的小孩子，又会生出由衷的羡慕和莫名的失落。

在踏入歌坛多年后，梅艳芳不止一次地感慨自己读书太少。但是她早年间的坎坷经历，却也为她提供了丰富的舞台演出经验，使她更懂得如何在坎坷的生活中艰苦求生。这样的斗志，这样的毅力，也是千千万万为了生存勇敢拼搏的香港草根人士的性格特征。用戴思聪的话来说，经历即文化，一个人经历了什么，便对生活有着怎样的见解，即便梅艳芳念书不多、所学有限，可她坎坷颠簸的人生经历，以及她所接触的独特文化，均丰富了她的人生。每一份辛苦，都化作了推动她改变命运的力量。

命运像一股无形的力量，左右着每个人的人生走向，似乎人生中出现的种种遭遇都是命中注定。但是，命运在不服输的强者面前也会变得乖顺，就像梅艳芳，哪怕身处暗处也依然燃起心中的光，即便人在逆境，也微笑着、欢喜着，并且为了下一个更加精彩的明天而努力着。

青春

青涩的恋情
被毁掉的婚约
风的季节

青涩的恋情

凄苦而艰辛的童年生活，使得梅艳芳过早地尝尽了人间辛酸，即便在已经成名之后，梅艳芳说起童年往事依然略显感伤，但她也并没有因此自怨自艾。曾经有一次梅艳芳谈起从前的生活，讲起自己童年的经历，也回忆起与继父的生活，那一刻她神色有些黯然，语气中流露出一丝郁闷。

覃美金在苦心支撑家庭数年后，遇到了一个看起来还不错的男人，这个男人对梅艳芳和梅爱芳说，他会像亲生父亲那样保护她们。自小就缺失父爱的梅艳芳信以为真，还以为这个残缺而艰难的家庭就要苦尽甘来。后来，这个男人成了她们的继父。谁知她们姐妹二人并没有盼来幸福的生活，反而这重新组合的家庭成了她们二人噩梦般人生的开始。

尽管梅氏姐妹二人在外面做事也会被人嘲讽讥笑，或者引来小混混的口哨，但她们并不曾被人真正伤害过，梅艳芳也从不把外人的冷嘲热讽记在心里——在外面赔笑唱歌，不过是为了生活，小小年纪的她便已活得如此通透。她们不曾想到的是，人生中最为深重的伤害反而来自自己的家人。

“他当了我们的继父，我们天天被他欺负、被他骂。他这个人各种各样的粗口都说得出。他可以骂人骂到让人完全没有自尊。从几岁到十几岁的那段时间，真是我的人生炼狱，就是好不开心啊！”梅艳芳在面对媒体的采访时，经常用“炼狱”来形容自己的家庭，而这绝非是夸大其词。

为了防范继父，梅爱芳与梅艳芳每晚都会在枕边放一根木棍。这个继父呢，每天对着梅氏姐妹二人骂骂咧咧，对她们施加精神暴力。在他眼里，梅艳芳无非就是家庭的负担，她年纪小，不能为家里赚更多的钱。面对继父的语言暴力，梅艳芳只能默默忍受。她努力地尝试着，试图无视继父给自己带来的心灵伤害，可是那些骂人的粗话就像刀子一般，硬生生地戳进梅艳芳的心里。继父带给梅艳芳的这些伤害，梅艳芳从未向覃美金提起，她知道母亲维持生活不易，更不想让母亲伤心。梅艳芳选择独自一人承受不快，也是因为性格本就要强，她不喜欢向别人诉说不幸，也不愿让别人看到自己的艰难，即便对方是与自己血脉相连的家人，她也不想倾诉痛苦。更何况，忙着在外面做事的覃美金平日里也不一定有时间倾听这些。

穷困无依的家庭生活，无处不在的家庭暴力，强度极大的演出工作，这些都没有摧垮梅艳芳。她反而被这些苦难激发出顽强的斗志。梅艳芳曾讲起，在那个时候她一再地对自己说要奋起努力，一定不要做孬种，凡事都不要行差踏错，一定要把事情做好，要证明给他们看：因为她不想被人瞧不起，她要万事都做到最好；因为她不愿被轻易地摧垮，她便要越发内心地坚强，坚不可摧。对于当时的梅艳芳来说，她唯有在唱歌表演方面不断进步，才能获得更多的演唱机会，也才能为家庭赚取更多的收入。她只能通过这样的方式，证明自己是有用的、有价值的，她一直在付出着，却从未计较过自己能得到什么。

成名后的梅艳芳不论是接受媒体采访还是和朋友谈心，会说起自己的性格养成——从小就非常懂事、非常成熟，因为要在那样一个家庭环境中生存下去，她必须足够坚韧、顽强，不能给家人增添过多的麻烦，还要承担起必要的家庭责任。说起这些事情时，她更像是在回顾自己的早年人生，而非心怀仇恨地到处抱怨。过早懂事、过早成熟的人，往往都有一个不太幸福的童年。自小就缺少关爱和陪伴的梅艳芳，终其一生都在寻求着能够温暖自己内心的那份感情；由于家庭原因和成长经历而造就的深深的自卑，使得她要求自己凡事都要做好、凡事都要做得比人强。从某种意义上来说，这样的特殊境遇培养了梅艳芳强大的抗挫能力。

不过，在梅艳芳早年从艺的岁月中，尽管每天都很苦很累，但她也收获到了些许的人间温情。覃美金开办粤剧班和歌舞团时，经常要带领学生们登台演出，而学生们在登台之前，就需要接受相关的表演学习。因此，覃美金便聘请富有表演经验的老师前来传艺。每每此时，梅艳芳同样可以学到不少表演艺术方面的知识。虽然梅艳芳在学校里功课不佳，可是课外学到的东西，却为她增加了不少傍身的本领，这些本领也使得她日后在舞台上大放异彩。她学起东西来速度飞快，传授表演技巧的老师常常忍不住要夸奖一番。这令梅艳芳心情舒畅，对演艺行当更加充满热情。

当时，覃美金的学员及表亲跟随她学习表演并参加演出，在这些人之中，梅艳芳是最小的那个，在年少岁月里，周围的这些人给予过她些许的亲情滋养。这一点点的微温，足以温暖那颗幼小的心灵，让她对困苦的生活多了几分期许。

由于梅艳芳在学校里一直被同学们看不起，并且又是随着哥哥们一起长大，为了显得合群，她把头发剪得短而薄，又换上男生的衣衫，扮成男生模样，把自己当成男孩儿与哥哥们玩在一起。假小子一般的梅艳芳倒也自得其乐，只是覃美金身边的一些亲友有不同的看法——好端端的女孩，总是扮作男儿相，那可不是好现象，万一将来越长越像男人，那可如何是好？

覃美金虽然观念老旧，可她何尝不曾为梅艳芳的将来做过打算？她想的是，姑娘成年之后嫁人便是，因此对于梅艳芳的学习和成长并不十分关心，可她终究听取了身边友人的建议——将来的社会，还是会注重文化修养，梅艳芳一直以来忙于唱歌赚钱，承担养家的重任，她在学校所学功课有限，一个缺少文化修养的人，以后怎么在社会上立住脚呢？

考虑到女儿的未来人生，覃美金也不忍见她孤苦漂泊，更不愿她一直保持假小子的扮相，免得影响以后的生活。在梅艳芳 13 岁那年，覃美金给她找了一位补习教师。补习教师是个眉目清秀、斯文儒雅的年轻男士，比梅艳芳年长三四岁。

覃美金要求梅艳芳今后跟随补习教师多多学习，可她并未想到的是，梅艳芳竟然对眼前这个温和有礼、衣衫整洁的男生一见倾心。眼前这个清秀文静的男生，与梅艳芳见过的那些满口粗话、举止粗鲁的小混混大不一样。他让梅艳芳看到了人性中的纯洁与光明，他像灿烂的阳光照射进梅艳芳的内心深处。

十三四岁女生的心思，如同幽林间的小鹿，偶尔一蹦一跳，总是冒出来一些不切合实际的幻想，可梅艳芳就是如此欢喜地沉浸在各种幻想之中。如同其他情窦初开的少女一样，梅艳芳变得腼腆却又坚定，尤其是在确知对方也喜欢自己的情况下，她便勇敢地敞开心门，接纳了这个人，以及这份纯真的感情。当时，与梅艳芳一同补课的表姐，也对这个帅气的老师心生情愫。经过几番长谈之后，这个表姐发现自己不过是单相思，而梅艳芳才是人家的心上人。

这份纯净如月光的恋情，给少女梅艳芳带来了莫大的欢喜。但也如同大多数初恋情感一样，这段感情最终以悲剧收尾。眼见这两人越走越近，覃美金动了火气，她生怕梅艳芳会吃亏，更担心自己苦心培养多年的女儿跟随初恋离去。年轻的补习教师无法承受来自梅艳芳一家人给予的压力，他又从梅艳芳的某个邻居那里听到梅艳芳有着“黑道背景”。经过几番犹豫和内心挣扎之后，斯文儒雅的补习教师向梅艳芳提出分手，向来不喜欢拖泥带水，行事果断、干脆的梅艳芳便就此转头。

梅艳芳的果决性格，不仅体现在感情上，也体现在其他方面。她有着男性一般的豪爽，绝少有过行事犹豫的情形。只是，人生中一段纯洁的初恋过早夭折，这始终是她心头难以承受的疼痛。缺少家庭关爱的人，往往会在旁人身上寻求希望与温暖。在那段失恋的苦涩日子里，梅艳芳天天都在听红极一时的日本歌手西城秀树的歌曲。作为20世纪70年代日本乐坛上的硬派摇滚代表，西城秀树有着帅气、干净的外表和自成一派的歌声，是梅艳芳最喜欢、最欣赏的偶像。他在歌曲中表达的情感极为强烈，演唱时既充满了情绪上的张力，又魅惑力十足，这对于当时的少男少女来说是一种极为震撼的听觉享受——毕竟那个时期的香港流行乐坛原创力较低，很多当红歌手都要靠翻唱日本艺人的歌曲来演出。

说起来，梅艳芳成为西城秀树铁杆粉丝这件事，其实也是极为偶然的。某天她在唱片店听到一张日语唱片，尽管听不懂日语歌词，可是那极富磁性的男声却牢牢地抓住了她的心。歌声里流露出无尽哀怨，正是声声嘶喊和深情的呼唤将梅艳芳带入演唱者的情绪中。泪眼婆娑的梅艳芳拿起唱片护封，仔细阅读上面的中文介绍才知道，深情演唱的正是日本当红歌手西城秀树。从此之后，西城秀树的名字便在梅艳芳的心里扎下了根。那时候的她并不知道，若干年后他们竟然成了情谊深厚的友人。

当时，沉溺在失恋阴影中的梅艳芳日日与西城秀树的歌曲为伴，那颗破碎的心灵因西城秀树的歌声而再度愈合。梅艳芳在西城秀树的歌声中感受到了生命的朝气，也体验到一丝哀愁和怅惘，而西城秀树的歌声则唤起了梅艳芳对火热青春的向往。她渐渐地从失恋的痛苦中走了出来，并且以自己的方式迷恋着这位日本偶像，为了购买西城秀树的唱片及与其相关的书籍，她跑遍九龙港岛的音像店和书店。回到家后，梅艳芳又沉浸在西城秀树那潇洒的台风和奔放的歌声中，并且在这位日本偶像的表演风格中汲取一些可以为自己所用的东西——既然她还要为维持生活而登台表演，那么就应该学习新知识。这位给了她精神支持的日本歌手自然而然地成了她模仿的对象。只是这时候的梅艳芳年纪尚小，在表演的时候不一定能够完美地展现出视觉上的冲击力，可至少西城秀树的歌声陪伴她度过了年少时那段心酸的日子。

在每个人的青少年时期，总会有那么一个人出现，如同一道暖光，带来心灵上的慰藉，照亮当时的人生路途。对于梅艳芳来说，西城秀树便在她的人生中发挥了极为重要的作用。这位日本殿堂级歌手给梅艳芳带来的不只是心灵慰藉，更为她提供了极具冲击力的音乐感受。梅艳芳自小接触戏曲声乐，本身又以唱歌作为谋生手段，因而对那些实力派唱将在喜爱之外更多了一些崇敬。西城秀树便是一位颇具演唱表现力的实力派歌手，梅艳芳崇拜他、喜爱他也在情理之中。更何况，西城秀树的歌声给失恋后一度失魂落魄的梅艳芳注入了崭新的生命力，单凭她翻唱的《YOUNG MAN(YMCA)》中的那句歌词，“年轻人，无须烦恼；年轻人，年轻时想做的事情都能实现”，便足以让每一个失落的人振作起来。

纯纯的初恋，稚嫩的初恋，尽管梅艳芳倾情投入的初恋惨淡收场，可生活还要继续。每一天，梅艳芳依然是赶场一般地到处唱歌表演，白天坐在教室里依然是提不起任何学习兴趣。最终，就读初中的梅艳芳不得不离开学校，过早地结束了校园生活。尽管这几年的校园生活不曾给她带来过丝毫快乐，她的心里还是有些许失落。

那一年梅艳芳刚满14岁，正在读中一。离开李炳中学后，她成了一名职业歌手。过早辍学的经历，成了梅艳芳人生中的一大憾事。即便成为天王巨星，她依然不时地感叹，在最应该学习的时候中断了学业，没有多读点书，真是一生的遗憾。“李炳中学中一肄业”，就像一个不太光彩的标签，牢牢地贴在梅艳芳的早年人生中。她说，假如生命可以重新来过，那么最重要的事情就是好好读书，她希望自己将来能够做律师。

即便梅艳芳的早年生活如此悲苦，可只要她登上舞台，便立刻“活”了起来。在舞台上，她展现着歌喉，表演洒脱、老练。而且她因此增加了个人收入，减轻了家庭负担，虽然很苦、很累，可也觉得自己是有价值的，因而感觉幸福。只是，10 多岁的梅艳芳是否会有那么一个瞬间，在幽暗之处无声地哭泣？这些已无人可知了。

站在舞台上的少女梅艳芳，永远以最专业的精神奉献着自己的歌声。演唱不同的歌曲，她便展现出不同的风格。最初她与姐姐梅爱芳本是一个姐妹组合，后来觉得自己风格较为多变，便和姐姐分开演唱。梅艳芳之所以要和姐姐分开演唱而不是继续以“姐妹花组合”的形式表演，这其中还有一个重要原因，因为年长 4 岁的姐姐比她更高挑、更端庄，这两个人站在一起怎么看都不像姐妹。梅艳芳自己都笑着说，“看起来像母女两人”。

分开表演后，梅艳芳便选择自己喜欢的歌曲。基本上当时流行什么歌，她便唱什么歌；男歌手的流行曲，也是她的拿手曲目；她愿意尝试不同风格，喜欢以自己的方式进行演绎。

尚未正式出道的梅艳芳当时已初步具备了百变风格，虽然还没有形成气候、特色，却也展现出求新求变、追求多元化的表演特征，这更说明梅艳芳身上具有不断学习、精进歌艺的表演热情。

被毁掉的婚约

忙于歌唱事业的梅艳芳经过几年时间的历练，已经从稚嫩少女变得更为成熟，但实际上此时的她也不过才 17 岁左右。这种心境上的转变，或许与她彻底离开校园后的经历有关。她深知，自己在追寻情感的同时，依然要承担起赡养家庭的责任。如果说梅艳芳自小就缺失了部分来自家庭的关怀，那么，正是因为家庭的贫苦与残缺反而让她小小年纪就意识到个人责任的重要性。梅艳芳对于家庭的责任感不只体现在努力唱歌、赚取生活费用这个方面，也体现在她对于婚姻家庭生活的传统观念上。

梅艳芳曾经有过一段婚约，对方是位年轻帅气的警官，只不过这段被家人看好并极力促成的婚约最终因为另一个人的“介入”而终止。这个人就是西城秀树。17 岁那年，身为酒吧歌手的梅艳芳成为香港地区西城秀树歌迷会的副会长。1981 年，西城秀树来到香港开办首场演唱会，梅艳芳这样一个极具责任感的人，自然要为偶像的演唱会尽好自己的职责。她不仅在香港筹划了西城秀树的歌迷聚会，更是十分豪气地打造了一块镌刻着西城秀树名字的足金牌，为此不惜花掉一大笔积蓄。甚至，她为了支持自己的偶像，还特意乘坐飞机赶赴日本去看西城秀树的演唱会。

当时的未婚夫自然不满意梅艳芳对偶像的这种狂热痴迷，更无法理解梅艳芳的种种“疯魔”行为。既然无法理解，那么梅艳芳当时的未婚夫便只能通过粗暴的方式加以干涉。两人经常因为西城秀树而发生矛盾，同时又因为年轻气盛，遇到问题从不曾进行有效沟通，最终这段人人看好的婚约便宣告结束。

与之前那段初恋所不同的是，梅艳芳在 17 岁时的这段感情得到了覃美金的赞成与支持，也正是在覃美金的催促下，梅艳芳与当时的恋人缔结下婚约。

然而在梅艳芳看来，当时的眼前人或许并非与自己的心灵完全契合。她喜欢西城秀树，是因为他具有艺术才华，既然未婚夫不能理解自己热爱的人，也不尊重自己的偶像，那么这样的婚约不要也罢。她没有哭哭啼啼地给予挽留，反而在明确地意识到这段感情不合适之后，十分果断地斩断了情思。

许多年后，已经事业有成的梅艳芳并没有过多谈及这段过往，大概是因为既然当初两人皆是彼此的心上人，那么更没有必要谈论往事，平白地给别人的生活惹来是非。梅艳芳是一个敢于为自己的生命做决断的人，也拿得起放得下。这样的人纵使人生路途崎岖，一生故事再多，却依然能够潇洒做人、坦荡生活。有人曾经问过她，是否为当初的选择后悔过？梅艳芳一脸淡然地说："不会后悔当初的选择，但是会反思自己的某些行为。"

此时的梅艳芳，不再像多年前那样因为爱人走了便伤感哭泣。她不会因为失去的婚约而长久地沉陷在负面情绪中。她还有自己的生活，还有自己的人生，消沉的情绪也无法改变已然破裂的关系，而爱情和婚姻从来就不是现实生活的全部。

"如果一个人真的去爱了，那么无论最终结果如何都不会后悔。不论和那个男生是否有将来，但是最起码在相处的这段时间，我真的会觉得自己是想要和他有将来的。"梅艳芳在《香港访谈》上谈到自己的爱情观时如是说道。

她不愿意刻意地讨好另一半，也不愿意低眉顺眼地做驯良状。尽管梅艳芳生长在一个不完整的家庭里，极少能够享受家庭的温情，并且她也渴望拥有爱情，但她并不以柔弱忧郁的样子来博取异性的同情和喜爱。虽渴望爱情，可梅艳芳摆在第一位的还是自我的内心感受。她从小在苦难中摸爬滚打成长起来，为了讨生活，在很多时候不得不带笑示人。可是在最亲密的关系里，她没必要时刻讨好对方。既然对方与自己并非真正契合、相互尊重，那么挥手道声“拜拜”，以后不再往来，便是最好的选择。

梅艳芳想得通透，活得更通透。尽管梅艳芳身边有些人为她这段破裂的婚约而惋惜，可她想的却是好好唱歌，努力生活，对于感情则不必强求。童年时期的坎坷遭遇，让梅艳芳比起同龄女生显得过于刚强、成熟，她没有同龄女生的那种娇弱，也不屑于扮作娇弱状。但其实她的内心是渴望被爱、渴望被人照顾的，这固然与她从小缺少父爱、缺少家庭关怀的成长环境有关，也与梅艳芳当时所处的社会环境有关。

在 20 世纪七八十年代的时候，人们普遍认为女孩理应处于被人照顾的位置，而独自养育四个子女长大的覃美金，比其他人更盼望着梅艳芳能早日成家。身处这种环境的梅艳芳，自然也会期待有个人能够照顾自己。但是，日后成为巨星的梅艳芳却不再认同以往的那些观点，她不再认为女孩要被动地等待男孩儿来牵手，当女孩遇到中意人的时候也可以主动示爱；她也不再认为女孩内心的情感需求必须遮遮掩掩，大大方方地袒露情感也并非“十恶不赦”。她身上有着传统女性的一面，比如说具有极为浓厚的家庭观念；但随着眼界逐渐变宽，她在思想上也开始凸显出较为新潮的一面，而这主要体现在她的音乐作品中，就像在后来的成名曲《坏女孩》里唱的那样，面对爱情的时候“淑女暗里也想变坏”，女性可以坦坦荡荡地承认爱欲，也可以沉浸在美好的爱情感受中。但是面对自己喜欢的人时，女性不必依附于这个人，也不必屈从于这段关系。

不论是面对家人还是朋友，也不论是成名前还是成名后，梅艳芳始终是热衷于付出的那个人，而且她只要付出不求回报，对人对事皆是如此。这种对于家人的责任感，对于朋友的豪情义气，为梅艳芳赢得了好人缘；这种一心钻研歌唱表演艺术，力图把每首歌曲都唱得最好、把每场演出都做得完美的敬业精神，又为梅艳芳带来了良好的观众缘。虽然那时的她也只是一个在夜总会和歌厅里跑场唱歌的小歌手，却已经凭着扎实的歌艺闯出了一定的名气。在收获到名气的同时，梅艳芳也结识了一位生死之交，此人便是影视演员罗君左。

提起“罗君左”这个名字，大家可能略感陌生，但如果你看过香港无线电视台（TVB）拍摄的经典影视剧，并且对其中的一些配角人物印象深刻，那么你就极有可能露出一个会心的笑容连声说道：“原来罗君左就是他啊。”像《天龙八部》(1997)中的包不同、《鹿鼎记》(1998)中的桑结大师兄，都是罗君左塑造得十分成功的荧幕形象。在梅艳芳成名之前，她与罗君左便是至交。

20世纪80年代初期的香港还不曾出现过具有规模的演唱会，而且也不流行演唱会。人们的休闲方式只是到酒吧、歌剧院听歌、看戏。对于年轻人而言，他们更喜欢与三五好友在酒吧消遣，边听歌，边谈天，甚是惬意。那个时候，18岁的梅艳芳是酒吧歌手，22 岁的罗君左则经常与朋友来酒吧玩耍。在北角渣华道的一家餐厅酒廊里，罗君左与朋友们正饮酒闲谈，忽然听得低沉悠扬的歌声从台上传来。罗君左当时心下一惊：这歌声真动听。他转过头再看看四周围，全场变得鸦雀无声，人们纷纷将目光转到舞台上。就在那一方小小的舞台上，一支四人乐队在演奏，唱歌的女歌手长着一张瘦削的面孔，留着一头卷发，算不得很漂亮，衣着打扮也并不出众，可是这歌声却充满情感，具有一种穿透力。

那位留着卷发的女歌手唱着徐小凤的《情比雨丝》，接着又唱了一首林子祥的《千枝针刺在心》。一首接一首地唱，足足持续了 45 分钟。当这位长卷发的女歌手演唱完毕后，人们爆发出一阵掌声。罗君左身边的朋友礼貌地请歌手坐下聊天，都是年轻人，大家说起话来也很投缘。几个人做着自我介绍，她说自己艺名叫“依依”，“至于真实姓名就不说了，感觉自己的名字好土气啊”。长卷发女歌手爽朗地笑着，大家又开起玩笑来，最后几经周折才知道，原来真实姓名叫梅艳芳。彼时的梅艳芳和罗君左两人都是无名小卒，而且年龄相近、性格相投，因此便成了好友。

某天，罗君左与朋友们像往常一样来到酒吧消遣，却与邻桌发生了一些小矛盾，并且很快从小摩擦升级为肢体冲突。虽然酒吧环境嘈杂，但梅艳芳依然注意到了罗君左这边发生的异常。眼见对方掏出一把枪定定地指着罗君左，梅艳芳立马冲了过去，挡在罗君左身前。或许是因为对方震慑于梅艳芳的气势，只得灰溜溜地走开。罗君左对梅艳芳说，以后咱们便是生死之交。青春年少的梅艳芳绝不会想到，在她的人生路上即将发生一件足以改变命运的大事件。

风的季节

20 世纪 80 年代的香港，在经过战后发展期后，逐渐呈现出另一番新面貌：遍地皆是高楼大厦，每到夜晚便灯火通明、星光璀璨。此时的香港，是一个遍地黄金的地方，人们的生活水平得到了极大提升，那种挑起竹竿晾晒衣衫的日子早已成了过去。飞速发展的社会经济和越发富足的物质生活，推动了香港的夜生活更为丰富，娱乐业也得到了进一步的发展。香港娱乐史上那些轰轰烈烈的“造星运动”由此拉开了序幕。

说起香港娱乐史上的“造星运动”，那么不可不提到黎小田。因为正是他一手捧红了梅艳芳、张国荣、吕方等知名歌手；也正是他创作了大量优秀的流行歌曲，以及影视剧的主题曲和插曲，比如《万里长城永不倒》《大号是中华》等，直至今日依然被人们传唱。

黎小田是香港著名音乐家黎草田的儿子，他早年以童星的身份出道，留英归来后，不仅担任乐团领班，还多次获得过音乐创作方面的奖项，在20世纪80年代，他迎来了自己音乐事业的起飞。

1982年，TVB与黎小田相商，希望与其合作，共促香港流行音乐的发展。黎小田比较关注的则是，TVB是否具备可供培养的歌手。在得知电视台并没有这样的人选时，一个想法在黎小田的脑海中形成轮廓并逐渐清晰。

黎小田在香港亚洲电视的前身丽的电视台担任监制许多年，创作了众多品质上乘的流行歌曲。他深知，丽的电视台通过举办唱歌比赛，已经挖掘了不少演艺新秀，诸如日后成为巨星的张国荣等人均是通过参加比赛出道，从此走上演艺道路的。

一心想要挖掘新人、为香港本土音乐输入新鲜血液的黎小田心想，不如让TVB与华星唱片公司联手举办新秀歌唱大赛，便于选拔音乐人才，培养新人歌手。考虑自己与丽的电视台合约期满，黎小田来到TVB后，便着手准备新秀歌唱大赛。然而，黎小田面对众多渴望走上歌坛的追梦人时却发现，适合培养的可造之才实在寥寥，对他来说，每天听那些前来报名的选手唱歌，已经成了最为头痛的工作内容，因为既得不到任何音乐美感享受，又极为耗费时间。

考虑赛程将持续好几个月，而且要一轮轮地淘汰，这个进程显然有些太耗时间，也太消磨人的耐心。无奈之下，黎小田只能向同行打听：“有没有外形气质出众并且唱功也不错的歌手可以推荐？凡是30岁以下并且没有与唱片公司签订合约的歌手，都可以介绍给我。”他是真的求才若渴。

几经问询之后，有人提醒黎小田：湾仔华都舞厅有对姐妹花，不仅相貌靓丽，而且歌声也动人。还有人说，在华都舞厅唱歌的年轻女歌手，那歌喉、水平堪称“徐小凤第二”。人们提到的湾仔华都舞厅的这对姐妹花便是梅爱芳和梅艳芳姐妹二人，而被人们称为“徐小凤第二”的歌手就是梅艳芳。

一般来说，当音乐制作人知道一个歌手有过酒廊表演的经历后，便不会考虑继续选用，因为担心歌手身上的风尘味过于浓重。但苦于找不到新人歌手培养的黎小田，还是决定要亲眼一见这位被朋友夸上天的女歌手到底有多么出色。

黎小田去铜锣湾旧总统戏院恰好路过华都舞厅，他决意走进去一探究竟。坐在台下的黎小田在酒色氤氲中，听得一阵深情悠扬的歌声飘来，这歌声令他陶醉不已，而歌手那浑厚的嗓音着实令他颇为惊喜。黎小田静静地听着、细细地品着，等歌手表演结束，他便起身找到刚才在台上的歌手并攀谈起来，还力邀她参加新秀歌唱大赛。

只是黎小田绝对没有想到，眼前这位青春靓丽的歌手与自己也算是“旧相识”了。丽的电视台曾经有一档名为《家燕与小田》的节目，两位主持人分别是薛家燕与黎小田。梅艳芳与姐姐梅爱芳首次在电视上与观众见面，便是通过《家燕与小田》

这档节目，她们演唱的是粤剧代表剧目《帝女花》。多年过去后，梅艳芳依然记得黎小田，记得《家燕与小田》这档节目。

经过梅艳芳提醒，黎小田的记忆之门豁然洞开。他又惊又喜、且赞且叹——果然是旧相识。他再度向梅艳芳发出邀请："来参加新秀大赛吧。"

可是梅艳芳似乎颇有顾虑，她极为真诚地表示自己只在歌舞厅表演过，从不曾参加过任何比赛，因此心中有些畏惧。但她又表示，假如能够与姐姐共同参赛，那么就不会这样害怕了。后来黎小田回忆起当时力邀梅艳芳参赛时，一向果敢爽快的梅艳芳说如果她单独参赛会害羞，所以希望有姐姐同在。黎小田认为这个主意不错，举办新秀大赛的初衷本就是为了选拔音乐人才继而加以培养，既然姐妹二人在唱歌方面都很出色，那么自然可以一起参赛。离开前，他对梅艳芳意味深长地说："你要努力摆脱别人的影子，否则无法成为你自己。"

由 TVB 举办的第一届新秀大赛的报名人数多达两三千人，由此可见，在娱乐业日益发达的香港，渴望成为歌手、成为明星的年轻人日益见多。大家再也不会像十几年前那般瞧不起唱歌的人了；更有一些青春靓丽的年轻人希望通过参赛出道，踏入娱乐圈，一举成名，改写自己的人生故事。既然是面向全社会遴选新人，那么爱好唱歌、渴望步入歌坛的年轻人自然不愿错过这个机会。那时候的香港，处处涌动着新生的力量，人们普遍相信，只要肯奋斗，必然能出头。

第一届新秀大赛的10名评委，都是当年香港乃至亚洲乐坛的重量级人物，如顾嘉辉、渡边正文、谷村新司、吴锡辉、许珮、秦燕、泰迪罗宾、黄霑、甄妮、黎小田。这个评委阵容可谓相当强大，由此可见，新秀大赛的评审标准有多么严格，毕竟这些在乐坛上享有盛名和影响力的人均把音乐视为生命，因此他们以严苛的眼光对待每一位参赛歌手，期待从一众参赛者中挑选出真正出类拔萃的音乐人才。

在新秀大赛的初赛上，梅爱芳选择的参赛曲目是邓丽君的《小城故事》，而梅艳芳则选择了邓丽君的《叹十声》，可是这首歌并没有很好地展现出梅艳芳的独特音色和演唱实力。不过即便如此，梅艳芳依然一路过关斩将，进入了最后的决赛阶段。在决赛的舞台上，身穿华星唱片公司提供的金色演出服，打扮得甚是耀眼的10号参赛者梅艳芳，以一首《风的季节》引得现场掌声雷鸣。评委席上的每一个评委都在连连惊叹——他们直到这时才看到梅艳芳身上的极大潜质，才见识到她的特别之处，以及独特的个人魅力。

《风的季节》是香港歌手徐小凤的代表作品之一，梅艳芳以其独特的低沉歌喉，完美地演绎了这首歌曲。梅艳芳的嗓音与徐小凤神似，舞台上的她唱出了对往事的追忆，也唱出了一番豁达与洒脱，她通过手势和眼神表达着自己的情绪，唱出了与徐小凤略有不同的味道。那是一种对自己人生的掌控感，也是不断向前看的洒脱感。徐小凤版的《风的季节》，是和煦的风、温文的风；而梅艳芳重新演绎的《风的季节》则是强劲的风、彪悍的风。

舞台上的梅艳芳，举手投足间流露出大气与成熟，形成了自己独特的台风，这台风震惊了一众评委和观众，甚至她只开口唱了几句，台下便已掌声如潮。一曲终了，余音未尽，人们依然沉浸在梅艳芳的歌声中。评委们向梅艳芳问道："你有几年登台经验？"梅艳芳淡然说道："14 年。"那时的她，尚不足 20 岁。她没有同龄女孩身上的那种青涩，过早地接触社会，心理年龄上的成熟程度早已超出同龄女孩。但是，她偶尔流露出的含羞微笑，又的的确确是那样的质朴纯真，毕竟从生理年龄来说，她也只是个 19 岁的年轻女孩。

素有"鬼才"之称的音乐人、词曲家黄霑从看到梅艳芳登场时便在心中为她喝彩——这胸有成竹的样子，真的很有气场，很能镇得住台。黄霑眼前的梅艳芳身穿金光闪闪的衣衫，靓丽的面庞上满是自信的神采，以及几分彪悍，只是发型略显老气，缺少女孩应有的青春气息。台上的梅艳芳一曲唱毕，黄霑仔仔细细地看了她的履历。他见梅艳芳的出生年份是 1963 年，心里感叹道真是正当好年华；但他心中又有些疑问，梅艳芳深沉浑厚的嗓音和她的年纪极不相称，究竟是什么原因呢？后来黄霑才知道，梅艳芳有着十分老到的表演经验，而她独特的嗓音与童年时期的声乐学习和演出经历有着密不可分的关系。

梅艳芳在八九岁的时候，便拜在戴思聪门下学习声乐。那时候，戴思聪在尖沙咀一家名为“新丽琪”的餐厅从事钢琴表演，而处于半失学状态的梅爱芳和梅艳芳姐妹二人分别以“依娜”和“依依”的艺名在这家餐厅驻唱。戴思聪一向将歌唱视为艺术，并且认为通过艺术表演来讨生活并不是什么见不得人的事情。性格坚强乐观且极具表演天赋的梅艳芳，颇受戴思聪的喜爱，他向梅艳芳传授的唱歌技法，更偏重于20世纪六七十年代传统流行歌曲的唱法。考虑梅艳芳的声线特色，戴思聪便着意指导梅艳芳如何将中低音发挥出最大优势。因此，梅艳芳虽然年龄不大，却能够完美地展现出优美醇厚的中低音。

除了有戴思聪这位名师的指点，梅艳芳这独特的嗓音与她早年的演出经历也分不开。幼年时候，梅艳芳与姐姐便在歌舞团里唱歌，覃美金为了活跃舞台气氛，便特意挑选一些曲调高昂的歌曲让梅艳芳演唱。长期过度用嗓，令梅艳芳喉头生茧，她虽然休息了一段时间，声音却再不似寻常少女，而是像男生的嗓音一般低沉。从寻常角度来讲，梅艳芳的嗓子算是废了，她的嗓音也不再如原先那样动听，一个女歌手开口却是男性的声音，仅凭这一点便被所有人冷嘲热讽。可梅艳芳才不肯轻易放弃呢，别人越是冷言冷语，她便越是力争上进。梅艳芳身上有着独特的韧性，女身男音又如何？只要把自己的嗓音特色发挥到位，依然能够唱出优美动听的歌曲。那些嘲笑她、挖苦她的人怎会知晓，梅艳芳这特有的低沉音色反而因其特有的厚重感和沧桑感，成为乐坛上独树一帜的存在。

坐在评委席里的黄霑打出满分 50 分，他认为虽然梅艳芳的嗓音与青春形象完全不相称，但她嗓子共鸣极佳，节奏感和台风俱佳，感情浓烈，歌艺一流，这完全就是满分的标准，如果不给满分，那么这对梅艳芳是不公平的。著名作曲家、音乐人顾嘉辉则表示虽然他自己也想给出满分，可是考虑到艺术无止境，于是给了梅艳芳 49 分。一向对音乐十分严苛的“辉黄二人组”直言：“从未见过如此有天分的新人歌手！”

“第一次见梅艳芳出场，我们一群写歌的音乐人，马上惊为天人呢。”黄霑时常这样说起。在 1998 年“辉黄二人组”真性情演唱会现场，黄霑手持话筒站在舞台上，回忆起 1982 年的新秀大赛，他对助唱嘉宾梅艳芳说：“我给你满分，即是 50 分；辉哥（顾嘉辉）就说艺术没有满分，硬扣 1 分，给你 49 分。”梅艳芳满脸惊喜地笑着说道：“分数都很高的啊。”黄霑点头称是：“非常高的！所以香港就多了个歌坛的梅艳芳。”顾嘉辉忙补充了一句：“我从来没有给过人家这么高的分，我对歌手的要求是很严格的！”

黄霑更是对梅艳芳的性情赞美有加，说她的性情和表演才华均与香港著名粤剧演员新马师曾极为相似。黄霑所说的这位新马师曾身材瘦小，被誉为戏曲表演方面的“神童”，他表演天分极高，唱腔自成一格，极受世人尊敬。黄霑如此赞美梅艳芳，足可见出他对这位年轻歌手多么喜爱、多么器重。做音乐的人遇到天赋高的新人歌手，总免不了会给出更多的鼓励和赞许。

当年 TVB 选拔新人的标准非常严苛，不仅要求新人歌手外形出挑，具备一定的演唱表演基础，而且还要求舞台气场出众，评委们要从参赛者的台风、音乐感、音质和唱歌技巧等多个方面进行评分。黎小田曾坦率地说，在众多选手中，梅艳芳称不上是最漂亮的那个，但她唱得好，舞台气场十足，这在新人歌手中，已经实属难得。“她（梅艳芳）拿着麦，手指是会动的，我们叫 body language，这是一种身体语言，而这个度是很难把握的，过一点就不行了，要做得恰到好处，是非常需要技巧的。”黎小田在多个场合都曾表示，梅艳芳是一位很特别的艺人，可以说是“十年难逢一个的香港女歌手”，她的节奏感和表现力都很出色，对比同期的女歌手，鲜少有人能够与梅艳芳相匹敌，她当真是独领风骚。梅艳芳的这种独特性，不仅体现在她的音色质感上，也体现在她的舞台表演风格上。有些女歌手演唱得也不错，可很显然，她们过于柔软，难以镇住场面。梅艳芳则不同，她长年累积出的舞台气场，从走到台上那一刻起，观众们便可以感受到这种气场。

对梅艳芳报以好评的不只是各位评委，更有现场的观众。被港人亲切地称为“阿旦”的音乐节目总监郑丹瑞，当年作为观众就被梅艳芳在新秀歌唱大赛上的出色表演给震撼住了，进而被梅艳芳成功吸引。郑丹瑞后来回忆说，当时他看到梅艳芳在台上的表演，感到十分震惊，因为他感觉梅艳芳的唱功非常扎实，表演也很专业，完全不像个新人，反而举手投足之间尽展巨星风采。不过，坐在观众席中欣赏表演的郑丹瑞那时候并不知道，他与这位“巨星一样的人物”此后会有诸多合作，更从合作伙伴发展成为真诚相待的友人。

香港知名形象顾问刘天兰全程观看了初、决赛，在看完初赛之后，便认定梅艳芳会夺冠。刘天兰本人喜欢音乐，也是一名歌手，她见舞台上的那些参赛者无论唱功还是表演皆十分青涩，可是梅艳芳出场表演后却令她眼前一亮——她在内心惊叹，梅艳芳真是一个天才！爱才的刘天兰开心地为梅艳芳鼓掌，只是在梅艳芳出道后她们始终未有机会认识。

不过，这并不影响刘天兰对梅艳芳的美好印象。在刘天兰看来，新秀大赛舞台上的梅艳芳可算是位资深艺人，不仅具有天生的演艺才能，并且表演风格自成一格，虽说她参加新秀歌唱大赛时正赶上香港娱乐业的大发展时期，可她有着其他歌手所不具备的内在本质——多元且不甘落于人后。这种内在本质再加上外在环境便孕育出一位演艺天才，造就了一个独特的梅艳芳。

毫无悬念地，梅艳芳以超出亚军几条街的成绩成为首届新秀歌唱大赛的冠军——首届比赛设置了 10 位评委，总分为 400 分，梅艳芳当时的得分是 340 多分。有些可惜的是，姐姐梅爱芳在比赛的第三轮便被淘汰，但是当听到妹妹夺冠的消息后，她依然满心满眼都是喜悦。梅艳芳在回忆当年参赛的往事时说，她那样认真、努力地演唱，就是为了不让姐姐失望。因为正是在姐姐的鼓励下，梅艳芳才参加了新秀大赛，又是姐姐代替她递交了报名表。虽然姐妹二人在舞台上同为参赛选手，属于竞争关系，可梅爱芳比任何人都希望梅艳芳能够最终胜出。梅艳芳一举夺得冠军，这令覃美金也感到很意外，尽管她知道小女儿在表演方面资质优越，也是当时的热门选手，但她认为才十几岁的梅艳芳夺冠希望并不很大，因而她始终以平常心来看待梅艳芳参赛这件事。

在梅艳芳一举夺冠后，黎小田所在的华星唱片便与她签下了足有8年之久的合约。后来，黎小田被人问道："为何要与一个新人歌手签约这么久，不担心会有风险吗？"黎小田回答："这不是钱的问题，而是心血的问题，看准了我才会放心在她身上投资很多东西，请人来栽培她。"在首届新秀歌唱大赛中获奖的歌手，也只有梅艳芳一个人被公司签了8年——5年经理人合约，3年歌星合约。

签下梅艳芳时，黎小田还有另一重打算。由于华星唱片公司隶属于TVB，因此，签约歌手有机会演唱热播电视剧的主题歌，这样便更容易为观众熟知。就像《香城浪子》这部电视剧的主题歌《心债》，一经推出之后便收到强烈的社会反响。一个职业歌手，只有被更多的观众所熟悉、认可，推出更多好歌，她才有继续发展的可能。

由此足可见出，黎小田对梅艳芳是极为欣赏的。更难得的是，黎小田不只对梅艳芳欣赏有加，他更对梅艳芳有着知遇之恩。如果不是他力邀梅艳芳参加新秀歌唱大赛并给予鼓励，那么就不会有后来的“东方麦当娜”“百变天后”；如果不是他为梅艳芳制作了品质精良的唱片，梅艳芳也不会乘着香港唱片工业大发展的时代春风中在乐坛上迅速崛起。说黎小田是梅艳芳演艺道路上的引路人真的不为过。只是刚刚签下梅艳芳的黎小田并没有预计到，有一天他眼前这位爱唱爱跳的女孩会成为香港乐坛的天之骄女。

顺利夺冠后的梅艳芳被媒体问道：“这次夺得金奖，对未来人生有何改变？”

第一次接受媒体采访的梅艳芳有些茫然，但也有些满不在乎地说：“并没有什么改变，而且获奖之后，我心理负担极重。现在的我，只算是踏在成功的路口，将来如何，还要靠自己。”人还是要从自己身上寻找力量和支撑的，梅艳芳很小的时候便懂得这个道理。即便她以出色的表演惊艳了评委与观众，赢得了首届新秀歌唱大赛，她也深知未来的道路还长，一切还须依靠自己。拿到奖杯的那一刻，梅艳芳是欢喜的、自豪的，而获奖以后的职业发展，她在当时确实没有做过太多的打算。在参加新秀歌唱大赛之前，梅艳芳也有着诸多机会可以进入演艺圈，可她却想凭借自己的实力闯出一片新天地。

对于这次小小的成功，梅艳芳始终报以感恩的姿态，淡然地说着新秀赛给自己的人生带来的巨大转变。她说，很多有才艺的人常怀才不遇，而自己才艺平凡却是个幸运的人，找到了想要的东西，更能以沙哑的声音及普通的相貌获得观众的喜爱。她还说，她相信取得新秀大赛的圆满结果是因为她的确超常发挥，为了这场比赛，她真的是豁出去了拼命一搏。

面对他人给予的赞誉和掌声，梅艳芳并没有因此而迷失自我，反而谦虚地说道："由于家境艰难，我从小就入行，唱了十几年这才慢慢地、一步步地走到了今天的位置，自大的事情我不敢做，我担心万一哪天从这个位置掉下来，自己会承受不了。"

赢得新秀比赛后，梅艳芳忙得不亦乐乎——她要不断接受媒体采访，面对记者的提问。这对于出道初期的梅艳芳来说，并不是件轻松的事情，她不太懂得应该如何应对记者的提问，对比她逐渐成熟之后面对媒体记者时的姿态，此时的她确实过于拘谨，也有些容易紧张。

有些媒体记者颇能体谅梅艳芳当时的心情，便想着通过一些轻松的方法完成采访。这一天天气不错，《K-100画报》的记者好不容易将梅艳芳约到郊外散心游玩，顺便做一次采访。终于呼吸到新鲜空气的梅艳芳，脸上绽放出少女特有的纯真笑容——说到底这颗冉冉升起的明日之星即便有着丰富老练的舞台经验，也不过是个十八九岁的小女孩，她对未来人生虽然稍有迷茫，却依然感觉充满了希望。

来到郊外的梅艳芳，心情放松了许多，与记者沟通时也显得更加轻松、坦然。“别人羡慕我小小年纪便登台表演，能够靠着自己的能力赚钱养家；首届新秀大赛一举成名，登上报纸杂志的新闻。可我并不觉得自己年少得志，我反而羡慕那些身穿校服、背着书包的学生。”童心未泯又喜欢玩闹的梅艳芳说罢，便脱了鞋子，赤脚下水，准备去逗一逗水中的天鹅，那天鹅见有个陌生女孩走来，便张开翅膀远去了。梅艳芳说，她之所以羡慕那些学生，是因为她过早地结束了自己的校园生活，心中总是有些不甘。

第一届香港新秀歌唱大赛打开了梅艳芳的星途，给她的人生带来了极大的转变，而她本人在此后 20 年的岁月中也不断地成长着，从一个草根女歌手蜕变为一代巨星。在这场如火如荼的“造星运动”中，并非只有梅艳芳一个人实现了命运的改变和身份的转变。但是在一众男女歌手里，在那个神仙打架的年代中，逐步成长起来的梅艳芳却是最为多元化、最具个人特色、最引领时代潮流同时也是影响力最为深远的那个。

都说时代造英雄，时代对于个人的发展确实不容小觑。TVB 通过举办新秀歌唱大赛，将影视歌娱乐工业化提上日程。梅艳芳可谓生逢其时，乘上了时代发展的春风。可假如没有个人的努力，即使处在时代的浪潮中也不一定会踏在浪尖上。不论是对梅艳芳有着知遇之恩的黎小田，还是后来与梅艳芳合作电影《胭脂扣》的关锦鹏导演，抑或是其他的演艺界大咖，大家虽然对梅艳芳的评价各有侧重，但最为核心的评价内容都指向于这样一点：她是一个上进而努力的演艺工作者，她能够站在歌坛和影坛的巅峰位置，既离不开天赋，更离不开勤奋。

黎学斌这位老牌乐手，可谓梅艳芳的老相识，覃美金亲切地唤他“细佬”（小兄弟），梅艳芳则呼他为“舅父”。当年，年少的梅艳芳穿梭于酒楼歌坛中时，他便时常为其伴奏、抄写歌谱。他眼见着一个十来岁的小女孩逐渐地成长起来，从名不见经传、经常受人欺负的小歌手成为乐坛巨星，再成为影响力辐射到国外的演艺工作者。

在别人看来，梅艳芳是时代的幸运儿，通过参加新秀歌唱大赛转变了身份，从此以后不再是歌厅里的歌手，而是娱乐圈中冉冉升起、前途光明的新星。然而，在黎学斌看来，梅艳芳能够在一众新人歌手中脱颖而出，这固然离不开她得天独厚的嗓音条件，以及稳扎稳打的表演经验，但更为重要的是梅艳芳始终保持着认真学习的精神。虽然梅艳芳初中都没有读完便半途辍学，可她并未停止学习，她会有意吸收其他一些歌手的长处，也会留意其他表演者的演出风格，她以开放的心态去观察、去学习，然后将学来的东西内化于心，为自己的表演增添亮色。

据黎学斌说，在参加新秀歌唱大赛之前，梅艳芳主要向一些台湾歌手学习台风，她不仅在学习其他歌手的舞台风格，更是将自己的特色揉进其中，而不是被动地“拿来主义”，因而逐渐形成梅艳芳所特有的台风：她在演唱每一句歌词时，都有恰到好处的表情动作，在展现歌喉的同时更是一展万种风情。这片刻即逝的风情，正是梅艳芳勤奋努力的结果。

新秀大赛舞台上的梅艳芳，以其实力与才情为自己闯出了一条崭新的人生之路。“新秀”之后的梅艳芳，对自己的要求也与以往不再一样，她考虑自己已不是那个在酒吧里辛苦唱歌几小时的歌手，而是一名真正的职业歌手，以后要面对更广阔的舞台，并且还要推出自己的唱片，因此她并未在夺冠后心生懈怠，仍将大部分时间用于提升歌唱技法。“我对自己的未来发展是有信心的，”面对记者提问，梅艳芳如此自信地表示。

有人说，梅艳芳成名之前在酒吧唱歌的经历过于辛劳，因而在那样一段辛苦唱歌谋生的岁月中，梅艳芳的人生必然也是晦暗无比。但是如果从另一个角度来看待梅艳芳正式出道之前的那段人生，我们其实不难发现，那些操心劳力的歌唱工作，那段以歌声止肚饿的艰苦岁月，为梅艳芳提供了绝佳的训练机会。这十几年的舞台生涯，以及年少时的辛酸经历，就像沉重的生命十字架。只是，梅艳芳非但没有被不幸的生活压垮，反而培养出了极强的临场应对能力和抗压力，这使得她在任何条件、任何情况之下都能够做到挥洒自如、游刃有余。

成长

出道即受挫
赤色梅艳芳
引领时代的『坏女孩』

出道即受挫

与当时唱片业中的翘楚——华星唱片公司签约之后，梅艳芳很快便推出了自己出道以来的第一张粤语专辑《心债》。这张专辑中的主打歌曲由“辉黄二人组”编曲填词，而唱片的制作人则是当时香港乐坛的金牌制作人黎小田——这个制作班底可谓相当有水准了。

作为梅艳芳演艺生涯的第一张唱片，《心债》封面上的梅艳芳是一副清纯邻家女孩的造型。为了拍好这张封面照片，黎小田特意打电话邀请摄影师杨凡精心拍摄，而在正式拍摄封面照片之前，杨凡需要与梅艳芳先见上一面。他们两人的见面地点是利舞台，这里原本是一处戏院，平时用作舞台剧和粤剧演出以及放映电影。

杨凡眼中的梅艳芳是一个不苟言笑的女孩，他问一句，她答一句，没有应酬的话语，没有多余的客套。杨凡见梅艳芳穿着厚实的外套，就建议她先将外套脱下来，以便帮助她设计造型。可梅艳芳偏偏来了倔强脾气，无论如何也不肯脱下那件厚重的外套。黎小田赶忙解围道："这个女孩从小的生活环境比较困难，经历也比较曲折，在这种环境下成长起来，对她而言脱下外套可能是一种障碍。"

其实这并非是梅艳芳偏要与杨凡对着干，而是对于她来说，那件厚重的外套就如同一个起到自我保护作用的外壳。她不愿轻易卸下保护自己的壳子，沉默地审视着周围，表情审慎而严谨。或许这就是梅艳芳进行自我保护的一种方式，童年的生活经历对她的影响极深。

在 20 世纪 80 年代的娱乐界，歌手的形象基本上需要依靠自己打理，不论是化妆品还是服装配饰，都需要自备。虽说梅艳芳从小就出来依靠演唱为生，她年纪尚小就学会了自己化妆、挑选衣服，可现在毕竟与过去不同。以往她是在酒吧、夜总会唱歌，如今她已正式出道，成为一名职业歌手，她对自己的前程存在着某种不确定感，在服装造型的选择上也缺少清晰的搭配理念。

在拍照那天，梅艳芳穿着一套黑白宽边粗条纹的两件套出现在杨凡面前。她自己梳头、自己化妆，虽然很用心，但这个造型依然遭到了杨凡的吐槽——虽然杨凡只是在心里吐槽，并没有表达出来，但他皱眉的表情依然"出卖"了心中所想。

后来杨凡回忆说，他怎么也没有想到，十八九岁的梅艳芳给自己做的造型，竟然让他想起了斑马。他实在没有拍摄灵感，便提议下次重新拍，并且让梅艳芳换下之前的服装。可是，下次拍照时，梅艳芳应该穿什么服装、做怎样的造型呢？杨凡思考之后，决定向“男装大师”乔治·桑借鉴灵感。然而，乔治·桑是一位颇具传奇色彩的小说家，她的着装风格未必适合尚不到19岁的梅艳芳。为了增添梅艳芳的少女感，杨凡选用了带有大片蕾丝的衬衫。当时日本娱乐圈非常流行这样华丽的风格。在杨凡的“改造”之下，梅艳芳的封面照片终于拍摄完成。镜头下的梅艳芳展现出少女特有的羞涩与单纯，但同时也流露出年轻女孩少有的拘谨和严肃。

杨凡觉得，这张封面照片虽然称不上完美，但勉勉强强可以过关。照片上的梅艳芳没有一丝笑意，眼角眉梢处倒是展现出一股子倔强的劲头。

最初，华星唱片并没有对梅艳芳的演艺定位进行更多的思考，因此这首张唱片也算是投石问路，先看看市场反响如何，而后再做进一步打算。黎小田说，那时候唱片公司普遍没有包装歌手的概念，之所以对梅艳芳投入极大的心血，纯粹是因为她唱得好。

刚出道的梅艳芳就如同这张专辑封面上的造型一样，声音中还带着一些稚气，同时也透露出一种年轻人特有的无畏无惧的态度，唱片MV中的梅艳芳披散着卷发，身穿纯白色休闲装。

这种邻家女孩的形象，在梅艳芳的演艺生涯中可不多见。

梅艳芳推出这张专辑时只有十八九岁，虽然她的嗓音浑厚大气，却依然难掩少女声音中独有的甜美、单纯；中低音之中偶尔展现出的清亮高音，则唱出了另一番滋味，给听众带来别样的感触。

《心债》和《一生为你痴》这两首歌曲均源于日本，在拿到版权之后，又经过重新编曲与填词，再由梅艳芳演唱，演绎出与之前完全不同的风格，这才成为全新的音乐作品。在20世纪80年代初期，改编日语歌曲是香港歌坛常见的事情，很多歌手都唱过由日语歌曲改编而成的作品，这些改编歌的市场热度都不低。

但是并非每一位歌手都有这种演唱改编歌曲的机会。要拿下一首日语歌曲的版权，其费用比香港本地的音乐人创作一首歌曲要昂贵得多。除非是唱片公司力捧的歌手，不然，断不会为其投入如此高昂的制作费用。据黎小田说，知名音乐经纪人陈淑芬与日本大洋公司有往来联系，要拿到日语歌曲的版权相对容易，一旦大家认为某一首日语歌曲很好听，便买下版权，改编为粤语歌曲。

梅艳芳刚出道的时候，香港流行乐坛之所以非常盛行改编日本歌曲，还有着这样一层原因：虽然购买日文歌曲的版权费用比原创歌曲要昂贵得多，但唱片公司只需要支付日文歌曲的版权费用，再请词人来填词，由制作人重新编曲即可，这样能够缩短一张唱片的制作周期。

作为公司力捧的新人歌手，梅艳芳自然也没有辜负公司和各位音乐人的期待。《心债》这首歌推出不久，便登上了“中文金曲”第43周的冠军宝座。人们很难想象，如此曼妙沉稳的歌声，竟然出自一位极为年轻的新人歌手。香港演员罗君左更是在《不可能再遇上Anita梅艳芳》一书中，追忆了当年梅艳芳录制《心债》这首歌时的场景：

“Anita（梅艳芳）站在大片落地玻璃前，望着整个维多利亚港，陶醉地唱《心债》。神奇地一次录完。录音室中，掌声雷动！”

录歌之前，梅艳芳请苏孝良讲了一下《香城浪子》的大致剧情，她一丝不苟地听完后便稍稍酝酿了一下情绪。接下来便是大家见证奇迹的时刻——录制一遍便通过。在顾嘉辉和黄霑的监督下录歌的梅艳芳，想来也是为这首歌的词曲韵味而陶醉其中吧。如若不是心怀深情，又怎能唱出如此动人的歌声？面对着夜色中的维多利亚港，梅艳芳在唱歌的那一刻，是否想起了青涩的初恋，以及因故中断的婚约？是否想起自己在此之前那10多年的演艺经历？《心债》这首歌的曲调较为舒缓，梅艳芳将歌曲的沧桑大气展现得完美无瑕。她在悠悠地唱完最后一句时，尚有余音久久徘徊，把歌中人那无尽无边又深埋心底的爱意演绎出来。

一曲唱完，四下安静。顾嘉辉和黄霑听完后纷纷竖起了大拇指，赞不绝口："梅小姐果然是个天才！"

黄霑表示，已经很少有歌手在录歌时能一次通过的了。他还表示，梅艳芳的嗓音很独特，平时说话高八度，着急的时候讲起话来像只小鸭子一般，语速极快，但是当她唱起节奏低沉、舒缓的抒情歌曲时，便给人一种千回百转、如痴如醉的感觉。

梅艳芳笑着问顾嘉辉："这次你给打多少分？"

顾嘉辉很认真地说："最多打99分。"见梅艳芳有些不开心，他又补充道，"艺术是没有满分的嘛。"看来"辉哥"对歌唱艺术确实有着超于一般的严格要求，但是对梅艳芳则给予了超一流的高度评价。

在灌录唱片的初期，梅艳芳依然在老师戴思聪的身边聆听教诲，接受声乐指导。实际上，在正式录音之前梅艳芳早已和戴思聪老师反复练习过《心债》这首歌，在一次次的练习过程中，她对这首歌的感受与领悟也在不断深入。梅艳芳这种一丝不苟的专业精神，从出道之初便得到深刻的体现。

从严格意义上来讲，《心债》只能算作梅艳芳的半张专辑，因为在12首歌曲中另有6首歌曲是香港组合小虎队（孙明光、林利和胡渭康）的作品。在这张专辑中，梅艳芳的作品多是慢歌，而香港小虎队则以快歌为主。在同一张专辑中，既有快歌又有慢歌，这样一快一慢，比较均衡。但即便如此，依然难掩《心债》这张唱片在梅艳芳演唱生涯中的重要意义。

这张专辑中收录的歌曲是公司专门为梅艳芳量身打造的，

其中的主打歌《心债》可谓梅艳芳此后每场演唱会的必唱曲目，其他歌曲也各有味道。《情爱火花》情感强烈；《一生为你痴》节奏明快；《日夜怀念我》略显哀怨；《莫问起》令人沉醉；《不必想我》则透露出一点点青涩、一点点性感。

《心债》这张专辑中收录了6首梅艳芳演唱的歌曲，其中有多首是根据日文歌曲改编而成。在梅艳芳刚出道的那个时期，香港歌坛盛行日本风，不仅唱片公司大量改编日本歌曲，歌手的穿着打扮也倾向于日本潮流。因此，公司为梅艳芳推出的首张唱片也呈现出浓重的日式风格：俏丽的卷发，华丽的衣衫，很是甜美可爱。

看得出来，华星唱片对梅艳芳是下了心血的。尽管公司最初对梅艳芳的定位不清，可《心债》这张专辑的市场反响还不错，梅艳芳的人生似乎正在向着好的方向迈进，她本人也说，对自己的发展前景很乐观，心中有许多憧憬和梦想。

对梅艳芳而言，1982年是她扭转命运的一年。她凭借一首《风的季节》在TVB举办的首届新秀歌唱大赛上夺冠。得到公司力捧的她，同年又推出了粤语专辑《心债》。作为出道新人，梅艳芳的唱片甫一发行便得到了社会关注，这些都说明了她的演唱实力，也证明她的声音具有极大的可塑性。

此时的梅艳芳依然顶着“徐小凤第二”的名号，因为她的作品还没有呈现出鲜明的个人特色，虽然那歌声优美动人，但缺少一定的辨识度。其实这一问题也是其他歌手出道以后需要面对、解决的难题，梅艳芳并没有打算逃避，她在努力勤奋中期待着自己以后有更为出色的表现。但令梅艳芳意想不到的是，出道不久后，她便要面临来自四面八方的恶意中伤。

以乖巧可爱邻家女孩形象出现在世人面前的梅艳芳，尽管赢得了公众的关注与热烈的掌声，却也引来了众多的质疑，而这诸多质疑的其中之一便是，如此沧桑成熟的声音与她那甜美可爱的外形实在是相差悬殊。更有些好事者搬出梅艳芳从幼年起便辗转于夜总会、歌舞厅等娱乐场所的经历，还有些人将梅艳芳出道前的“歌女生涯”进行了一番加工，将她描述为一个作风不正派的“坏女孩”。不过也有一些批评的声音比较专业、客观，认为她演唱《心债》这首歌时的情感不够饱满，有些欠缺诚意。对于这样的批评，梅艳芳还是能够坦然接受的，但是她不能理解的是，为何有些人要对她恶意中伤，为何要扒开她生命中的伤口。

从小就依靠歌唱为生，过早地离开校园，原生家庭欠缺温暖，曾经有过早恋风波……这些都是梅艳芳心底的伤口。当这些伤口被人这样无情而粗暴地揭开后，梅艳芳几近抑郁。香港部分媒体就像绿头苍蝇一般，面对好事者的爆料欣喜不已，恨不得把梅艳芳的“歌女历史”浓墨重彩地再多报道几遍。初出道的梅艳芳身材过于消瘦，她觉得自己手臂细瘦像竹枝，穿起那露肩露臂的衣服不美观，因此便经常穿得严严实实。有些好事者便据此说她是“瘾君子道姑”，双臂布满针孔，而这也是梅艳芳“歌女生涯”中沾染的恶习。还有些媒体指责梅艳芳，既然有过那种当酒吧小歌星的经历，又何必在MV中装作邻家少女的样子扮清纯，这不是欺骗大众吗？

在很多人看来，媒体如此大肆炒作梅艳芳的身世旧闻，令她星途堪忧。才出道的梅艳芳也不曾想过，自己居然会因为迫于生计做过“歌舞厅的女歌手”而遭受来自外界的批评、质疑，乃至抨击。在大受外界打击的同时，梅艳芳还会遭到来自母亲的斥责。她常借酒消愁，以至于不论家中还是KTV包厢里满地皆是空酒瓶。不过梅艳芳酒品极佳，几乎从没有出现过借酒醉发酒疯的情况——她不愿意让别人看到自己的窘态。她只是借助于热闹的场所和刺激的酒水，暂时从失意和迷茫中逃离出来。

但是，借酒消愁也只能让忧愁无限地滋生，依靠酒精来麻痹自己也只不过增添更多的悲伤。酒醒之后的梅艳芳，依旧要面对媒体带来的伤害，要承受来自母亲的责骂。在一个人被外界伤害时，家庭往往会成为她躲避风雨的港湾，可惜梅艳芳极少能享受来自家庭的关怀。

自从梅艳芳通过新秀大赛出道正式成为歌手后，覃美金担心梅艳芳沾染上娱乐圈的不良习气，便对她施行“高压管理政策”：她不仅对梅艳芳规定了门禁时间，要求梅艳芳每天晚上12点之前必须回家，而且梅艳芳有时外出，她安排梅艳芳的哥哥或者姐姐陪同出行。为了限制梅艳芳的活动，覃美金还管束她结交朋友。虽然覃美金自己曾经开办过音乐学校，也带着孩子们经营家庭乐团、四处演出，可在她的心中，其实对娱乐圈抱有相当大的偏见，她总是担心梅艳芳随随便便地交朋友，更担心梅艳芳有一天会被娱乐圈的不良风气带坏。

覃美金管教子女比较严格，教育方式也极为刻板，她从不曾问过梅艳芳为何委屈，也不懂梅艳芳为何一定要借酒消愁。她眼中所见的只是女儿的表象。覃美金这些不由分说的斥责，以及令人窒息的高压控制政策，使得原本就情绪低落的梅艳芳更为抑郁。梅艳芳也曾在内心深处呼唤着、期待着，希望有一个人站到自己身边，给予自己安慰与呵护。只是，此时的梅艳芳还是个新人歌手，她没有什么可交心的朋友，也得不到家人的理解，面对一些香港媒体和无知群众的恶意诋毁，只能独自承受外界射来的箭带给自己的伤害。

这种恶意中伤的情况有多严重呢？从梅艳芳当时的一段经历，我们便不难看出她那糟糕的境遇。有一次，中国城夜总会邀请梅艳芳前去唱歌，梅艳芳和黎学斌等人要从佐敦前往尖东。由于当天是平安夜，人们在燃放烟花，因而道路被封。梅艳芳这一行人无法乘车便只能步行过去。这一路上，有人对着梅艳芳指指点点，还有些人高声叫喊："她那么瘦，是不是吸食白粉？她是不是有文身？"有些人一边凑过来看热闹，一边用粗话骂街，还有些人对着梅艳芳吹口哨并高呼："吸毒、文身、堕胎的道友婆。"

这种场面令梅艳芳很是恼火，可她只能含着泪水与身边的朋友们沉住气继续向前走。无人知道，在洋溢着喜悦气氛的当晚，在漫天绚丽的烟花下，曾有一个女孩带着满腹委屈匆匆赶路，她的身影瘦削而落寞。在被人辱骂的那一刻，她的整颗心仿佛掉落在地上一般，心中所有的梦想都破灭了。面对这样的遭遇，梅艳芳感到十分屈辱，也正是从那时开始，她决定咬紧牙关，无论面对多么艰难的事情，都要坚持到底、永不放弃。吸粉、文身这些莫须有的“罪名”，不过是媒体为了博取读者关注而刊发的不实内容，不明真相的好事者则沉溺其中尽享狂欢，全然不顾及自己的言行对别人造成的伤害。

日后的梅艳芳在回忆起出道初期的经历时，已是淡然了许多，她说那天被人唤作“道友婆”，被人发出嘘声，她真的很想把手中的化妆箱丢过去，然后将那些不明真相的好事者狠狠地痛骂一顿。可幸好她沉得住气，只是低头继续前行，不然如果真的“开战”，必定有损她的歌手形象。

不负责任的媒体进行的不实报道，不只给梅艳芳一个人带来伤害，更给她的家人带来无尽的烦恼。覃美金曾表示，梅艳芳自从入行以后便有很多人对她说三道四。有一次，覃美金这一大家子人出来吃饭，梅艳芳哥哥的儿子也在。原本一家人平平常常吃顿饭，却被人疯传成“梅艳芳有私生子”。大概是梅艳芳的家人认为她的这些负面新闻连累了亲人，于是他们有时也会指责梅艳芳，只有姐姐梅爱芳愿意站出来维护这个小妹。就在关于梅艳芳的负面言论满天飞时，黄霑却站出来开解道："如果一个艺人入行两年都没有观众对她爆粗口，没有人在她背后指指点点，那么她应该马上离开这个圈子，因为这说明她不适合做这一行，也说明她没有观众缘。"他还劝梅艳芳努力提升歌艺，不必理会那些媒体的歪曲报道。

黄霑旗帜鲜明地力挺梅艳芳，给了梅艳芳极大的安慰。她不曾想到，在自己最需要家庭的温暖时并没有得到家人更多的帮助，反而是那些毫无血缘关系的外人伸出援手，给予她坚定的支持。

一向对梅艳芳倍加爱护的黎小田，并没有因为铺天盖地的不利传言而过于担忧。因梅艳芳的成长环境比较复杂，便有人谎称她吸毒、文身，甚至故意恶语相向。可是在黎小田看来，只要她足够敬业，只要她的歌声足够动听，那么即使有文身又如何？这不过属于歌手的私人生活。当然，事实证明梅艳芳不吸毒，更没有文身，那些流言蜚语也就渐渐平息下来了。

尽管流言蜚语灰飞烟灭，可是媒体又抓住了梅艳芳当时的另一弱势发起攻击——她虽然在当年的一众参赛者中脱颖而出，但作为一名职业歌手却缺少自己的鲜明风格。从正式出道开始算起，梅艳芳确实处于摸索阶段，她在找寻自己的艺术风格，公司也在思考对她的艺术定位。20 世纪 80 年代初的香港歌坛，并不十分讲究对歌手进行包装。黎小田也说过，那时候推出一个歌手最重要的就是唱歌好听，到了后来才会考虑歌手的形象包装问题。

出道不久的梅艳芳既要承受巨大的精神压力，又要不停地摸索自己的歌唱表演风格，还要应对来自母亲的责问。可能她压根儿就不曾想到，步入演艺圈做一个真正的职业歌手竟然是如此艰难！

可一向坚韧要强的梅艳芳又怎么会轻易被负面新闻压垮？在黄霑等人看来，梅艳芳的性格中有着极为坚毅的一面，面对来自媒体的攻击她绝不会低头认输。有朋友建议梅艳芳穿着一件露臂的时装亮亮相，那么就可以证明她手臂上既无文身也无针孔。梅艳芳反而越发将自己裹得严严实实，大有要与媒体死磕到底的劲头儿。

许多年后，已成为香港乐坛大姐大的她对新人歌手萧正楠说："新人是不好做的，面对外界的杂音你不必介意，你只需慢慢摸索，我也是挨过好长时间，才有了自己的风格呢。"

进入演艺圈伊始，梅艳芳每天顶着"徐小凤第二"的名号参加各种各样的演出，出入各种演出场所。在人们眼中，这位没有名气的新人歌手纵然是天赋异禀，身上也依然笼罩着徐小凤的光环，是靠着这顶光环才稳住了唱歌的营生；人们总以为，如果不是因为梅艳芳的声音和徐小凤高度相似，她又怎么能够走到现在这个位置，又怎么能够得到市场的认可呢。可是，梅艳芳也在找寻着适合自己的风格，也在打磨自己的歌艺。她并没有停下前进的脚步，却要无端面对公众的恶意。我们不难想见，初出道时的梅艳芳要承受多少辛酸与无奈，而她的人生天空此刻已经阴云密布，获奖的喜悦也早已被现实的痛苦所取代。

横亘在梅艳芳面前的不只是诸多繁杂的闲言碎语，更重要的是如何提升自己的表演水平和歌唱水准。要想从夜总会小歌手成长为真正的实力歌星，需要她彻底摆脱酒吧歌手的习气。由于酒吧歌手往往一晚需要唱几场，甚至十几场，这样高强度的表演，歌手们便时常出现气息不足的状况。因此，酒吧歌手为了节省气息就会拉开麦克风，将一首歌曲中某些地方的长音拖下来。

这是一个比较讨巧的方法，可是这一招在录音室中却行不通。所以衡量一个歌手是否真的有扎实的唱功和演出实力，只要进一次录音室就可以见出分晓。梅艳芳由于早年跟随戴思聪老师学习过声乐，掌握了不少歌唱经验，因而她在赢了新秀大赛之后便已经有意识地去摆脱酒吧歌手的唱歌习惯。

“唱歌是她的生命，她怎会不用心去唱呢？”黎学斌经常这样说。因为热爱唱歌，梅艳芳总是认认真真地对待每一次演出、对待每一首新歌。在演唱这条道路上，她是努力的、精进的，可初出道的她却被如此对待，这也是极为委屈的。

从孩提时候起，梅艳芳便已失去了人生自主选择权；母亲再婚后，她整日遭受继父的精神暴力；赢了新秀歌唱大赛并顺利签约唱片公司之后，又惨遭不负责任的媒体的疯狂攻击。如果换作旁人，或许早就放弃，告别娱乐圈了。可梅艳芳尽管在出道之初便遭遇挫折，尽管平均每周 3 次会喝得酩酊大醉，她依然不曾轻易地被命运击倒。她是多么渴望自己的命运能够被真正地改写啊！

除了从小经历磨难、遭受委屈而逐渐生长出来的坚韧性情外，梅艳芳还养成了一种专门抬杠的“包拗颈”性格。别人越是说她不行，她便越是要拼尽全力地展现出自己的能力。黄霑曾经评价梅艳芳这种“但求过瘾，不问结果”的牛脾气，给她的演艺道路带来过诸多不便。在梅艳芳参加新秀歌唱大赛之前，某夜总会招聘常驻歌手，覃美金带着两个女儿来试音，夜总会老板最终选了姐姐梅爱芳。那时的梅艳芳身材瘦削、声音低沉，不被夜总会老板看好。后来梅艳芳在新秀歌唱大赛之后一炮而红，这时候那位老板再来请她唱歌，她想都不想便直接拒绝。想来在那一刻，梅艳芳的内心还是有些小小的得意吧，毕竟她可以为自己的人生做选择了。

赢了新秀大赛、推出了首张唱片的梅艳芳在遭受质疑和谩骂之后，确实变得郁郁寡欢，但她并未放弃自己的演艺事业，更不曾打算向那些非议与恶意低头。梅艳芳身边那些支持她、声援她的声音，则让她更加坚定自己要在演艺道路上一直走下去。

除了像黄霑、黎小田等香港音乐人的全力支持之外，那些同为歌手的友人也为出道初期的梅艳芳提供了有力支撑，给予了温暖。签约华星唱片初期，梅艳芳需要与其他歌手一起去外地演出。那时，由黎学斌带着张国荣、梅艳芳、吕方等歌手走埠演出，大家很辛苦。也正是在这些走埠演出的辛酸日子里，梅艳芳与张国荣两人逐渐熟络起来，梅艳芳将张国荣视为兄长，而张国荣则像个大哥哥一样呵护梅艳芳，给予了梅艳芳极为诚挚的关爱。

说起来，梅艳芳正式进入娱乐圈后认识的第一个朋友便是张国荣，从最初公司安排他们一起走埠、一组登台，到二人之间相互欣赏、相互扶持，他们共同经历过许多重大事件。梅艳芳与张国荣在舞台表演方面颇为默契，他们既是演艺道路上缘分颇深的搭档，更是彼此生命中的重要友伴。

出道不久的梅艳芳曾有一次自告奋勇去歌厅救场的经历，恰好那一场演出张国荣也在。那场演出，本应该有叶振棠的身影，可由于他临时有些状况，因此公司便安排两个新人登台演出，于是就有了张国荣和梅艳芳最初同台表演的场面。

乐队出身的叶振棠在20世纪七八十年代是红极一时的歌手，不仅是电视剧主题曲的专业户，更是梅艳芳等新人歌手的前辈，诸如《万里长城永不倒》《笑傲江湖》等大家耳熟能详的影视主题歌，皆出自叶振棠的一口金嗓。当时很多观众原本是为了叶振棠而来，可他们却只见到了新人歌手。观众们的失落之情不难理解，但作为新人歌手的梅艳芳和张国荣就比较尴尬了：他们是新人，尚且没有那么多作品可以演唱；这两张新面孔，也没有让观众买账。张国荣在台上深情地唱着《一片痴》，可台下的观众毫无反应；梅艳芳作为嘉宾表演了自己出道初期的经典歌曲，也没有得到观众的回应。在作为新人歌手的那段时光里，梅艳芳要挺过无数个被无视、受冷遇的场合。在这样的经历中，有很多次都是与张国荣“同呼吸、共患难”，因此他们两人之间的友情便拥有了极为坚固的基础。况且，他们两人身上有着诸多的共同之处，比如对待朋友极为义气，对待表演艺术精益求精。两人除了在舞台上的合作之外，还有众多电影作品留存于世，而这些电影作品，每一部都堪称经典之作。

法国存在主义哲学家萨特说过，人生是一个不断走向瓦解的过程，但是在这个过程中，人要用不断地奋斗来实现自身价值，从而使人生的过程发亮。梅艳芳不一定知道萨特的这句名言，但她确实是一个通过忘我努力而实现自身价值的人，她也因为自己的努力而在那个娱乐业蓬勃发展、娱乐人才相继涌现的时代里，始终闪烁着耀眼的光芒。

赤色梅艳芳

成名后的梅艳芳并没有很明确的发展目标，尽管《心债》这首歌反响强烈，但同时她也饱受非议，承受着舆论的攻击，每天身心俱疲、心情抑郁。此时的梅艳芳，有些迷茫，也有些消沉。好在华星唱片负责人苏孝良，以及黄霑、黎小田等人始终力挺梅艳芳，这才没有断送梅艳芳的演艺生涯，若不然，演艺界便会损失一位不可多得的艺术女神。

慧眼识才的苏孝良认定梅艳芳是一个难得的音乐人才，他请来张国荣的形象设计师刘培基，希望刘培基为梅艳芳打造一个全新的形象。在与苏孝良的沟通过程中，刘培基早已对梅艳芳的家庭状况、成长经历等基本信息了解得一清二楚，并且他也了解苏孝良对这个新人歌手倾注了极大的心血，但又不只是作为歌手培养那样简单，而是希望将她打造成舞台上的巨星。

听了苏孝良的一番话后，刘培基清醒地意识到，梅艳芳借助酒精的狂欢，无法从根本上解决问题，他在当下最应该做的，便是帮助梅艳芳走出困境，只有走出眼下的困境，才能谈得上未来长远的发展。

从青少年时期就开始创业生涯，并在20世纪70年代创立个人品牌的刘培基，不仅有着一双火眼金睛，而且受到西方艺术的影响，审美品位十分超前。每天他都很忙碌，对于顾客也很挑剔。用刘培基自己的话来说，他对顾客有着自己的要求，能否合作要看眼缘，而且如果不是自己认同的顾客，他也不会与其合作，更不愿为了收入而出卖自己的审美理念。

但是，刘培基与梅艳芳初见面时，情况却与以往大不相同。一向对顾客有着诸多挑剔的刘培基，对面前这个紧张而拘谨的年轻歌手产生了一种发自心底的认同感。第一次见到刘培基时，梅艳芳很是忐忑不安，有些不知所措。她是要强的，也是自卑的，她站在舞台上曾被掌声与喝彩声包围，但在现实生活中却遭受种种委屈和不公正的对待。早年的人生经历使得她习惯以刚强硬朗的姿态去面对外界，但身为新人歌手的她，在面对那些资历深厚的行业人士时，会产生一些自卑情绪。

正在忙于处理手头事务的刘培基，看了梅艳芳一眼，他只注意到了梅艳芳的发型：长长的，卷卷的，由于欠缺打理，整个人看起来没什么精神，更缺少一丝活力。其实身为设计师的刘培基平时并不关注女性的穿衣打扮，除非对方是自己的友人。

面对梅艳芳时，他也没有过多在意她的穿着，他只记得那天梅艳芳穿了一件外套，而那天的天气并不很冷。刘培基请梅艳芳坐下等他，因为手头还有诸多事情需要处理。

在刘培基的办公桌前坐定后，梅艳芳的目光始终盯着刘培基，而不是翻看桌上的时尚杂志来打发时间。刘培基知道她过于紧张，便笑着说："你先把衣服脱下来。"梅艳芳显然被这句话吓了一跳，有些难以置信地看着刘培基。刘培基也不生气，反而很温柔地拿来另一件衣服递给梅艳芳，轻声说道："你来试试这一件。"

更衣完毕的梅艳芳脱下了那件原本把自己包裹得密不透风的厚外套，她的表情在羞涩之中又带着些疑惑。梅艳芳用双臂紧紧挡在身前，刘培基则轻轻地将那双手臂移开。他说，他需要测量肩宽，希望梅艳芳配合一下。这时，刘培基注意到梅艳芳那突出的锁骨，她真的很瘦。刘培基又细细地打量了一下梅艳芳的长相，觉得这发型太俗气了，牙齿有些黄且不够整齐。但梅艳芳有一个最大的优点，那便是她似笑非笑、一言不发时整个人呈现出一种不妥协的倔强，这种倔强让他有些动容。一向对客户有着诸多挑剔的刘培基不仅接下了梅艳芳第二张专辑的造型设计方案，并且还要为准备参加东京音乐节的梅艳芳精心打造出一套全新的造型。他知道这个女孩还要在自己的演艺之路上走下去，而眼下需要做的，就是为她设计新形象，帮助她走出这艰难的境遇。

出道即受挫的梅艳芳深感人世的艰难，她夜夜通过酒精麻痹自己，试图从不开心的情绪中逃离出来。可不负责任的媒体却将其渲染成“夜夜买醉的不良少女”，自然也有不少人在刘培基面前说三道四，甚至还有人劝他远离梅艳芳。然而，刘培基却将那些递闲话的人狠狠地斥责了一顿。

刘培基幼年时也曾有过寄人篱下的悲苦生活，相似的生活经历，使得他对梅艳芳充满了深深的理解与同情。当时在 31 岁的刘培基眼里，梅艳芳是一个正处于青春叛逆期的女孩，况且又遭遇事业上的挫折，喝点小酒发泄情绪也并不为过。因而，他愿意处处维护梅艳芳的形象。刘培基的举动令自小就缺少友情滋养的梅艳芳深为感动。10 多年来，她极少得到别人的理解与爱护，因此面对刘培基的呵护与帮助，梅艳芳始终心怀感念。说起来，梅艳芳与刘培基能够结缘，离不开苏孝良的功劳。苏孝良将梅艳芳的形象设计工作交给刘培基，刘培基则向华星唱片公司约法三章：他不希望公司高层干涉他的设计风格，并且拍出来的唱片封面照片也不允许公司进行丝毫修改。当时的歌手都用自己的大头照做唱片封面，但是刘培基很直接地表示他不喜欢梅艳芳的头发，觉得过于老气、土气、俗气，他向苏孝良讲得非常清楚，务必要将大头照用在封底。

在刘培基为梅艳芳量身打造新形象的同时，华星唱片公司也在帮助梅艳芳找准她的定位，专业的音乐人认为她更适合演唱那种表现幽怨情感的歌曲。正如黎小田所说，那种情感幽怨的歌曲，要的就是“快死了却又死不断气”的感觉，这样的感觉只有梅艳芳可以完美地演绎出来。黎小田认为，这大概与梅艳芳自小的生活经历有关，她的苦难经历太多，特殊的生活环境迫使她过早地成熟起来，她的那种幽怨情感融入歌曲之中，很容易引发听众的共情。于是在梅艳芳的第二张专辑《赤色梅艳芳》中，人们听到的便是一个低沉女声唱出的哀怨情愁。

这张专辑封面上的梅艳芳，身穿一袭红色长裙，安静地站立于熊熊燃烧的火堆旁。这个火堆，还是刘培基亲手点燃的。在这个大浪湾临海的小山坡上，海风阵阵吹来。刘培基对梅艳芳耐心地启发道：“你要表现出这样的感觉，一个人安安静静地伫立在山头，如此孤独而寂寞，唯一可以给你温暖的，便是你背后的那团火。”

梅艳芳立刻领会到刘培基希望呈现出的效果。摄影师以远景镜头进行拍摄，静止的人物，跳动的火苗，一静一动、一明一暗的画面极具艺术美感，梅艳芳在风中矗立着，如同一尊雕像，她的背后是熊熊燃烧的火堆。就像这张专辑封面所预示的那样，《赤色梅艳芳》正式开启了梅艳芳红红火火的演艺事业，它一经推出便备受好评，累计销量超过 25 万张——与同时代的女歌手已然拉开了一些距离。

刘培基之所以为梅艳芳设计出这样的新造型，自然有着他的理由：香港媒体攻击梅艳芳的根本原因在于，梅艳芳本身的气质形象与唱片公司为其塑造的形象之间存在着极大的差距。

出道初期的梅艳芳展现出的是成熟气质，这与当时香港娱乐圈流行的邻家少女形象有着天壤之别。刘培基想，香港乐坛并不缺少清纯可人的女歌手，可是如梅艳芳这般的形象与气质，在当时来说，还是比较稀缺，可以说，梅艳芳是独一无二的。既然如此，那么就充分挖掘出梅艳芳本人的形象特色，那是一种将柔媚与飒爽结合得恰到好处的美感，那是一种兼具媚气与英气的中性美。

实际上，正式出道后的梅艳芳在遇到刘培基之后，已经在形象、气质、穿着品味方面有了一个非常明显的提升过程。当年站在新秀大赛初赛舞台上的梅艳芳，被人评头论足：嘴唇厚，肤色黑，鼻头圆，眉毛浓，相貌看上去有些老气，服装看起来也过于土气。即便是对梅艳芳青眼有加的黄霑，也觉得梅艳芳的穿着不够时髦，欠缺时尚感。出道后的梅艳芳还被《号外》杂志评选出“最差衣着品味”榜单而列为反面教材，有一期杂志刊登出梅艳芳身穿横条纹衣服的照片，这张照片令她一时成为时尚人士嘲笑的目标。

纵然梅艳芳的相貌、气质和穿着一度引起大众的嘲笑讥讽，然而在刘培基看来，世上并无十全十美的人，梅艳芳的美需要打磨、需要雕琢、需要找准自己的风格，她的形象和穿着也需要改变。为了提升梅艳芳的审美水平，以及对时尚的感受能力，刘培基热心地带着梅艳芳去看艺术展览。经过刘培基的一番改造，梅艳芳再也不是曾经那个略显土气的年轻歌手，也不是纯情可爱的邻家小妹，而是一个散发着中性之美的成熟女性了。

1983年，梅艳芳受渡边正文的邀请参加东京音乐节这一亚洲级别的比赛，而这位渡边正文先生正是1982年首届新秀歌唱大赛的评委，也是东京音乐节的监制。东京音乐节堪称一年一度的音乐盛事，前来参赛的歌手中不乏歌坛前辈。梅艳芳对媒体说，身为一个新人歌手能够参加这种规模的赛事，能否得奖已不是她的唯一目标，她更看重的是这次参赛经历，于她而言这是一个毕生难得的学习机会。

“从小，我就一直有个梦想，梦想着有一天自己跻身于世界一流歌手的行列，一睹他们的风采。如今，梦想终于成真，你说我有多么高兴！”梅艳芳面对记者采访时，流露出激动又兴奋的神色。

比赛当天，梅艳芳身着一件白色大衫，搭配一条黑色皮裤，整个人显得颇为干练，而脖领处极具时尚感的围巾，则在黑白配色之中加入了一抹亮色。这便是刘培基为她设计的新造型。格外注重细节的刘培基发现，梅艳芳习惯戴着手表登台表演，他特意送给梅艳芳一对白金戒指，并再三叮嘱她：上台演唱绝不能戴手表，因为只有走场的歌手需要赶场才会频频看时间，日本人很在意这些细节，我们一定要在细节上做到位。

当20岁的梅艳芳站在东京音乐节的舞台上深情地献唱《交出我的心》时，人们惊喜地发现，此时的她在形象方面已逐渐褪去了当初的青涩和土气。与参加新秀大赛时的穿搭相比，这一次梅艳芳可谓脱胎换骨。但大家更为惊喜的是，梅艳芳竟然将一首日文歌曲唱得如此深情款款，不论是日语发音，还是对歌曲的演绎，都无可挑剔。为了唱好这首歌曲，梅艳芳夜以继日地苦练了十几天，凭借着过人的记忆力，将这首即便是日本人都不易唱得流畅的歌曲演唱得颇为动人。

在参赛之余，梅艳芳还被公司安排参加了一场盛大的宴会，宴会上则聚集了日本演艺界和传播界的热门人物。在兴奋之余，梅艳芳不住地感慨：这等大场面此前从未见过，有幸见识到诸多演艺界前辈的风采，这更加坚定了自己要在演艺道路上走下去的决心。同时，她也升起一个新希望，期待自己某一天能够在日本乐坛占有一席之地。梅艳芳来日参赛的消息不胫而走，公众认为，她声音沉郁近似“日本的女儿”山口百惠，而她幼年便登台演出的经历则与芭芭拉·史翠珊很是相像。听到这些，梅艳芳颇为意外，她说山口百惠和芭芭拉·史翠珊都是她的偶像，如果自己能够有她们一半的成绩，那便已是无上满足了。当被问到她如何看待目前的个人形象时，她坦率地说，自己并不喜欢做一个柔弱而忧愁的女性。她个性很强，只要有了明确目标便要尽力达成。

此时的梅艳芳或许尚不知道，她的人生即将揭开一页新篇章，曾经遭受过的不公与质疑，也会永远地成为过去式。在我们这短短的一生中，总会遇到各种各样的委屈与坎坷，也总要承受种种的磨炼与苦难。但是，如果我们鼓起勇气、挺起胸膛，微笑着朝向苦难迈进，苦难就会成为我们背后的脚印，而我们心中的那束光，则会带领我们登上人生中一座又一座的高峰。

如果说，1982年发行的《心债》将梅艳芳推到众人面前，让更多的人知道在港岛有个新人歌手叫梅艳芳，唱得还蛮不错，那么1983年5月发行的专辑《赤色梅艳芳》更像是一种宣告：香港歌坛的梅艳芳从此不再是“徐小凤第二”，她只是她自己——一个声音略带沧桑却音域极广、音色富于变化的女歌手。梅艳芳曾经说过，当还是一个籍籍无名的夜总会女歌手时，她对于未来没有任何规划，没有明确的目标，她曾灰心过、失望过，发誓要力争上游。如今她终于在乐坛站稳脚跟、留下姓名，却发现原来这并不是一个歌手的终极目标，她的面前还有好长的路要走下去。

梅艳芳的此番“重生”离不开刘培基的帮助，也离不开华星唱片公司的力捧。《赤色梅艳芳》成为梅艳芳演艺生涯中真正意义上的首张个人专辑。梅艳芳出众的唱功、极具表现力的音色再配以全新的造型，确实令这张专辑分外抢眼。在20世纪80年代初期的香港乐坛上，非常流行那些缠缠绵绵的爱情歌曲，但梅艳芳的音色与个人形象都与当时歌坛的流行风向截然不同。她的音色沧桑幽怨，她的形象并不柔美，却展现出极强的个性特征。那些鸳鸯蝴蝶派的爱情歌曲再不能激发起观众的热情，反倒是梅艳芳这不走寻常路的歌声唤起了观众的新鲜感受。

就音乐成就上来说，《赤色梅艳芳》专辑中的多首作品依然是翻唱自日语流行歌曲，当然，当时的香港音乐环境仍是如此，人们更关注歌曲是否好听，至于是原创歌还是改编歌则没有过多的要求。不仅流行歌曲要改编自日本，就连歌手的造型和舞台效果也一致追求日系风格。

不过，这也并不意味着唱片制作方可以随随便便地拿来一首日语歌经过重新填词、编曲之后，就交由梅艳芳来演唱。黎小田说过，对于拣选的日语歌曲，唱片公司上上下下都要听过，当然黎小田本人与作为歌唱者的梅艳芳也要听。如果大家一致认为这是一首好歌，有可能在香港本地流行开来，那么就会征询梅艳芳的意见；如果梅艳芳爽快地说“改吧”，公司方面就会着手进行歌曲的改编工作。

那时候香港乐坛本土的原创音乐作品依然极为有限，因此要依赖于改编日本流行音乐。在演唱这些改编过的歌曲时，梅艳芳往往会尝试着将自己的感受与情感融入其中，而非被动地接过一首歌便演唱。她从来不是抱着“早日完成工作任务”的心态来演唱，而是发自内心地热爱唱歌，并希望自己的歌声能够打动人们。唱歌不再仅仅是她的工作内容和谋生方式，而是她生命中不可缺少的一个部分了。通过演唱，她感觉到自己受关注、被重视，而歌迷朋友对她的喜爱，也让自幼缺少关爱的梅艳芳找到了幸福、快乐的感受。

跨入娱乐圈后的梅艳芳为了不辜负歌迷朋友的厚爱，也为了提升自己的唱功和表演技巧，继续保持着之前那种乐于学习的劲头儿，她总是说，不论做什么，一定要做到最好，这是一份责任。20 世纪 80 年代初期是日语流行歌曲当道的时代，梅艳芳有时候就会前往日本观看日本歌手的演唱会，以期从中学习演唱技巧和舞台经验。梅艳芳少女时期的偶像西城秀树，此时已成为她模仿、学习的对象；但梅艳芳也不只是简单地模仿其他歌手，而是对演唱融入更多的个人思考。她在本子上将自己的想法记录下来，同时也记录下歌曲名称、音调歌谱、前奏和间奏的长度，以及整首歌的编排。没有人要求梅艳芳这样做，这是她给自己安排的“日常功课”。若要唱出名堂，便须下一番苦功，这是梅艳芳自小时候起便懂得的道理。

正是在这样的不懈努力下，梅艳芳的演唱技巧得到了极大提升。如果你完整地听过《赤色梅艳芳》这张专辑，那么会感受到梅艳芳的声音褪去了之前的稚嫩。虽然这张专辑在当时香港唱片工业的大环境下并没有更多的出彩之处，并且其中有一些过于哀怨的歌曲，如《今晚记住我》《点燃欲望》《寂寞的心》等，并不适合才刚 20 岁的梅艳芳来演唱；可《赤色梅艳芳》这张专辑依然在梅艳芳的演艺生涯中占据着重要地位。正是因为这张唱片，让梅艳芳和华星唱片公司找到了适合梅艳芳的定位，有了定位，便有了下一张唱片的制作方向。

或许命运不忍心让这个倔强、努力又命运悲苦的女孩再度伤心，《赤色梅艳芳》这张有半数歌曲都是改编自日语歌的专辑，为梅艳芳带来了一个又一个的高光时刻。在东京音乐节上，梅艳芳不仅斩获“第十二届东京音乐节亚洲特别奖”，而且还拿下了“TBS 奖”和“IFPI 新人奖”。

公允地说，《心债》中梅艳芳的歌声尚显稚嫩，《赤色梅艳芳》收录的 12 首歌曲则比较中规中矩，此时的梅艳芳还不是百变天后，她的造型虽然好过之前却也稍稍显得有些老气。黎小田也认为，在梅艳芳出道初期的专辑中，《赤色梅艳芳》这一首张个人专辑的包装算不上十分精致，因为那个时候出唱片的理念与后来不同，那时候并不注重对歌手进行包装，包装比唱功更重要则是后来的事了。在不曾得到专业包装的前提下，梅艳芳专辑的销量依然如此惊人，这正说明市场对她个人的肯定程度极高。《赤色梅艳芳》破 5 万白金销量，以及梅艳芳的显著进步，也正是对最初那些负面言论的最为有力的回击。从这张唱片开始，梅艳芳的个人形象与整个专辑共同成为一个完整的艺术作品而存在。从此以后，梅艳芳每每推出新唱片，便以崭新的个人形象亮相。新专辑配以新造型的做法，在当时的香港乐坛来说可谓是开了一个先河，这离不开刘培基与梅艳芳的共同合作。

就在梅艳芳忙于灌录新歌的时候，第二届新秀歌唱大赛的筹备工作已然如火如荼地展开。想到自己通过新秀大赛才算有了“出头之日”，梅艳芳心中便生出无限感慨。一方面，她自正式出道至今这一年多的时间里学到了很多东西，提升了个人的专业水平；另一方面，她则承受着此前从未有过的巨大压力。

她说，作为一个艺人，酸甜苦辣无处可诉，唯有自己慢慢消化。不过更重要的是，梅艳芳的人生经验因此而变得丰富，她过去那种“丑小鸭”式的形象也在得到改变，她的精神气质也渐渐变得不同以往。经过一年时间的磨炼，梅艳芳自认为在香港流行歌坛上已经算是站稳了脚跟，便想要尝试在影视表演方面有所发展。刚刚20岁的梅艳芳面带欢喜地对记者和友人提起，TVB会邀她出演电视剧，这令她十分开心。在梅艳芳看来，除唱歌之外，自己对演戏也抱有浓厚的兴趣，如果能实现全面发展而不只局限于唱歌，那可真是值得期待呢。

演艺事业渐有起色的梅艳芳，在忙碌之余也没有忘记照顾朋友。这一天，罗君左突然觉得脚关节部位剧痛，被家人送进医院之后，医生说需要仔细检查才能知道病因，但是在检查结果出来之前，严禁患者下床走动。

这家医院恰好在梅艳芳住所附近，得知消息的梅艳芳带着一篮水果外加一把水果刀前来看望罗君左。她走进病房后，刚坐下就开始不停地削水果，一会儿工夫下来，居然摆满了一整桌。罗君左在一旁看得目瞪口呆，梅艳芳则催促他：“快吃点儿水果吧。”这两个人大吃起来，他们看着电视，边吃边聊天，医院病房竟热闹得如同游乐场。罗君左住院3天，梅艳芳就像打卡上班一样，每天来到医院给他送吃送喝。经过检查后才知道，原来他是患上了痛风。罗君左知道梅艳芳身为新人歌手要面对很多麻烦，要承受更多压力，但她依然愿意牺牲个人时间来照顾自己，这让罗君左万分感动。

20世纪80年代的香港，不论歌手还是演员，他们登台表演时所需的服装通常是在日本、欧洲购买的，要的就是足够时髦、亮眼。但是刘培基的形象设计理念不一样，他在每次为梅艳芳设计新造型之前，都会将梅艳芳的新歌仔仔细细地听一遍，然后让梅艳芳把构思出的舞蹈动作在他面前展示，他要根据梅艳芳的歌曲内容和舞台动作来设计服装、打造形象。梅艳芳的早期舞台表演手部动作偏多一些，于是刘培基便为她设计出大袖子的服装款式，这样一来，她在台上舞动的时候极具美感，呈现出极佳的舞台效果。

在制作《飞跃舞台》这张唱片时，封面设计和歌手形象设计依然由刘培基来担任。为此，刘培基特意带着梅艳芳剪去长发，以一头颇具时代感的短发出现在公众面前；他还想带着梅艳芳去拍一些动感飞扬的照片作为唱片封套。于是他约梅艳芳来到利舞台，“你随便舞动，做出一些整个人飞跃的感觉”。

可是那时的梅艳芳并不太懂如何跳舞，也不懂得怎样表现出很有“飞跃感”的动作。她只是扬扬手，动作多少有些僵硬而拘谨。虽说梅艳芳从小就在舞台上又唱又跳，可那毕竟不是专业的舞蹈水平。刘培基对梅艳芳建议道：“一定要好好学习跳舞。”于是，她便经常来到迪斯科厅练习舞蹈。有一天，梅艳芳笑着对刘培基说，她在迪斯科厅里正在练习舞蹈时，突然有人站出来要与她挑战一下，因为对方觉得她舞蹈动作比较专业，因此按捺不住，希望“切磋”一番。

既然无法拍出具有“飞跃感”的照片用作唱片封套，刘培基便决定来一次“剑走偏锋”——以喷画展示歌手形象。作为一个乐坛新人，梅艳芳连续推出两张唱片的封套上居然都不是自己的真人大头照，这在当时还引起了小小的轰动。正是因为不走寻常路，再加之梅艳芳的歌声已被市场和听众所认同，因而《赤色梅艳芳》《飞跃舞台》这两张唱片都非常成功。这时候，苏孝良向刘培基正式提出邀请，希望他加盟华星，担任形象指导。但刘培基表示，平时自己工作繁忙，只能负责梅艳芳一个人的形象设计。

有了刘培基的帮助，梅艳芳在演艺事业上前进了不止一大步；况且华星的高层看到梅艳芳的巨大潜力，更加乐意去培养她，促进她在歌唱事业方面的发展，梅艳芳本人则开始尝试多方面的唱法，轻快的、缓慢的，不同唱法为她带来了不同的歌唱感受。在日语歌曲当道的年代，梅艳芳终于开创了属于她自己的音乐时代。更令梅艳芳欣喜的是，她得到了一些出演影视剧的机会，虽然在电视剧中不过扮演些龙套角色，但至少帮助她积累了影视表演方面的经验。在演艺之路上，她抱着努力精进的态度，学习着、成长着，同时也收获着，演技开始得到一些圈内人士的认可。

梅艳芳在不断得到认可的同时，当然也听到了很多批评的声音。曾经对梅艳芳青睐有加的黄霑，在面对媒体采访时就对她表现出一些不满：“梅艳芳是个难得的可造之才，但是她被胜利冲昏了头脑，取得了一些成绩便自满起来，倘若她还不用心的话，事业迟早会走下坡路。”

黄霑觉得，要想在演艺圈屹立不倒，就必须要努力充实自己，一刻也不能懈怠、放松。黄霑的言辞或许有些犀利，但他是出于爱才惜才之心，希望梅艳芳能够在娱乐圈中发展得越来越好。对于黄霑的批评，梅艳芳诚心诚意地接受。她现在已经逐渐学会不再为那些恶意的评论而伤心，并听取善意的批评；面对媒体时，她不再像以前那样战战兢兢，而是开始敢于表达自己的观点；对于那些不友好的话语，她也尽量做到不去留意、不平添烦恼。她只关注自己脚下的路，以及如何在演艺事业方面有所提升。

当时饱受舆论困扰的绝不仅是梅艳芳一个人，她的好朋友张国荣那个时候也有无数的烦心事。这对“难兄妹”在一同走埠的路上相互照顾、彼此温暖，比梅艳芳年长 7 岁的张国荣更是尽到了一位兄长的职责。

但张国荣在后来接受采访时总是表示梅艳芳对他的照顾更多一些。这又是什么缘故呢？原来有一次他们前往马来西亚、新加坡等地演出，不巧的是张国荣在登台前患上了支气管炎。梅艳芳让张国荣回到酒店好好休息，她自己却用了整个通宵将张国荣的所有歌曲都练唱完成。这令张国荣感动不已，他常说其实阿梅没必要这样付出，她是出于关心朋友才会如此这般。这样的义气，令圈内人士赞叹不已，即便放到今天来看，依然堪称女中豪杰之举。更加难能可贵的是，张国荣与梅艳芳不仅在演艺事业上取得了令人瞩目的成就，他们之间的真挚友谊也堪称佳话。

成长是一场孤独的旅程，在成长的道路上，没有人能够自始至终地陪伴我们；成长也是生命赐予我们的礼物，只有不断成长，我们才会成为自己喜欢的样子，才不算辜负这仅有一次的宝贵人生。对于梅艳芳来说，她的成长，意味着在困境中默默前行，当疾风暴雨袭来时，她只能选择独自承受。

曾经的她，饱受无良媒体中伤。当她终于凭借自己的努力和天赋进一步得到观众的肯定与喜爱时，新的问题又接踵而至：如何在下一张专辑中呈现出不同以往的形象？如何再创新唱片的销售奇迹？

自从有了刘培基的帮助，梅艳芳逐渐形成极富个人魅力的穿衣风格，在突出特色风格的同时，又做到千变万化，变得前卫、多变而富有个性色彩。曾几何时，墨镜、西装、厚垫肩，以及帅气干练的短发造型，成为多少香港少女眼中的时尚标准。刘培基根据梅艳芳的独特气质和豪爽性格，为其打造出“雌雄莫辨男儿汉”的独特形象，而这一形象不仅打破了当时香港女星那种或甜美或端庄或温柔的既有风格，也彻底颠覆了人们传统观念中的女性形象。在当时香港大众的眼中，梅艳芳是有型有款的代表性人物，在她的身上已鲜明地体现出一种香港精神——博采众长，兼收并蓄，开放与包容并存。这让人们意识到，个人通过不懈努力，也可以从草根脱颖而出，脱胎换骨，成为舞台上的闪亮之星。梅艳芳成为那个时代通过奋斗而扭转命运的励志典型。

梅艳芳的生前好友玛利亚·科德罗是一位歌手兼演员，她曾与梅艳芳共同探讨过演唱技巧方面的问题，她眼中的梅艳芳是一个对演艺工作充满激情的人，也是一个热爱学习、努力提升歌唱技巧的人。

玛利亚·科德罗说，当她们在合唱团演唱英语歌曲时，梅艳芳如果听到自己特别喜欢的歌就会在事后询问朋友某一首歌曲的原唱者是谁，她会记住演唱时应当注意的每一个细节，也会与朋友交流听到某一首歌会产生怎样的感受，还会探究一首歌的某个部分为什么要采用某种唱法。或许，我们可以从玛利亚·科德罗的这番评价中找到梅艳芳纵横歌坛20年的深层原因——她热爱，她努力，她持续输入，她精进不息，最终她成为引领时代的偶像。

如果不是因为梅艳芳发自内心地热爱表演、热爱唱歌，忠实于自己的工作，又怎么能够做到时刻带着热情去关注音乐呢？日复一日的坚持，年复一年的努力，造就了乐坛上独一无二的梅艳芳。当我们说起梅艳芳的演唱天赋和表演才华时也请不要忘记，她不仅是个音乐天才，更是一个靠着汗水收获成功果实的大娱乐家。梅艳芳的成名之路让我们看到，当一个人专注地做一件事的时候，往往比同时做几件事更有意义，也更容易做出成绩。因为专注本身，就意味着一个人对一件事的至诚热爱，而这种热爱则会使一个人跨过千难万险，最终抵达事业的巅峰。

只是对于身为艺人的梅艳芳而言，她在攀登事业巅峰的过程中虽然日渐光芒耀眼却也付出了透支健康的严重代价。整日忙于演艺工作的她，因肠胃炎复发不得不住进医院，躺在病床上时，她最担心的竟不是身体状况，而是手术会不会影响声线。实际上，梅艳芳住院的前几天便已出现明显的肠胃疼痛症状，然而她考虑要出演《劲飞迎八五》，便强撑着参加排练，直到排练结束才肯到医院就诊。

医生见梅艳芳情况有些严重，便要求她立即住院治疗，可梅艳芳却以工作为由，请求医生为她注射一剂止痛针。尽管疼痛症状有所缓解，但是由于药力的作用，梅艳芳在演出时感觉头晕目眩，以至于看不清眼前的人物，她咬牙坚持到表演结束，才肯入院治疗。此时，梅艳芳步入 1985 年这崭新的一年才刚不久，而反复入院治疗的她脸上满是疲惫，体重也比之前减轻了不少，就连走路都要把脚步放慢许多。她说着一定听从医生的建议，这段时间要好好休息，但其实心思早已不在治疗上，而是想着后面的演出安排。

参加“十大劲歌金曲选举颁奖礼”的当天，梅艳芳气色不错，笑意盈盈。记者问她，对于这次入围是否有很大的信心。梅艳芳则笑着说：“即便没有入围，也要亮一亮相，说实话，我对自己的歌曲并没有多大信心。”

不过话虽如此，梅艳芳对于自己在歌坛和影坛方面的发展还是有所期待的。自 1983 年开始投身电影行业，梅艳芳便对自己的戏路有着诸多要求，她希望能够做多方面的尝试，诸如那些底层小人物、悲剧人物皆是她渴望出演的角色，因为这样的“小人物”角色，她能够拥有较大的发挥空间。由于梅艳芳在《缘分》（1984）一片中的出色表演，使她一举夺得第四届香港电影金像奖最佳女配角奖，在这之后，她表示有意问鼎 1986 年的香港电影金像奖最佳女主角奖。“不论做什么事情，还是要尽力做到最好。”她总是这样说，声音中透露出一如既往的坚定与无畏。

引领时代的“坏女孩”

香港音乐教父黎小田曾说：“娱乐界是偏门来的，七十二行之外才是演艺界，不是正行来的，所以你漂亮也好，帅气也好，唱得好也好，不红就是不红，是命。”说起梅艳芳日后的成功，黎小田表示梅艳芳在很多事情上总喜欢自作主张，很是任性，但因为她眼光独到，因而颇能做出一些成绩；而且梅艳芳喜欢去迪斯科舞厅留意到一些很新潮的东西，也能注意到流行歌曲的最新趋向，她有时也在舞厅里对着镜子练习舞步。然而，如果最初梅艳芳顶不住媒体的攻击和舆论压力而选择退出娱乐界，那么她就不会有以后的成功了。

梅艳芳正式踏入演艺圈之后，在很长的一段时间里备受流言蜚语的困扰，承受着外界的恶意。直到发行《赤色梅艳芳》之后，她才在香港流行乐坛站稳了脚跟。人们原本认为，梅艳芳作为新人歌手，专辑《赤色梅艳芳》已经算是不错的成绩了。可人们没想到的是，梅艳芳在1985年推出的新专辑《似水流年》和《坏女孩》直接将演唱事业推至新的高峰。也正是在这一年，梅艳芳歌迷会正式成立。在第一批歌迷会成员中，表现得最为踊跃的便是苏笑贞，此后她与梅艳芳更发展成为好友，并陪伴梅艳芳走完最后的人生路。

《似水流年》唱片封面上的梅艳芳，以崭新的造型震撼了人们。洋溢着青春活力的梅艳芳剪了一头短发，穿一件宽垫肩的西装搭配大衣，她打领带、戴墨镜，展现出一派硬朗帅气的中性气质，一改以往香港传统女性那种温婉端庄的形象。这种中性造型，对当时的审美理念而言是一种极大的突破，也成为梅艳芳形象美学的一个典型标签。谁说女孩一定要温婉动人，一定要乖巧听话？性格爽快豪气，外表雌雄同体，未尝不是一种另类魅力。在刘培基的设计下，梅艳芳将这种中性魅力发挥到了极致。也正因此，她逐渐收获了众多女歌迷的喜爱，并开始迎来演艺事业发展的鼎盛时期，而《似水流年》这首歌曲则成为梅艳芳早期演艺生涯的代表作。

就在1985年的最后一个月，当人们准备迎接下一年的时候，梅艳芳再推出一张新唱片，这便是在香港乐坛掀起狂潮，于香港社会引发争议的《坏女孩》。这张唱片发行仅一周便售出40万张，拿下了8白金；3个月后，销量冲破72万张，主打歌《坏女孩》登上了第三届香港十大劲歌金曲榜。这张唱片，令梅艳芳一举获得“最受欢迎女歌星奖”，也正是在发行了这张唱片之后，梅艳芳开始被人们誉为“东方麦当娜”。与梅艳芳同时代的美国流行女星麦当娜被视为时代偶像，梅艳芳便成为香港这颗东方明珠对外输出的一张重要形象名片。

“东方麦当娜”本来是美国《时代周刊》给予梅艳芳的称呼。意大利裔美国女歌手麦当娜，素来以女性解放文化引领美国社会风潮，是20世纪当之无愧的流行女王，而身在香港的梅艳芳同样在20世纪80年代掀起了一股时尚风潮。20世纪80年代的香港，是一个五光十色的世界，数不清的娱乐场所，令人眼花缭乱的电影海报，以及车水马龙的街巷，都给人一种时代飞速发展的感觉。

但同时，在20世纪80年代的香港，传统思想依然存在，女性依然属于被物化的对象，虽然她们较为广泛地参与社会活动，却并没有得到应有的重视。尤其是在娱乐圈，女艺人往往处于被审视、被约束的地位，她们需要表现得或端庄优雅，或清纯可爱，她们的舞台形象是社会和公众赋予的，而并非她们本身便是如此。

很显然，梅艳芳的形象并不属于这两种类型。她开始展露出较为多变的演唱风格，虽然彼时的她尚未确立起“百变形象”，却显露出极强的个性特征：敢拼敢闯不服输，而且天生具有一种叛逆精神，哪怕她面对媒体时会显得怯生，偶尔流露出自卑，但她走上舞台后呈现出的气场却具有极强的震撼力。也只有这样的女歌手，才能将《坏女孩》的前卫与大胆表现得淋漓尽致。因为这首歌曲的背后，隐藏着极为强烈的女性意识。梅艳芳以现代女性的姿态，道出了女性在爱情关系上的主动权和主导作用。这也是为何当时那么多人批评这首歌“不堪入耳”，因为它表达出的女性意识在那些观念老旧的人们听来近乎于是“惊世骇俗”。

难得的是，梅艳芳不仅以一种新姿态成为当时香港娱乐圈的一个异数，她在舞台表演方面也逐渐呈现出强烈的个人风格。她一向极为主动地吸收西方的表演风格和表演理念，并将其融入本土的流行文化中。于是，在梅艳芳的舞台表演风格上，便呈现出中国本土元素与西方流行元素之间的某种融合；同时，梅艳芳又将粤剧表演的某些特色融入流行歌曲的演唱过程中，带给观众全新的视听感受。黎学斌认为，梅艳芳之所以成功，和这些原因有很大的关系。

梅艳芳是一个思维活跃的人，也是一个善于接受多元文化的人。她演唱的一些歌带有麦当娜的风格，在个人的形象造型上，也借鉴了麦当娜的经典形象。她那具有强烈时代风格的音乐作品，以及具有鲜明个人风格的表演方式，宣告娱乐业的旧时代已成为过去，新时代已经降临。

在《坏女孩》这张专辑的MV中，梅艳芳以干练潇洒的造型示人：俏丽的短发、时尚的大衣、浓艳的妆容，眼角眉梢处透露出野性与自信。剪去长发的梅艳芳焕然新生，她是那般的叛逆不羁，又是那样的洒脱自由。

流畅明快的旋律，动感十足的节奏，大胆热烈的歌词，让这首《坏女孩》短时间内成为大街小巷、随处皆可听到的热门歌曲。只不过由于这首歌表达的内容过于大胆前卫，甚至可以说是有些离经叛道，年轻女孩哼唱的时候千万要小心，可别让自己的父母听到，不然很有可能招致父母的一顿教训。可即便如此，梅艳芳的《坏女孩》依然赢得了无数女孩的喜爱。在20世纪80年代的香港，抹着红唇、唱着《坏女孩》的梅艳芳掀起一股潮流。梅艳芳说，新一代新女性无须依靠任何人，女孩也不一定要依附男孩儿才能生存。“坏女孩”的言行表现或许大胆裸露，却体现出了新时代中悄然觉醒的女性意识。女性需要冲破的枷锁太多，在以往那个时代里，女性能够做到自由洒脱地去爱已属不易，如果有哪个女性敢于对自己的身体支配权发表一番宣言，那更是会被视为“大逆不道”。然而，挣脱束缚、追求自由却也是自我实现的一种途径，梅艳芳将它唱了出来，用音乐的方式演绎出来，惹得女孩们纷纷效仿。在20世纪80年代中期女性意识逐渐觉醒的过程中，梅艳芳可谓是扮演了开路先锋的角色。一时之间，敢于表达自我感受、大胆前卫有主见的女性不断涌现，梅艳芳则被公认是引领了这种趋势潮流的人。

于是，年轻女孩们开始纷纷模仿起梅艳芳戴墨镜、着风衣的造型，她们也学做那种率性潇洒的处事方式。只是，梅艳芳并不会停留在以往的音乐成绩中，她是一个求新求变之人，因为她清楚地知道，若要在自己热爱的事业上屹立不倒，那么最好便是持之以恒地更新自我，持续不断地推出佳作。总而言之，梅艳芳既然已经站在风口浪尖，被人们关注，那么索性就不断挑战自我，拿出最佳水准来表演、来歌唱，把每件事都做到最好，别人自然不会再说些什么了。

为了帮助梅艳芳打开日本娱乐市场，华星唱片公司特别联系了日本五大民营电视台中的富士电视台，梅艳芳受邀成为节目主持人，借此合作机会来宣传自己的新唱片。就在公司为《坏女孩》做宣传推广时，日本当地的唱片公司与华星公司联手举办了一场酒会。在这场酒会上，梅艳芳结识了正当红的日本歌手近藤真彦，他唱了许多流传颇广的金曲，梅艳芳后来那首广为人知的代表曲目《夕阳之歌》，便翻唱自近藤真彦的同名作品。

简单交谈了几句之后，尚属于歌坛新秀的梅艳芳并没有什么过于复杂的想法。但在此后的香港地区举办的一个小型酒会上，梅艳芳与近藤真彦再度相遇并轻歌曼舞。在几次见面之后，梅艳芳心底对近藤真彦产生出微妙的情感，好友刘培基也劝她“人生一世，只活一次，可以自私一些”。只是她在投入了感情之后才意外地发现，此人并不是自己此生的良配，这多少令她有些心灰意冷。尽管梅艳芳为这个人付出了情感，并且心怀不舍，但考虑到演艺事业，她认为及时止损方为上策。在这一段爱情经历中，梅艳芳也有过许多的甜蜜时刻，可当她意识到眼前人并非“对的人”时，便会断然离开。爱一个人却不依附于他，始终保持自己的独立性，这种特质在梅艳芳身上得到了最为鲜明的体现。

既然爱情故事已落幕，那么就安心投入演艺事业吧。梅艳芳从来不会在消沉的情绪中沉溺过久。就在1985年这一页即将翻过之时，香港娱乐业爆出了一则大事件：梅艳芳原定于1986年1月3日的首场个人演唱会将要提前举办。演唱会的地点，就在那座1983年落成的红磡体育馆。在红磡体育馆首开个人演唱会的许冠杰，连续唱了3场，每一场都观众爆满，而彼时的梅艳芳不过是个出道一年的新人。没人料到，不过3年时间，梅艳芳就从一个负面新闻满天飞的新人歌手，一跃成为香港乐坛最闪亮的星——她将要登上万人舞台，将要在这舞台上拉开此后风光无限的人生序幕。

当时的香港乐坛流传着这样一种说法：能在红磡体育馆开个人演唱会，便是歌手演唱实力和影响力的证明。同时还有这样一种说法：香港的歌手可以分为两类，一类是能去红磡体育馆开演唱会的，另一类则是不能去红磡体育馆开演唱会的。在20世纪80年代的香港流行歌坛上，那些资质平庸、缺少人气的歌手根本不可能在红磡体育馆开演唱会，唱片公司才不会做赔本生意呢。那么，什么样的歌手才能获得唱片公司的支持，愿意为其举办演唱会呢？最起码这个歌手要有20首歌曲作为演唱曲目，并且歌手本人已经具备极高的知名度。如果备唱曲目数量过少，那么说明这个歌手缺少实力；如果歌手不具有相当知名度，那么唱片公司更不可能为其投入操办演唱会。因此，在20世纪80年代能够有资格在红磡体育馆开演唱会的艺人，必然都是当时的巨星级别的人物。所以当媒体爆料梅艳芳这位新人歌手即将在红磡体育馆举办个人演唱会时，引得公众好一阵关注。

从1982年通过新秀大赛出道到1985年，梅艳芳已经推出了4张唱片，她的备唱曲目足够多，歌曲风格也足够丰富。而且自从推出《坏女孩》之后，梅艳芳的人气一下子暴涨，正处于青春叛逆期的年轻男女已经对大胆热辣且朗朗上口的歌词传唱了几个来回，甚至很多人表示就为了《坏女孩》这首歌才对梅艳芳的演唱会充满了期待。不过，说起《坏女孩》这首歌，梅艳芳本人也是颇多无奈。就20世纪80年代的香港社会而言，这首歌的内容实在过于离经叛道，甚至被许多电台列为“禁曲”，但是年轻人却非常喜欢它。举办演唱会之前，唱片公司犹豫不决：是否要将这首歌选入备唱曲目名单呢？梅艳芳则表示，对人对歌都要仗义，既然是《坏女孩》这首歌成就了她，她就要在自己的首次个人演唱会上好好地演唱它，她也不愿意辜负观众的热情。

这首场个人演唱会的筹备工作，整整提前了3个月开始。

作为梅艳芳的好友以及华星唱片公司的形象指导，刘培基满心愉快地接下了此次演唱会幕后工作的重任，他主要负责梅艳芳的形象设计与服装设计，此外他还要负责演唱会宣传海报的设计工作。

说起广告海报的设计，这其中也有一段耐人寻味的故事。这场定名为《梅艳芳尽显光华》的演唱会，共拍摄了两个版本的广告海报：一张是梅艳芳脚蹬镶钻高跟鞋的腿部特写，脚下还踩着一只镶钻的话筒，很有视觉冲击力，十分亮眼；另一张则是手握话筒的手部特写，只不过为了不影响梅艳芳的其他工作，借用了梅爱芳的纤纤玉手来进行拍摄。

新人歌手首次举办个人演唱会，可是宣传海报上却没有她的样子，这样的设计着实令苏孝良心中疑窦丛生。但是刘培基却非常笃定地说，如果演唱会加场，便刊登有梅艳芳形象的宣传海报，这样才显得这位新人歌手足够矜贵。刘培基的这番心思打动了苏孝良，他欣然同意了刘培基的策划。宣传广告打出去之后，最初只发售 4 场的门票，但令人意想不到的是，门票迅速售罄。于是华星唱片公司马上加场，宣传广告也立即换上了梅艳芳身穿华丽晚装的海报。门票再次快速售完，场次一加再加，一直加到 15 场。这种火爆程度超出了华星唱片公司的预期。但是，演唱会的场次并不能持续增加下去，因为梅艳芳还有其他档期，为了不影响后面的工作，唯一的办法就是提前举办。

演唱会监制吴慧萍与梅艳芳的首次会面，是在演唱会第一场工作会议进行的当天。在苏孝良家中，刘培基将吴慧萍正式介绍给梅艳芳，当听到吴慧萍曾制作过许多精彩的音乐节目，并以工作态度严谨而著称行内时，她看着坐在单人沙发上的刘培基，然后下意识地与刘培基挤到一处坐着，脸上还带着一丝羞怯的表情。即便已经爆红，即便演唱的歌曲已成为热门金曲，梅艳芳依然认为自己是个新人，心中始终残存着些许自卑。就在与刘培基第一次见面时，刘培基要她写下几个字，那时的她也是自卑的，她一再地说“字不好看”，一边又努力地将字迹写得工整。中途辍学，没有接受过完整教育，梅艳芳始终将其视为自己人生中的一大遗憾，这也是她难以抹掉的自卑情结。在出道后的两三年，梅艳芳依然是带着怯生生的心情面对业内人士的；她只有站在舞台上，才能镇定而洒脱，成为那个挥洒自如的“舞台女王”。

为了让梅艳芳在红磡体育馆的舞台上真正地“尽显光华”，刘培基特意为她设计了一件缀满大颗闪石的晚装，为了搭配这套华贵的礼服，刘培基又从纽约一家著名的水晶店订购了价值不菲的水晶手链。闪烁剔透的水晶手链与缀满闪石的晚装，也要舞台灯光的巧妙搭配，才能营造出五光十色、极致炫目的视觉效果，为此，公司特地从日本重金请来灯光设计师。舞台上的梅艳芳造型新潮多变，虽然只有 22 岁，入行不过 3 年，却已经具备了“百变天后”的雏形，她在舞台中央绽放着独特的美丽，热情欢快地与台下观众们互动。刘培基给予此时的梅艳芳的评价是：她可以演绎任何歌曲，也可以驾驭任何风格的服装，已经实现了初步的蜕变。有谁能想到，这位站在舞台中央面带洒脱笑容的女歌手就在 3 年前刚出道时，还被一些媒体抹黑。无人能知道，梅艳芳是如何熬过那些辛酸过往的。经历过童年的贫寒、出道初期的艰难，她从登上红磡体育馆舞台的那一刻起，便如同钻石般闪耀着夺目的光芒。

在众人商议梅艳芳首次个人演唱会的主题时，刘培基表示，他想到阿梅从小在荔园游乐场演唱：从游乐场到酒吧，从酒吧到新秀歌唱大赛，终于夺得了冠军，她经历了多年的磨难，是时候在舞台上恣意绽放、尽显光华了。在这场演唱会上，不论是舞台灯光还是道具设计，都尽量凸显出光芒耀眼的效果——要让人们看到，曾经饱受磨难的梅艳芳，这一刻就是舞台上的女王，是香港流行乐坛的超级巨星！她的歌唱生涯就要迎来最辉煌、最高光的时刻！

通常来说，演唱会上的最后一支歌曲跟开场歌曲一样重要。然而，就是在最后一支歌曲的编排选择上，吴慧萍与黎小田产生了一些小小的分歧：吴慧萍认为选《孤身走我路》比较好，因为这首歌具有深沉的情感及打动人心的力量，而且体现出演唱者在演艺道路上的坚持；但黎小田却认为，经典抒情歌曲《似水流年》一经推出便备受欢迎，拥有更为广泛的影响力。最后两人想出了一个折中的方法：录制了两个不同版本的歌曲编排，由全体工作人员投票决定，大家投票的结果是《孤身走我路》作为结尾歌曲比较好。

待 15 场演唱会全部结束之后，刘培基专门找到华星唱片公司，他想申请一笔广告预算，在报刊上刊登头版广告：广告照片上的梅艳芳身穿闪石礼服，那照片上还有她亲手写下的“多谢”两个字，虽然这两个字写得并不好看，但这代表了对热爱她的观众的诚意，这才是真实的梅艳芳——出身草根，没有多高的学问；不算时髦，也没有十分靓丽的容颜，却靠踏踏实实、不懈努力才站到这个位置上的。

梅艳芳的首场个人演唱会一唱就是 15 场，创下新人歌手首开演唱会的纪录，原本还有些人对梅艳芳的早年经历说三道四，可现在他们却发自内心地献上了掌声与喝彩——人们知道，这个在舞台上自信笃定、如同女王般的歌手能够获得如今的成就，确实在天赋和幸运之外比别人付出了更多的努力，从这一点上来说，纵然世上所有的赞美都献给她，那也不为过。

未开演唱会之前，梅艳芳还有些胆怯，担心自己会失声，但是一连三晚的演唱效果非常理想，歌迷反应十分强烈，这使得她对后续几场演唱会的演出效果更有信心。她说，不会将实力保存到最后，每一场演唱会，自己都会尽力，还说要对自己、对歌迷有个交代。当被人问起这新的一年在事业上有什么期待时，她想了想说道，希望这一年能实现国际性发展，还希望自己可以成为一名全能的表演者，除举办演唱会之外，还可以拍些电影，实现歌坛、影坛的全面发展。有人说她野心极大，她也毫不掩饰自己的野心，并且表示艺人就应该为自己确立一个远大的目标，这样才有动力不断提升自己。梅艳芳深知，正是这明确的目标感和不懈努力的精神，才推动着她终有一日站在红磡体育馆的舞台上，通过一首首歌曲调动观众的情绪，让观众产生共鸣。

只是舞台上光彩闪耀的梅艳芳所承受的压力却鲜少有人知晓。从被人厌恶、遭人嘲讽，到如今受人追捧、得人夸赞，梅艳芳在享受众人的掌声、鲜花和喜爱时，也时时处于神经紧绷的状态。甚至她每天睁开眼睛，并不是为如今的成功而自豪，而是担心观众们不再喜欢自己、接受自己；在每天夜幕降临时，她又会为明天的工作而忧心，为日后的发展而焦虑。但如果徒有焦虑而不行动，便只能让焦虑和压力成倍地增长。梅艳芳要做的则是以无比敬业的精神投入每一天的演艺工作之中。

第一晚的演唱会结束后，梅艳芳约上了工作人员一起去吃夜宵。苏孝良却认为她不应该熬夜玩乐，而应该赶紧回家休息，毕竟第二天还有表演。大家纷纷保证，一定会在12点之前将梅艳芳准时送回家，苏孝良这才点头答应。那么，梅艳芳回家之后是否立刻就休息了呢？其实并没有。回家之后，梅艳芳继续看录影带，研究舞台动作，虽然演唱会的第一场已经结束，但她觉得自己不能停下来，在演唱会的后面场次中还要继续做得更好。

“对我来说，最开心的便是看到观众有反应，有欢呼，有掌声，我不想骗他们的钱，更不想让观众有被欺骗的感觉，我便只能努力提升自己，力求呈现出最精彩的表演。”梅艳芳曾这样说过。

始终保持着要强性格的梅艳芳，为了把各项工作都做到极致，于是拼命地督促着自己。或许在众人看来，她在演艺事业上始终是顺风顺水的，哪怕偶然遇到挫折也依然可以凭借那颗强大的内心重新站起来。实际上，除了演艺本身，她还要处理之外诸多的人际关系，即便身心俱疲，也依然能够应付得头头是道，并且还有余力帮助那些有困难的友人。

有一次在演出后台，几名艺人聚集闲聊，歌手胡渭康说起自己购买的名牌皮包，还表示要推荐给朋友购买。梅艳芳却轻轻地说道：“你不要以为两三千块钱不过是个小数目，普通人谁会像你这样出手阔绰？你这一个皮包的价钱，抵得上普通人一个月的薪酬了。”正是因为她自幼吃了苦头，挨过贫苦，所以知道一分一毫得之不易。因此，她对今日得到的一切便怀有深厚的珍惜之情，对观众以及幕后人员和提携过她的人，常存一颗感恩之心。

经历过贫苦，便更知道人在窘境时的凄惨。对于那些陷于困境中的朋友，梅艳芳往往仗义相助、慷慨解囊。她的好人缘在香港演艺圈内是出了名的；她的豪气和仗义，不只因为心地善良，更因为过往的经历。她生命中的艰苦与挣扎不曾磨灭掉内心的柔软，反而更唤起她对于弱者的同情，以及悲天悯人的情怀。人们皆说，梅艳芳的歌声中流淌着充沛丰盈的情感，可又有谁知道她唱的那些歌曲不是在感慨自己的人生呢。

20世纪80年代中期，经历过摸索、探寻自身风格的梅艳芳已经在香港歌坛上“红透”半边天。正处于事业高峰期的她，并没有因为眼前的成功而在歌艺的提升方面止步。她希望自己以后唱的每一首歌、发行的每一张唱片都能有所突破，展现出一些新的东西，并且唤起人们全新的感受。她总是不断地挑战既往的成绩，并争取有所创新；她希望自己将这种百变的风格保持下去，更希望自己这种百变不只是形象上要多变、新潮，更要在音乐上有所创新、引领风尚。

彼时，刚从美国完成学业回到香港的音乐制作人、歌手伦永亮，怀揣着成为下一个“音乐教父”的梦想往来奔波于各大音乐公司，可惜没有哪家公司决定聘用他。伦永亮主修的专业是古典音乐，而那时候的香港乐坛则是流行音乐的天下，每当伦永亮说起自己的专业时，对方总是露出一个怪笑，只一句“现在谁还听古典乐啊？”便打发掉了他。

不服气的伦永亮自费制作了首张专辑，尽管他在专辑中充分地展现出个人才华，可是市场反响并不乐观。唯一值得称道的是，伦永亮通过这张专辑让更多人知道了他的存在，也有些人肯定了他在音乐方面的才华。幸亏华星唱片公司的制作人黎小田慧眼识才，知道伦永亮既能写歌也能唱歌，是个不可多得的好苗子，便向他发出了工作邀请。来到华星唱片公司后的伦永亮，专门负责给歌手写歌。在此契机之下，伦永亮开始与梅艳芳合作，而梅艳芳也在伦永亮那里寻找到歌唱表演事业的新方向。

同属于华星唱片公司的两个人，在1986年年底公司举办的圣诞派对上有了初次接触，那是伦永亮第一次与梅艳芳聊天。派对现场热闹得很，只是加入华星唱片公司不久的伦永亮与这人声鼎沸的氛围多少有些格格不入，就在他观望嬉笑热闹的人群时，梅艳芳走了过来。

令伦永亮有些意外的是，这位在舞台上看起来又霸气又洒脱的女歌手，在日常生活中竟是如此亲和友善，讲话时还带有一些喜感。他们开始聊起来，伦永亮最初还有些拘谨，慢慢地便放松下来。梅艳芳的和善令他备感温暖。

梅艳芳笑着对伦永亮说，她在《欢乐今宵》这档节目上看到过伦永亮的表现；她还善意地提醒他，男歌手在舞台上不必做太多动作，免得给观众留下此人表演过于做作的印象。对于梅艳芳的这句善意提醒，伦永亮一直记在心里。他自己也承认，由于自己的舞台表演经验有限，确实存在做手势过多的毛病，并且因此影响了演出效果。只是，伦永亮与那么多人共事，只有初次与他聊天的梅艳芳愿意对他提出忠告，极为真诚地给出中肯的建议。这样的善意与温暖，令伦永亮铭记一生。

实际上，伦永亮在与梅艳芳闲聊之前，已经见过梅艳芳了，那是在海城夜总会的表演现场。他曾对媒体说：“当时我也有唱，唱完我就回到观众席，梅艳芳是压轴歌手。我在台下看她。她的台风很厉害，简直让人目不暇接，我从未见过一个人的台风可以这么吸引人，有一种吸引力让你的眼睛离不开她。”①

初次见到梅艳芳在舞台上倾情表演，伦永亮便完全为之着迷。尽管当时他们没有谈话闲聊的机会，可伦永亮却在被人问起对梅艳芳的舞台印象时，连连感叹，说第一次看见梅艳芳，就感觉她站在舞台中央，闪烁着万丈光芒，所有人的目光都会聚焦在她身上。那时的梅艳芳早已不是之前那个备受质疑的新人歌手，台风强劲，似一个舞台上的王者，令观众们痴迷、陶醉。如果说20世纪80年代中后期的香港乐坛上，梅艳芳是独树一帜的存在，这句话绝对不会有人反驳。

尽管梅艳芳已经跻身于当红艺人的行列，她依旧未改曾经的豪气、坦诚，对人对事不摆谱，对每个人都报以尊重，不论对方是什么身份地位，她都表现得谦逊有礼。20世纪80年代的香港安乐电影公司规模尚小，当时只做进口电影发行等业务。安乐电影公司的制片人江志强引进了一部名为《子猫物语》的日本动画电影，这种影片在当年的市场上属于“爆冷片”，但江志强依然

---

① 李展鹏、卓男：《最后的蔓珠莎华：梅艳芳的演艺人生》，香港三联书店，2014。

希望能邀请梅艳芳帮忙宣传这部带有童话色彩的宠物故事电影。梅艳芳自小就喜欢养狗，成名之后更是对救助流浪猫、流浪狗的公益行动投入较多关注。接到江志强的邀请后，梅艳芳毫不犹豫地应承了下来。尽管只是萍水相逢，但梅艳芳的爽快和义气给江志强留下了极深刻的印象，通过与梅艳芳的第一次接触，江志强认定这位当红艺人以后必将有更加非凡的艺术成就，因为她身上有一种侠义精神，也有一种强大的亲和力，乐于向别人伸出援手，自然也会得到别人的支持。《子猫物语》这部温情可爱的宠物故事电影有了梅艳芳的站台，果然得到“梅迷”们的广泛关注，原本并非当时电影市场的热门影片，竟然还取得了不错的票房成绩。这件事也让梅艳芳与江志强结下了友谊，此后，梅艳芳还多次帮忙站台推广电影，只是他们还不曾开展过电影方面的合作。

开始为梅艳芳写歌后，伦永亮与梅艳芳的见面机会并不算多。他们首次合作的作品是那首带有几分哀怨情绪的《无泪之女》。黎小田对伦永亮的作品很满意，并且表示梅艳芳很喜欢这首歌，大家也都非常看好伦永亮的音乐才华。伦永亮后来在接受访谈时说，他本人也很喜欢这首歌，更为梅艳芳所表现出的强烈感染力所折服。此时，为梅艳芳写下《无泪之女》《烈焰红唇》《孤单》等歌曲的伦永亮与这位红透香江的歌手还不算是特别亲近的友人，但是他创作的这些歌曲却将梅艳芳的演艺事业带上了一个新的高峰，尤其是《烈焰红唇》这首以大胆热烈而著称的歌曲，配以梅艳芳性感热辣的形象，成为她演艺事业中极具代表性的作品，这首颇具时代气息的歌曲，即便现在听来，依然不觉得过时；而发行于1987年的同名专辑《烈焰红唇》，收录的原创歌曲比例已大大超过了日语改编歌曲。此时的香港流行乐坛活力满满，几年后就要迎来它的商业发展巅峰。

很多一路追随梅艳芳的忠实歌迷听出了《烈焰红唇》这张专辑的与众不同，并对主打歌曲《烈焰红唇》热捧不已。但实际上，伦永亮在这张唱片中为梅艳芳写的3首歌曲各有特色，并且这3首歌曲表达的情感、展现的风格也各有不同。除了《烈焰红唇》,《孤单》的音乐风格偏于蓝调，唱出了无尽的孤独和幽怨;《魅力在天桥》则洋溢着西班牙舞曲的风格，热烈欢快，动感十足。

考虑到梅艳芳的舞台形象追求多变，公司管理层和制作人黎小田认为，梅艳芳还可以被塑造成舞台上的性感女神形象，而在此之前，尚未有女歌手走过这一形象路线。梅艳芳尝试了，她成功了。从此，舞台上多了一个跳着西班牙舞的性感女郎——梅艳芳，她在舞台上唱着劲歌、跳着热舞，观众被她吸引，为她震撼。现在，公众已经了解了梅艳芳的与众不同之处：她每出一张新唱片，都会有一个新形象。于是大家不禁好奇，下次她再推出新唱片时，将以怎样的新形象示人？其实梅艳芳自己也谈到过这个问题，她说她希望下次推出新唱片时，可以不必化妆、不必装饰，只以真面目示人，这就叫返璞归真。确实，在她那张化过浓妆的面庞上，人们看到了一些倦意。

如今的梅艳芳有声望、有地位，她的演艺事业一路突飞猛进，从 1986 年梅艳芳的名字开始出现在“港台十大最受欢迎人物”的榜单上，一直持续多年，始终是榜单上的“老面孔”。然而，她的心境却异常平静。

别人看到的是梅艳芳的冷艳、坚强和独立，但其实她是一个非常需要别人关怀的人。一直以来，她都对身边人非常热情、友善，甚至那些落难的友人还未开口，她便先送来温暖与关心。但是无论再坚强的人也会有疲累、脆弱的时候。她经常说，自己最喜欢晚上的感觉，所以每到夜晚便没有任何睡意，只要有时间，便与闺中密友通宵达旦地谈心，直到清晨时分才肯睡去。

1987 年至 1988 年，梅艳芳状态好、人缘佳，舞台上的她挥洒自如、情感饱满，唱片销量破了一个个纪录，演唱事业如日中天，演出活动也陡然增多。此时的梅艳芳，十分需要一些人手来帮忙。伦永亮这位古典音乐专业出身的作曲家对于弹琴这样的事情自然不在话下，因此被黎小田请去担任演奏师。借着这样的机缘，伦永亮与梅艳芳慢慢地熟络起来，不仅成为工作上的伙伴，更将彼此视为真挚的友人。梅艳芳不断向伦永亮邀约合作，更邀请他来做自己演唱会的监制，他们的友谊正是在屡次合作中逐渐加深的。在伦永亮眼中，梅艳芳对待工作一丝不苟，甚至在工作中还非常忘我；但在工作之外，她却更像一个爱玩爱闹的大女孩，每晚演出结束后，她都要喊上大家玩一会儿游戏，通过这种方式来放松身心，以缓解一天的劳累。

与梅艳芳渐渐熟悉之后，伦永亮也对这位友人的性格了解得一清二楚。他曾经说：“阿梅性格中有‘三气’，豪气、义气、勇气。”愿为朋友两肋插刀的勇气，急人之所急的义气以及肝胆相照的豪气，梅艳芳的这种豪侠性格早已被圈内圈外人士所知。伦永亮所说的勇气，正是指梅艳芳具备舍掉过去荣光、追求崭新自我的胆魄，也是指她身上所具有的现代女性特质——独立自强、不依附于人。

在梅艳芳那洒脱不羁的歌声里，彰显出的是新时代、新女性的自强不息和特立独行。梅艳芳就是这样的新女性，渴望爱情却不依附于爱情，愿为爱人献出真心，但在发现某些端倪后依然能够潇洒、从容地转身离开。在歌唱事业上，她也是如此，并不会沉湎于过去的成绩，而是更期待未来的发展。要发展，必然要有所突破，但是从某种程度上来说，突破也意味着要承担一定的风险，因为有些老歌迷们可能并不喜欢某一位偶像歌手转型突破后的歌曲。

梅艳芳之前唱的不少歌曲都改编自日语歌，即便重新填词、编曲，也依然带有些“东洋味道”；而伦永亮在美国学习的是西洋古典音乐，并且深受欧美流行音乐的熏陶，他为梅艳芳写的流行歌曲呈现出的是鲜明的“西洋风格”，有与以往完全不同的时代风格。如果说，梅艳芳将日语改编歌唱出了悠长无限的情感韵味，那么伦永亮为她创作的那些原创歌曲，便被她演绎出强烈鲜明的时代气息。在与伦永亮合作之前，梅艳芳的多数经典歌曲都改编自日语流行歌曲，但有了伦永亮的加入，便逐渐告别了以往大量翻唱日语歌曲的阶段，进入演唱原创粤语流行歌曲的阶段。

任何一个在自己专长的领域内取得极大成功的人，往往离不开时代大背景下的行业大发展、大繁荣。经过 20 世纪六七十年代的经济发展期，香港就像一个风华正茂、精力充沛的年轻人，在亚太区域一路奔腾。香港本土流行音乐更是一路突飞猛进。在这种凶猛勃发的发展势头下，诞生了第一批香港本土的音乐人和歌者，像许冠杰、徐小凤、罗文等人均是其中翘楚。

到了 20 世纪八九十年代，香港乐坛更是缤纷多彩、百花争艳。那是一个流行音乐蓬勃发展的时代，香港乐坛进入前所未有的巅峰期。张国荣、陈百强、梅艳芳、林子祥，以及香港殿堂级乐队 Beyond，还有其他众多的实力派唱将，用各自的音乐作品在香港流行音乐史上留下了各自的印迹。

二十几岁的梅艳芳迈入人生中最为锦绣芳华的发展阶段，也迎头赶上了数载难逢的时代机遇。她从一名草根出身的穷苦女孩，凭借个人努力和不凡才华一跃成为引领时代的知名歌手。

梅艳芳的成功，离不开她的天赋与努力，也离不开她对待事业的态度。自从进入演艺行业，她便始终保持着“永远在路上”的心态，将人生视为不断学习、打磨自我的过程，始终在学习、在吸收、在思考，同时也在升华。

1987年至1988年，梅艳芳已经在香港红磡体育馆连续举办了28场演唱会，她被人冠以“梅廿八”的美誉，更是创下香港流行乐坛上的新纪录。这场被定名为“百变梅艳芳再展光华”的演唱会堪称视听艺术盛宴，整个演唱会共有10个环节，为了让梅艳芳完美地演绎出“百变女王”，在每一个环节，刘培基都为她设计了两套服装。

就在这28场演唱会的最后一夜，身披黑色纱裙的梅艳芳唱起《伤心教堂》。在唱歌的过程中，她哭了起来，歌声也受到了影响。然而，歌迷们并未因此而喝倒彩，他们还以为梅艳芳是因为这首歌触动了内心的伤情处才落下泪来，于是观众们便在台下热情地喊着：“不要哭了，我们爱你！”其实，梅艳芳只是过于投入歌曲之中，演绎的是歌曲，宣泄的是情感。梅艳芳的那些歌迷朋友很有可能不知道，在灌制唱片的时候，梅艳芳唱起《伤心教堂》这首歌便会情不自禁地流出泪水。她说，不希望自己像歌中的女主人公那样，嫁给一个自己并不爱的男人；她还说，如果足够幸运的话，一生只嫁一次，希望将来的婚礼办得隆重而喜庆，还要在红磡体育馆摆上足足100桌的喜宴。

演出结束之后，始终陪伴在梅艳芳身边的刘培基非常沉默，梅艳芳望向他时落下泪来。刘培基便问她是否遇到了什么难处。梅艳芳说：“你不知道今晚外面有人追债吗？”

因为家中的一些事情，梅艳芳不得已背负了巨大的债务，那些讨债的人甚至追到了梅艳芳的演唱会现场。只要一想到这些烦心事，她的眼泪便不受控制地流下来。相比于亲人的某些冷漠做法，朋友对她的关怀与帮助反而如同火焰一般，让她备感温暖。缺失亲情的梅艳芳，在朋友身上得到了爱的补偿。她喜欢热闹，也依赖于热闹。如果家里空空荡荡、安安静静，那么她便心中不踏实。梅艳芳希望在人多、热闹的场合里获得快乐，就如同她希望在朋友身上找到安慰、寄托一样。

喜欢热闹而又为人爽快、仗义的梅艳芳，身边总是不缺朋友，每次遇到朋友借钱时，她便直接递给对方一张空白支票，让朋友随意填写数字。但是这些借出去的钱，有相当一部分并没有归还。梅艳芳过世之后，基金会统计票据发现，她已借出去几千万，而这些钱究竟是在什么情况下借出去的，竟然无人知晓。

或许在梅艳芳看来，钱财、名利并不是最重要的，她需要有人陪伴，需要那种热热闹闹的氛围。她已经忍受了许久的孤独，只有在喧嚣的环境下才能觉得好过些。就像在每次庆功宴上，她总会豪侠一般地说声“饮杯！”之后与每个人举杯畅饮，丝毫不考虑这样喝酒对身体的不利影响。在热闹、欢快的场合里，梅艳芳总是活力满满，愉悦地投入人群之中。可是当独自在家时，她便会有些无从适应。

为了避免被孤独感困扰，梅艳芳总是将生活安排得满满当当，诸如拍戏、录歌、灌制唱片、经营副业、与朋友娱乐、陪伴家中的宠物狗、与宠物狗对话，等等，她的日子似乎永远是充实的，可当她独自一人时，那份孤独感却又是藏不住、躲不掉的。

日常生活中的梅艳芳，真的不是那个站在舞台中央、镁光灯下的百变女王。她也有着自己的孤寂落寞和诸多不如意，毕竟她是人而不是神。神明让人高不可攀，而梅艳芳则充满了烟火气和少女心，凡是与她接触过的人都觉得她这个人容易相处，待人有情有义。在工作之外，她像一个普通的女孩一样，喜欢吃喝玩乐，喜欢结交朋友，喜欢憧憬未来，喜欢对自己感兴趣的事物进行探索。用黎学斌的话来说，不论成名前后，梅艳芳的真性情始终未变。在演唱会上，她向观众们介绍乐队时强调，他们不只是乐手，更是自己的朋友、兄弟。从小就登台表演的梅艳芳深知，歌手若要顺利地完成表演，离不开乐队的伴奏，动人的音乐需要旋律的和谐，因此梅艳芳格外看重乐队和歌手之间的完美合作。

走埠演出时，歌手往往有专属豪车接送，但梅艳芳却喜欢与乐手和工作人员一起乘坐巴士。她会躺在巴士的最后一排睡觉，醒来后就放声高歌，偶尔也会唱一段粤剧。有她在的地方，气氛一定是欢快的。

1988 年开始，梅艳芳迎来演艺生涯中一个颇为忙碌、颇为绚烂的时期。1 月 24 日，连续 28 场演唱会完成之后，梅艳芳卸下了心头的压力，她总觉得连开数场演唱会于身体而言不算劳累，但对于内心来说，压力极大。她对媒体说，在红磡体育馆演出 28 天，就如同在红磡歌厅面见了 30 多万人，如今顺利完成演出，内心放松的同时也有一份失落感，所以在最后一场演出时更要拼尽全力。至于别人如何评论演唱会的得失，梅艳芳表示，她只要尽力而为就好，并不会计较他人的批评。如今除了上台表演之外，她还参与广告、灯光、创作，以及选歌等环节的工作，因而获得了较大的满足感，并认为自己的演艺生涯充满了更多的可能性。在面对这新的一年时，梅艳芳充满了诸多展望，期望自己不论在影坛还是在乐坛上都能更上一层楼。

完成演唱会的梅艳芳整个人有一种如释重负的感觉，她终于能够好好睡觉了，睡足后便带着轻松的心情在酒店咖啡馆接受了《华侨日报》记者的采访。

“完成了演唱会，我们这些人举行了庆功宴，之后又到舞厅狂欢到天明，我们才散队回家，回家后我足足睡了 30 个小时呢。现在，我还感觉犹如在梦中。”就像与老朋友闲聊一样，梅艳芳一口气说了许多。

当记者问起，完成演唱会之后有什么工作安排时，梅艳芳表示 3 月将前往澳门举办演唱会，然后再去东南亚进行巡回演唱，工作行程足足历时 1 个月。

“到时候你又变成大忙人了。”记者笑着说。梅艳芳点头说了句“或许是的”。

在港台地区成功举办过数十场演唱会的梅艳芳，已不再满足于以往取得的演艺成就，她将目光投向东南亚地区，将演唱会开到了马来西亚的吉隆坡市和沙巴州亚庇市。她之前虽未曾到过马来西亚，但她的名气早已在马来半岛人人尽知。作为第一位来到沙巴州亚庇市举办演唱会的香港歌手，梅艳芳在当地极受欢迎，3 场演唱会座无虚席。

对于梅艳芳来说，此次出行也算是一场短暂的休假，她与草蜢三子、黎小田、梅爱芳等人尽情享受夏日阳光，拥抱大自然。之前日夜忙碌的梅艳芳，终于可以在异国他乡放松一回，她性格里的顽皮和童趣也得以恣意展现，一会儿说要日光浴，希望晒出古铜肤色；一会儿又打算学习游泳，免得以后被人取笑。此时的她已不是舞台上那个仅凭一首歌曲便可以拨动观众心弦的百变天后，而是一个卸下一身重担、回归自然怀抱的小女孩。只是这样轻松悠闲的时光毕竟有限，梅艳芳在与亲友们玩闹一番后，便又要投入后面的诸多工作。她常对身边人说“又要忙接下来的事情了”，尽管面带疲倦，可她目光中却闪耀着希望与期许。

正如梅艳芳所说，这一年她在演艺事业上收获颇丰。在这一年，她与嘉禾签下两年 4 部片约，并作为电影《胭脂扣》的女主角来到剧组，与张国荣共同完成了这部极富传奇色彩和艺术性的电影作品；还是在这一年，她受邀来到韩国首尔奥运会参加“奥运前奏大会演”，而且是唯一一位亚洲女歌手。这场堪称亚洲盛事的大会演，汇聚了当时世界一流的众多演艺界人士，如美国流行天后珍妮·杰克逊、韩国“国民歌手”赵容弼等。大会演舞台上的梅艳芳，身穿黑色演出服，脚踩黑色高跟鞋，以无比自信的姿态唱着《烈焰红唇》和《她的前半生》这两首歌。

尽管在登上大会演舞台之前，梅艳芳已举办过多次个人演唱会，但毕竟这是她第一次站在这样一个大型国际舞台上，并且面对全球卫星电视直播表演，因而难免会有些紧张。说起来这次演出，梅艳芳着实被伴奏小小地坑了一下——当时乐队演奏时，某一部分的节奏与实际节奏存在一定的偏差，并且现场环境较为嘈杂，然而，梅艳芳自小登台表演练就了神一般的临场反应，她根据乐队的演出节奏及时调整自己的节奏，《烈焰红唇》最终得以完美演绎。

俗话说，台上一分钟，台下十年功。精彩的舞台表演离不开日常的勤奋练习，加之高强度的工作安排，梅艳芳的身体一度出现了问题。由于身体问题，梅艳芳甚至无法出席香港广播电台60周年纪念音乐会。为了弥补演艺活动方面的遗憾，梅艳芳抱病参加了“金钻群星音乐节”。舞台上的梅艳芳载歌载舞，现场气氛极为热烈，可是无人知道，她之前尾椎骨受伤尚未完全康复，而舞台上的动作幅度极大，表演完毕后，她需要用手支撑着腰骨，可见其辛苦程度与敬业精神。之前，梅艳芳在台湾举办的个人演唱会可谓轰动一时，但她前往台湾的前一晚已经感觉身体不适，可即便如此，对表演的要求也未有丝毫的降低。还没有从疲惫和病痛中恢复过来的梅艳芳依然要继续工作，《黑心鬼》和《公子多情》这两部电影中的几场戏，便是她拖着病躯完成的。

尾椎骨受伤的梅艳芳听医生说她极有可能需要倒吊在医疗架上进行物理治疗。为了减轻梅艳芳的心理负担，医生半开玩笑地告诉她，这种物理治疗有助于增高哦。梅艳芳则说："假如能再增高两寸就好了，那我就可以做模特了。"

旁人听了便问她："为何这样说呢？难道是想改行了吗？"

梅艳芳笑着说，她好喜欢那些时尚靓丽的服装，但买回家后终究穿的次数不多，如果做模特的话，那岂不是能在短时间内穿着不同款式的服装扮靓了吗？想想就很过瘾啦。

话音未落，一片笑声响起。其实我们倒不妨设想一下，如果梅艳芳身高足够做模特，那么她必然也会做出一番成绩来。因为她有着始终如一的敬业精神，也有着对万事负责的人生态度。

香港跨媒体文化人、文化评论员胡恩威在说起梅艳芳、张国荣这两位华星唱片公司旗下的歌手时，这样评价道："无论是梅艳芳还是张国荣均属有内涵及实力的艺人，他们的离去标志着货真价实的艺人精神渐渐失传，更多的是一味追求流行、包装、没有自我特色、精神贫乏的艺人、歌手。"惋惜之情，溢于言表。

人人皆知，梅艳芳出道前期的音乐成绩离不开黎小田的扶持与鼓励，但是她在20世纪80年代末期、90年代初期获得的演艺事业上的成功，却与作曲人伦永亮的付出密不可分。

在20世纪80年代的最后一年，梅艳芳推出了出道以来的第十张粤语专辑，也是最具时尚感的专辑——《淑女》。在这张专辑中，梅艳芳一人化身为纯洁无瑕的“淑女”和野性不羁的“豹妹”，这两种截然相反的艺术形象展现出两种不同风格的美感——极致的冷艳和烈火般的热情。难得的是，这两种相反且极端的美感，梅艳芳皆能诠释得别有风味。

此时的梅艳芳可谓演艺事业如日中天，但媒体和公众还依稀记得她曾说过5年后要退出演艺圈的话，梅艳芳本人也多次表示，她从4岁便入行，在演艺圈中已经20多年，好的坏的都已见过，高峰和低谷都经历过，她有时会有疲惫之感，有时也会憧憬退出演艺圈后的生活。她总是说：“我希望在退出之后，能好好休息一下，也希望人们逐渐忘掉我。现在的我越来越感到自由生活的可贵。假如有一天走在街上没人认识我，可以自由自在地逛街，多好。”①

有些人说，很多演艺界的人士总是谈几年后就离开演艺圈，

①《梅艳芳创28场个唱纪录》,《华侨日报》1988年2月7日。

抱有这种想法是对圈子的不尊重。但梅艳芳却说，我正是因为尊重演艺圈才这样做，我不想做到自己残了才退出。于是便有人问她："假如真的退出演艺圈，那时候打算做些什么呢？"梅艳芳一脸云淡风轻地说："趁着自己记忆力还未完全衰退，我想去学习点别的东西，比如学习幕后的工作，然后再培训新人。"

或许幕后工作不如幕前工作那般引人注目，但梅艳芳深知，幕前工作要承受怎样的压力。"每天压力大到难以喘气"，这便是梅艳芳最真切的感受。

在未成名时，总希望自己一曲天下知，因为她需要受人关注、得到肯定；一旦成为公众人物，又会觉得这名和利是一种负累，更因为自己的身份而失去了普通人的自由。梅艳芳那时候的心态便是如此。正如她自己所说，高峰和低谷都经历过，自己的实力能被人认同，得到歌迷朋友的喜爱，通过表演收获了前所未有的快乐，这些都令她觉得自己已经实现了价值。但是，她只是一个凡人，也会疲惫，也有顾虑，也向往做一个普通女性，过一种没有沉重压力的平凡生活。她总是说，最简单的生活，便是最幸福的。而她所向往的只是一个平凡的家庭，每天清早起床后，为家人准备可口的饭菜，日子平淡却也温馨。只是这种普通人再寻常不过的生活，对梅艳芳而言却成为一种奢望。

处于演艺事业巅峰的梅艳芳究竟有多忙呢？她曾向媒体透露，她会率领30人飞往新加坡的世界贸易中心会堂举办演唱会，要在10天内演出7场，在前往新加坡之前，她从澳门结束演出回到香港也仅休息了3天而已；待她从新加坡返回香港后便要参与两部电影的拍摄工作：一是威禾公司的《奇迹》，二是永盛公司的《黑心鬼》。她忙到即便姐姐梅爱芳即将出阁，作为担任伴娘的她出席婚礼都要挤时间。

这样大的工作量，令梅艳芳的朋友们都十分担心她的健康状况。梅艳芳则开朗地表示，自己经常检查身体，连医生都说她是个铁人呢，所以大家不必过于担心。

黎小田离开华星唱片公司之后，此前为梅艳芳担纲作曲的伦永亮便成为接手梅艳芳唱片监制工作的不二人选，对于梅艳芳来说，与新任监制伦永亮的合作，将她的演唱事业又打开了一个崭新的局面，她的歌曲越发地凸显出优雅、性感，洋溢着时代风尚的情调。虽然伦永亮并不确定梅艳芳对他这个新任监制有何期待，但他可以肯定的是，梅艳芳作为一名敬业而又专业的歌手，在音乐方面十分信任监制的品位，不论是填词还是编曲，给了音乐监制极高的自由度和极大的信任感，而到了选歌的时候，她才会参与进来。当年童安格演唱的那首《耶利亚女郎》，后来被梅艳芳选中翻唱，伦永亮觉得梅艳芳在选歌方面有独到的眼光，这说明她对自己的表演定位也越来越明确。同时，伦永亮也感觉到梅艳芳是多么希望与她的这位新监制在音乐方面碰撞出新的火花。

1990年4月发行的《封面女郎》，是伦永亮为梅艳芳监制的第一张专辑，也是梅艳芳演唱生涯中的一张标志性的专辑。正是从这张专辑开始，梅艳芳演唱的原创歌曲越来越多，再不像以往那样依赖于日语改编歌。梅艳芳对伦永亮表示，她希望自己的新唱片中少一些那种过时的音乐元素，而增加一些更为时尚、更为国际化的内容。或许，梅艳芳早已发觉香港歌坛正在朝着一个新的方向发展，她必须舍弃掉以往那些过时的元素、陈旧的模式，而代之以新潮的、多元的音乐元素。

彼时，整个香港社会也正在朝向国际化、多元化的方向迈进，这样的时代特征自然会影响音乐创作，随着香港社会发展节奏成长起来的梅艳芳，对此当然不会陌生。既然将自己的表演风格定位于“百变”，那么就必须拥有敏于他人的时尚嗅觉，不然，如何能够紧随时代步伐，去做那多变的舞台形象？梅艳芳早已不是初出道时那个即便脱下厚重外套拍摄封面照片也会格外排斥的青涩歌手，她在刘培基的引导和影响下，逐渐形成极具个人特色的审美趣味和着装风格，在香港流行音乐的华丽盛世里，她如一道光，令人们发现美、感受美；她又如一个魔法师，变化着不同的舞台形象，展现出不同的演唱风格。

于是，在《封面女郎》这张唱片中我们听到的音乐，便完全不同于梅艳芳以往的那些作品：梅艳芳、伦永亮合唱的《心仍是冷》以曼妙的和音而出色；《心窝已疯》呈现出英伦地下音乐的风味；《耶利亚女郎》则洋溢着浓郁的异域风情。在歌迷们听来，这张唱片中的每一首歌都表现出“西化”的风格，从《封面女郎》开始，梅艳芳的歌曲风格出现了极大的改变。这种改变令歌迷们觉得新奇、惊喜，其实对梅艳芳来说，同样对这些原创新歌心怀满满期待——她早已期望自己的风格有所改变、有所突破，她需要向公众展现出一个崭新的梅艳芳，以及一个不同以往的舞台形象。

与伦永亮合作《封面女郎》这张专辑时，每当录完一首歌曲，梅艳芳总会开心地跳起舞来。在录音室里，伦永亮始终以温文尔雅的姿态，提出许多颇具建设性的意见，但是面对梅艳芳习惯性的迟到时，依然难免会生出一些脾气。此时已经叱咤歌坛、成为娱乐圈风云人物的梅艳芳，依然未改当初的认真与敬业，也未有过自满和自负，更从不曾放松过对自己的表演要求。梅艳芳自知这迟到的毛病难以改掉，因此面对这位合作伙伴时往往也会以极为诚恳的姿态表达歉意。可一旦她走进了录音室，就会瞬间进入物我两忘的工作状态，对于音乐的领悟能力以及倾情投入，令伦永亮颇为震惊——所有的歌声都是从她心灵深处流淌出来，而并不是唱出来的；她从不炫耀歌唱技巧，而是采用最直接的唱法，如果她自己感觉哪一首歌曲没有发挥到最佳水平，即便身为唱片监制的伦永亮觉得合格了，她也会要求再录制一遍。对于自己的歌唱事业，她从来都是极为严格地要求自己，不曾有丝毫的松懈和怠惰。

一直关注梅艳芳的人们会发现这样一种情况：梅艳芳的歌

曲中逐渐呈现出越来越浓郁的“布尔乔亚式情调”，而这种风格上的变化，正是发生在她与伦永亮合作期间。这种优雅、时尚的歌曲风格，让当时一众“梅迷”深觉惊喜，大家听得出来她的歌艺在不断精进，也看得到她的舞台表演越来越新潮。

梅艳芳在演唱会舞台表演方面获得的巨大成功，离不开伦永亮的功劳。正是伦永亮开创先河地将梅艳芳以往的歌曲进行重新编排，以突出梅艳芳在舞台上的表演效果。同时，梅艳芳在台下坚持十余年的辛勤练习和勤奋学习，使她成为同时代艺人中的佼佼者，甚至她的表演艺术水准已经超越了时代。

天后

从备受质疑到百变天后
巨星光环背后的寂寞

从备受质疑到百变天后

初出道时的梅艳芳，被公司打造成清纯秀气的邻家女孩，可公司人设与个人经历之间的巨大冲突，一度将她推向舆论的风口浪尖，她也因此而饱受媒体与公众的质疑，乃至抨击。但随着她演艺事业不断发展，加之刘培基的帮助，她的艺术形象开始变得与众不同。以往歌手举办演唱会，多是以唱为主；而梅艳芳则将单纯的听觉艺术扩展为一种视听艺术——她将歌、艺、舞发挥到极致水平，每一场演唱会都是一场华丽炫目的视听盛宴，这对于当时的香港歌坛来说是一种大胆的创新。梅艳芳的每一场演唱会都相当于一种舞台表演的探索，而她这种探索精神则给乐坛带来了一股新气象。

在歌坛上，梅艳芳时而化身为充满异域风情的“妖女”，时而以高贵迷人的“淑女”形象示人；她可以像个男人一样戴墨镜、穿西装、留着精干的短发，也可以身穿典雅的礼服裙，宛如“舞台女王”。

梅艳芳在歌坛上的形象向来以复杂多变著称，但实际上，她的百变形象不仅限于舞台，影视银幕上的梅艳芳更是塑造出众多形形色色的经典人物形象。据黎小田说，梅艳芳本人其实是喜欢演戏多于唱歌的。出道之初，梅艳芳一直希望黎小田能够帮她牵线，让她尝试拍戏，体验一下电影表演的感觉。黎小田给她牵线介绍的第一部戏是《叔侄，缩窒》(1983)，梅艳芳在电影中客串一个小角色，这部戏并没有什么知名度，权当是帮助梅艳芳实现一下小心愿。大概是觉得梅艳芳在表演方面天赋不错，黎小田又联系了嘉禾，促成了她与嘉禾签下4部片约。那时候的梅艳芳作为娱乐圈的新人，演技尚显稚嫩，身价并不高，但她正是通过这一个个小角色开始磨炼自己的演技。黎小田鼓励她：“唱歌好的人演戏也好，因为情感的东西都是共通的，能把歌曲的情感传达出来，演戏的时候必然也是情感充沛的。”

20世纪80年代初，梅艳芳开始在一些热播的电视剧中客串，像《人在江湖》(1980)、《武侠帝女花》(1981)、《香江花月夜》(1984)中均可见到她的身影。在出演《香江花月夜》时，梅艳芳有幸得到老戏骨曾江的指导，这让她在表演方面获益良多。面对着那一沓厚厚的台词，梅艳芳起初有些畏难情绪，担心自己难以胜任演员这份工作。但是，与梅艳芳演对手戏的曾江给了她诸多鼓励和引导，教她如何“入戏”，加之电视台对新人演员进行了收音训练，梅艳芳才慢慢卸下了包袱。最初对演戏一窍不通却又兴味十足的梅艳芳经过几次尝试，开始真正地了解什么叫演戏，也开始对演员这一行业产生了更为深刻的认识——原来做演员是如此辛苦，而拍戏的过程又是如此艰辛。

虽然那个时候的梅艳芳在流行乐坛上已经小有名气，可是她的样子在一众女星之中依然算不上美丽，在电视上露脸也只是演一些路人角色，并没有引起观众的特别注意，直到1984年，她才有机会当了一次真正的电影演员。

1984年，香港邵氏电影公司准备筹拍一部名为《缘分》的时装爱情片，届时将由张国荣和张曼玉在片中分别饰演男女主角。虽然男女主角的人选顺利敲定，可是女配角安妮的演员人选却迟迟没有定下来，这令导演黄泰来很是头痛。这时候，与梅艳芳有过多次演出合作的张国荣提议：“不如就让梅艳芳来饰演女二号安妮吧。”

张国荣的这一提议，让剧组的工作人员颇为意外。大家都知道梅艳芳歌声动听，舞台表现力一流，可是这并不能代表她就能够担起出演女二号的重任。所有人都质疑张国荣的提议，只有张国荣一个人对梅艳芳抱有信心。最终，在张国荣的力荐之下，梅艳芳得到了女二号安妮这一角色。梅艳芳将富家女孩安妮的那种爽朗、豪放展现得活灵活现，而她则凭借出色的表演，获得了“第4届香港电影金像奖最佳女配角”奖项。正是

《缘分》这部作品，令梅艳芳成功地迈入香港影坛，从此人们都知道，梅艳芳不仅能唱、能跳，而且还能演、会演；也正是这部电影作品，进一步加深了梅艳芳与张国荣之间的友谊，更令她结识了张曼玉这位新朋友，此后二十余年的岁月中，梅艳芳与张曼玉不仅在多部电影中有过合作，她更是在日常生活中充当起张曼玉的“护花使者”。

《缘分》中的“安妮”一角让梅艳芳的演技得到公众的认可，而她本人在唱歌之外也开启了自己的“大银幕人生”。在随后的几年时间里，梅艳芳接连出演了多部电影，从《歌舞升平》（1985）中的方傲儿，到《坏女孩》（1986）中的方艳梅；从《神探朱古力》（1986）中的乔娇娇，到《小生梦惊魂》（1987）中的梅小姐，梅艳芳塑造了不同类型的人物，她在每一部电影作品中的演技都给人以惊喜，并获得了好评。但大家可能不知道的是，梅艳芳能够步入影坛，其实与她扎实的舞台演出基本功密不可分。香港喜剧泰斗许冠文正是因为看了梅艳芳的舞台表演，认定她是一位极有天分的艺人，才极力邀请她参演《神探朱古力》，这部电影也成为梅艳芳早期电影生涯中的喜剧代表作。

在许冠文看来，梅艳芳音域广、声底厚，能够驾驭不同类型的歌曲，他为梅艳芳这收放自如的演唱功底而折服，更为她舞台上风格多变的表演而赞叹。虽然许冠文有意邀请梅艳芳担任《神探朱古力》的女主角，可那时候他并不认识梅艳芳，直到在一次饭局中见到她，才谈起了自己的想法。

梅艳芳仔细地听着许冠文说戏，得知自己将担任女主角时表现得很是意外。她一时信心满满地表示对这次合作非常期待，一时又坦露出隐隐的担忧，担心自己的性格过于男性化，无法演出女主角那种斯文的感觉。

许冠文耐心地倾听梅艳芳的倾诉，也由衷地理解她的担心。他知道此时的梅艳芳尽管舞台表演经验丰富，但在出演电影人物角色的经历方面尚且有限，难免对自己缺乏信心。许冠文便对梅艳芳连声鼓励道："别担心，你可以的。"许冠文的鼓励源自他的一个基本认知：梅艳芳在舞台上演出时从动作到表情的变化幅度极大，可以很动感，也可以很斯文，因而他才看好梅艳芳的表演功底，并断言梅艳芳完全能够胜任乔娇娇这一角色。

听了许冠文的这一番话，梅艳芳心中稍稍安稳了一些，又继续问许冠文，以她目前的表演水平能否演好喜剧。许冠文点点头，告诉梅艳芳，曾经见到她唱一些曲调轻快的歌曲，声音和表情都十分喜感。尽管那时梅艳芳尚未涉足喜剧表演，但许冠文就是坚定地认为她可以演好，而原本对喜剧表演没有什么自信的梅艳芳，也从许冠文的鼓励中开启了自己的喜剧表演之路。

于是，后来香港便多了一位喜剧女演员梅艳芳。那时香港影坛并不缺少女演员，漂亮的、清纯的、引人遐思的，各种类型的美女演员总能令人大饱眼福。然而并不是那么漂亮的梅艳芳却好比一股清流，为香港影坛带去了喜气与活力，同时也让世人眼前一亮：这还是那个舞台上造型多变、性感魅惑的梅艳芳吗？原来她还能驾驭喜剧片啊！

梅艳芳在《神探朱古力》中的演出水准完全超出了许冠文的预期，她的喜剧表演天赋也因此被发掘出来。作为演员的梅艳芳，其演绎方式与其他女演员有着很大的不同。有很多演员在演戏时是完全按照导演的要求去做，因而是机械式的表演，很难呈现出自己的表演风格。但梅艳芳演戏却有很多种表演方式，完全有自己的想法。在拍摄过程中，许冠文只是对梅艳芳说出自己想象中女主角大概是怎样的表现，需要传达出怎样的情绪，便不再进行示范，而是要求她凭着感觉找到合适的演绎方式。这样一来，梅艳芳便拥有了比较大的发挥空间，根据现场需要而临场发挥，并且以自己的方式讲出台词、做出动作。

许冠文觉得，一个演员最好的演戏方式，便是根据直觉做出反应，这样才会让人物显得更生动、更鲜活、更真实；两个演对手戏的演员之间进行互动，更要掌握好时机，有时候一个眼神、一个姿势，都能与对手擦出火花。而梅艳芳不论是表情还是动作，都出自个人设计而非导演的刻意安排，因此在大银幕上展现出来便十分灵动活泼。

《神探朱古力》让人们看到了一个善于搞笑的梅艳芳，从此人们谈起她时也不再仅仅聚焦于她的演唱水平。娱乐圈的从业者们说梅艳芳的搞笑天分实属难得，因为她演喜剧时自然流畅，毫不扭捏，即便大红大紫也能够放下架子投入戏中。也有人说，梅艳芳演戏就像是在演自己的故事，带领观众走入这一个个故事中，只是有人看到的是她搞笑的表演，有人看到的却是她为了表演而付出的努力。梅艳芳曾说，由于她自小从事表演行业，早已习惯了面对台下的观众，但是她感觉自己的这种坦然仅限于唱歌上，表演就不一定在行，因为在台上唱歌时，情绪与节奏完全由自己控制，而演戏的时候，演员需要与对手交流，这就比唱歌困难多了。

梅艳芳在早期的电影表演事业中除了与张国荣频繁合作之外，与另一位身兼导演、演员的男艺人也相互成就了多部喜剧片。这个人便是陈友，他们的合作始于《缘分》(1984)。那时候初入电影圈的梅艳芳作为喜剧演员，已渐渐展现出在喜剧表演方面的个人特色：嘻嘻哈哈的性格，富于夸张的表情，并且由于她是音乐人出身，因而在表演时能够很好地控制节奏。在与陈友合作出演的《一屋两妻》(1987)这部电影中，梅艳芳自然流畅的本色出演，让观众看到她在演技上的进一步提升。

20世纪80年代的香港电影行业习惯将演员本身的个性特色注入电影人物之中，因而梅艳芳在这些喜剧电影中扮演的角色，或多或少地展现出她本人的一些性格特征，即豁达、乐观、率直、不计较。在陈友看来，梅艳芳出演喜剧片时的那份专注和投入，既是在演剧中戏，同时也是在演她自己；她是在演绎剧本上的故事，同时也是在展现她自己的部分人生。

与梅艳芳有过数次合作的陈友表示，梅艳芳这爽快直接的性格、出众的领悟能力，让每一次合作都充满了愉快的气氛。当然，梅艳芳在表演方面的领悟能力，也要靠合作对象恰到好处的引导才得以展现出来。

在拍摄《一屋两妻》的时候，梅艳芳饰演的人物有一个非常经典的表情，那便是每次吃醋便会嘟起嘴巴。为了让梅艳芳在片中的表现更显生活化，陈友便启发她说：“阿梅，影片中人物的这个表情，就是你猜枚输了却不肯喝酒时的表情呀。”听到此处，梅艳芳轻松一笑：“哦，那我知道了！”于是就十分到位地嘟起嘴巴，很俏皮也很真实，在搞笑之外还展现出一丝可爱。通过这样的方式沟通表演时的细节问题，令大家都非常开心。在这样的时刻，梅艳芳也展现出与歌唱舞台上大为迥异的状态——她乐乐呵呵地与工作人员们玩着猜拳游戏，绝不像站在舞台上唱歌时那样沉郁伤感；她喜欢与众人开玩笑，也愿意和大家话家常；当晚收工后，她与朋友们在日本餐厅一起吃夜宵，一边吃还要一边玩闹，如果有人点了日本清酒又不肯喝下，她就会假装生气。

纵然拍戏是一件辛苦的事情，出演喜剧更不是易事，但对于梅艳芳来说，并未觉得多么辛苦，她将每一次演出都视为磨炼演技的机会。出道初期的梅艳芳，既自卑又敏感。经过几年的打磨，她已然卸下了最初的自卑，逐渐自信起来了。一个人的自信绝非凭空产生的，而是在有所经历的基础之上不断提升自我后才能得到的一种品质。梅艳芳从小就见识过人情冷暖，出道后曾挨过寒凉时光，她因为自己的家庭状况、成长经历而有过自卑，然而当从不幸的生活中汲取持续成长的养分时，当为了不被人看低而努力将一切做到最好时，当为了提升自己的歌唱水平和表演水准而不懈努力时，曾经那些困扰过她的苦恼便也随风而逝了。

悲剧的美感往往大于喜剧，而喜剧演出则非常考验演员的表演能力。从 1983 年开始在电影中客串，到 1987 年主演多部喜剧电影，梅艳芳给人们留下的印象依然停留在“唱歌很棒”“喜剧表演能力不错”上。但是真正让人们印象深刻并对梅艳芳的演技大为称道的电影作品，则是 1988 年由关锦鹏导演执导的那部《胭脂扣》。

在梅艳芳短暂的一生中,《胭脂扣》这部电影极具特殊意义，它可谓是梅艳芳的“封神之作”。梅艳芳饰演的如花这一角色，不仅获得了“第 8 届香港电影金像奖最佳女主角”“第 24 届台湾电影金马奖最佳女主角”“第 1 届金龙奖最佳女主角”“亚太影展最佳女主角”等多个影后奖座，更奠定了她在影坛上的地位，她一跃成为演技派女星，从此在歌坛、影坛实现更为纵深的发展。

与之前在《一屋两妻》《神探朱古力》等喜剧电影中饰演的角色不同，梅艳芳在《胭脂扣》这部电影中饰演的是 20 世纪 30 年代香港石塘咀红牌阿姑如花，梅艳芳的好友张国荣则在片中饰演与如花相恋的纨绔子弟十二少陈振邦。身份地位相差悬殊的两人，既无法跨越现实的鸿沟，也无法圆满此生的爱情，于是便相约吞噬鸦片共赴黄泉，订下阴世之约。只是如花死后迟迟未见到陈振邦的身影，为了一探究竟，如花再次现身人间，这才有了50年后那些阴阳交错、人鬼相逢的故事。这部电影中的梅艳芳，全然没有了平日里的喜剧面貌，代之以幽怨哀婉的模样。《胭脂扣》这部电影不仅证明了梅艳芳会演戏，而且还是一个戏路极广的演员，她被公众称为“百变梅艳芳”，自是有一番道理。梅艳芳在后来则说，最好的演员背后都有千奇百怪的故事，他们感受过别人没感受过的，所以才能演人之所不能演。

对于关锦鹏来说，《胭脂扣》是他准备投入所有心力去完成的一部戏，因为这是他与嘉禾娱乐事业有限公司签约后的首部作品。在此之前，在导演界还是新人的关锦鹏独立导演了《女人心》《地下情》这两部电影，其能力一度还遭受到外界的质疑，他需要一部戏来证明自己的实力。原本公司选定的是唐基明导演来执导这部戏，可是剧本修改过多遍，出现了多个版本，这其中的过程比较曲折，也很是耗费时间，可呈现出的效果不能让唐基明满意。于是，嘉禾把这个项目交给了关锦鹏，临时接棒的关锦鹏立即着手请台湾的电影人邱刚健再次创作一个新剧本。最初的演员阵容有梅艳芳、钟楚红、刘德华，以及很早就与梅艳芳相识的郑少秋，只是由于前期的筹备工作过于漫长，除了梅艳芳之外，其他几位演员都转而接拍别的戏去了。

关锦鹏知道，梅艳芳在出演这部戏之前，已经有过其他的表演经历。只是梅艳芳拍过的那些戏，关锦鹏看过的比较有限。考虑要与嘉禾的签约演员梅艳芳合作，他便索性认认真真地看了由张国荣、张曼玉和梅艳芳主演的《缘分》（1984）这部时装爱情片。在关锦鹏看来，梅艳芳演戏时有一种真挚的情感在其中，而这正是《胭脂扣》中如花这一角色所具有的基本特质。

看完《缘分》之后，关锦鹏对梅艳芳产生了极大的兴趣，便约她在一家酒店的咖啡厅见面。那是1987年的一个下午，关锦鹏与邱刚健坐在咖啡厅内等待梅艳芳，他们有些忐忑，也有些兴奋，或许是想到即将面对面地与女主角扮演者梅艳芳交流这部戏，因而心中怀着无限期待。

当梅艳芳来到约定的咖啡厅后，关锦鹏对她一番打量，产生的第一印象是“人长得不够漂亮”。要知道，《胭脂扣》中的如花那是一位风华绝代、冠艳群芳的女子！而关锦鹏眼前的梅艳芳，既没有精致的五官，也没有娇媚的眉眼，她身材平板，嘻嘻哈哈地与大家打招呼时像个热情开朗的飒姐，她风风火火走路的样子与大街上来来往往的寻常女子没有什么不同。

听梅艳芳讲话后，关锦鹏又是一惊，她的嗓音低沉，类似男人。这更让关锦鹏产生了无限疑惑——眼前的梅艳芳，真的适合饰演如花吗？可是，当关锦鹏向梅艳芳讲戏时，戏剧的一幕出现了，之前还有些大大咧咧的梅艳芳渐渐变得安静而内敛。一动一静，仿佛这转换就在瞬间。

这份安静吸引着关锦鹏继续讲下去，梅艳芳则静静地坐着，认真地听着，时间似乎都变得缓慢了。梅艳芳前后截然相反的极端表现，让关锦鹏意识到作为演员的梅艳芳身上所具备的可塑性。

戏中的如花是艳丽的、哀怨的、痴情的，同时也是固执于爱情的；戏外的梅艳芳在某种程度上也算贴近如花这一角色，因为她性情中带有倔强、固执这样的倾向。在剧本中突出呈现的也正是她性格中的这些特点，而不是如花作为旧时的红牌阿姑所具有的那种娇媚与艳丽。

对于梅艳芳而言，要饰演一位旧时代的青楼女子，这人物经历与她的背景确实相差极大。并且由于她对这个故事抱有深厚的情感，需要一些时间进行摸索。因而正式拍摄后的最初一个星期，梅艳芳的演出略显夸张，节奏过快，姿态过火。关锦鹏便对她说，只要放慢节奏去演就好。经过一番调整，梅艳芳很快进入了状态，全身心地投入角色中。关锦鹏则发自内心地赞叹道：她入戏真快！

更令剧组工作人员啧啧称奇的是，当时拍如花与十二少在房间内一起焚烧签文的那场戏，梅艳芳在休息时正在与人通电话，只听关锦鹏一声“就位”，她便挂掉电话走过来，就在她走过来的几秒之间，已经渐渐入戏，就位之后，便全然投入戏中。让在场的工作人员佩服不已。梅艳芳是个喜欢热闹的人，平日里结交朋友众多，因此平时会有一些朋友来剧组探班。梅艳芳见到朋友过来自然开心，可神奇之处就在于，她上一分钟还在与朋友开开心心地说话，下一分钟便安安静静地听关锦鹏讲戏。她在不同的状态之间自由切换，其专业程度与敬业程度都令人赞叹不已。

著名导演许鞍华也去探过班。那一次，梅艳芳很斯文地坐在一处，与许鞍华相视一笑，并没有聊天。但是许鞍华却对梅艳芳报以极大的兴趣——没想到，眼前这个女子不仅在歌唱方面有着过人的天赋，而且在演戏方面还具有如此强烈的表现力。《胭脂扣》正式上映后，许鞍华对梅艳芳的演技赞不绝口，只可惜在此后的1989年至1994年，十年间她基本上没有拍戏，并且她手中也没有适合梅艳芳的角色。

实际上，这部电影不仅有许许多多令人难以忘怀的场景，更从方方面面展现出梅艳芳出神入化的演技。《胭脂扣》一开场，便是身着男装的如花与十二少对望凝视的场面。梅艳芳童年时便穿着男装、扮作男仔，站在舞台上以平喉唱腔表演粤剧，电影中的她眼角眉梢带着妩媚，迎着十二少的灼灼目光，她在挑逗，也在试探。在这段场景中，梅艳芳的眼神中有春波流转，但更多的则是头牌阿姑对潜在目标的诱惑。但是，在如花前去观音庙礼拜那一场戏中，梅艳芳的眼神则纯净无瑕，整个人如沐浴在光环下的圣女一样。而到了如花与十二少殉情的那场戏时，打扮俏丽的如花亲手将鸦片送到十二少唇边，见十二少下意识地躲避，如花的眼神中闪烁着坚定、决绝的光芒，脸上则表露出赴死的决心。在戏中，梅艳芳的演技有着多种风格的变化，因此关锦鹏才说梅艳芳把她那种百变的风格带入了电影中。

有一句话说得非常对，要评价一个演员的演技是否到位，就要看她在表演当中的细节演绎是否足够动人。梅艳芳在《胭脂扣》中的细节演绎堪称教科书级别。在影片中，如花与十二少之间的爱情有一个明晰而热烈的发展。他们两人一个是头牌阿姑，一个是富家公子，初遇时也只是如同捕捉猎物一般，一个志在必得，另一个则兴味十足。梅艳芳微微地挑动着双眉，一副典型的青楼女子的轻浮做派。当如花与十二少交付真心之后，她会假装嗔怒，轻轻地拍着爱人脸颊，再让笑意慢慢地在唇边荡漾开来，活脱脱一个陷入爱河中的纯情少女。梅艳芳在细节方面的生动刻画，既说明了她对角色之热爱，也说明她探索人物之深入，更说明她在艺术表演方面的领悟能力之超绝。而出演这部影片时，梅艳芳也不过才25岁！

对于如花这一角色，梅艳芳有着较为独特的理解。她认为如花是个痴情却也略为自私的人；她还说，以前的女人是这样的，想不通就抱着大家一起死的心态，但现代人就不会这样了，不论有什么事都会开诚布公地去说，大家好聚好散。从梅艳芳对如花这一角色的理解，我们不难看到她观念中的现代女性意识——两人在一起时不必攀附对方，也不必在失去爱情时牺牲自己的生命，爱情与婚姻的基石，是个体的独立性，如果因为爱情就丧失了个体的独立性，那么这样的爱情注定会以悲剧收场。梅艳芳是一个责任感极强的人，这固然与她的家庭环境和自小的生活经历有关，但更与她正式踏上演艺道路后的自我定位有关。在未出道时，她要为家人负责，承担家庭重任；在出道之后，她便要考虑合作方和观众，她认为一个人不应该轻易放弃责任，更不能轻易付出生命，哪怕是为了爱情奉献生命，也是自私而不理智的举动。

为了真正地深入角色，梅艳芳老早便开始阅读小说原著。但如果只是停留在啃剧本、读小说上，肯定还不足以全面准确地把握这一角色，因此她每晚就守候在电视机旁，看许多粤语片，因为有些粤语片的桥段比较相似，她可以通过电视上的演员们来学习旧时代女人说话、走路的姿态和神情。梅艳芳想到如花这一人物平日里说话细声细气，行走坐卧都极为文雅，而她自己平时却是一个坐不定的人，便有些顾虑。但真正开拍之后，她终于投入角色之中，将“痴情女鬼”的幽怨形象塑造得别有一番风情。

有人认为，如花这一角色与梅艳芳的人生有一定的重合，因此她才能够将这一角色表现得入木三分。但作为本片导演的关锦鹏认为，在对待感情时梅艳芳虽然比较果决，却缺少如花性格中的干脆利落。当如花意识到自己心心念念的十二少并没有那种对待爱情的坚持，也不像她那般有勇气面对生死时，她便在返回人间后果决地了断了这份羁绊。梅艳芳与关锦鹏讨论剧本时，梅艳芳就说她自己还有很多事情放不下，做不到像如花那样斩截。这句话也道破了梅艳芳在现实生活中的无奈：家庭赋予的压力，情感方面的束缚。她虽然给人一种潇洒“大姐大”的感觉，但实际上她的外在形象与内心世界存在着极大的反差；她赞同女性在爱情中的独立性，她也确实做到了经济方面的独立，然而，童年时缺失的爱与关怀，导致她无时无刻不在渴求着爱。

通常来讲，一部影视作品在开始拍摄之前都是由导演来选择演员、安排角色的，而《胭脂扣》却是个例外。因为这部电影是先定了女主角的人选之后，再由关锦鹏接替原先的唐基明来担任导演。作为演员的梅艳芳，给予了关锦鹏最大的信任，她与关锦鹏一起探索这个人物的内涵，发掘出更多表现人物情感的表演细节。关锦鹏在多年后回忆起当年与梅艳芳的首次合作，依旧显得十分激动，他说是梅艳芳与他共同创造了如花这一人物，并一再表示梅艳芳将她在舞台上的百变风格也带到了电影表演之中。

梅艳芳本人极爱这部电影，也极爱影片中如花的造型，甚至她在生前希望能够用《胭脂扣》中的剧照做遗像。或许当时只有25岁的梅艳芳，只是发自内心地表达自己对这部电影以及如花造型的喜爱，她并没有想到在15年后自己会永远地离开这个世界，而她那个“用《胭脂扣》中的剧照做遗像”的愿望终究没有被治丧委员会采纳。但这也从另一个侧面说明了梅艳芳对如花这一角色的喜爱程度。她因这一角色而获得殊荣，更因这一角色而骄傲，在此后的演唱会中，她有许许多多穿旗袍的古典造型。在此之前，梅艳芳的舞台造型既有港姐时尚风，也有异域情调风，旗袍怀旧造型则恰好填补了她在舞台形象上的一个空白。

《胭脂扣》将梅艳芳的演艺事业提升到前所未有的高度，用关锦鹏的话来说便是，《胭脂扣》成就了梅艳芳，而梅艳芳的出演也令这部戏大获成功。可以说，演员与电影相互成就了对方。但是梅艳芳从不居功自傲，反而在许多公开场合表达自己对于关锦鹏导演以及其他演职人员的感谢，面对他人的赞美，她也始终以谦逊的态度接受。

在台湾金马奖的颁奖典礼上，梅艳芳手捧金光闪闪的金马奖杯时激动地说："多谢关锦鹏导演和李碧华编剧的耐心指导，也多谢演对手戏的张国荣先生的投入以及带动，有了他们的帮助，我才能够拿到这个奖项。我希望以后能多拍好片，不加片酬；出演的电影类型不限于艺术性的影片，不仅要拍喜剧片，甚至动作片我也想尝试。因为，电影已经成为我生命中排在第二位的最爱的东西了。"

于是有人好奇地问："排在第一位的最爱的东西，又是什么呢？"

梅艳芳说："那当然是唱歌了。"

有记者问梅艳芳："第一爱唱歌，第二爱电影，那么第三爱什么呢？是爱妈妈、家人还是男朋友呢？”

梅艳芳则说：“目前已做过歌后，也做过影后，可是却还未在爱情中做过皇后，直到现在，依然未找到真爱，所以，第三爱自然是爱情之爱。”

台下记者笑着追问，大有不依不饶的架势：“生命中的一爱、二爱、三爱都只是事业和爱情，你心里竟然没有妈妈和家人的位置，对于妈妈的爱都排到第四位了。”

梅艳芳倒是回答得很机智，她说：“妈妈和姐姐本就是我生命中最重要的人，是血肉相依的，怎么能拿来与事业、爱情相排名呢？这样岂不是对亲情的不尊重？”

当梅艳芳返回香港从机场闸口走出来后，她看到的是热情挥手的歌迷朋友和数十名记者。见惯了大场面的梅艳芳，面对数万歌迷时也能镇定自若，可此时的她却感动到几近落泪。梅艳芳被众人簇拥着走进记者室坐下后，方才露出了笑容。她对众人说道：“其实在颁奖那天，我原本已经准备好了讲词，想着要多谢这个多谢那个。可当我听到司仪唤我的名字时，我大脑瞬间一片空白，走到台上的那一刻，我真的想哭。但我考虑当晚穿了一身华贵旗袍，又化了浓妆，一旦哭出来就会变成大花脸，那仪态就不好看了。”

面对歌迷和记者送来的祝贺，梅艳芳一再道谢，她认为此次能够获奖，一半是运气，另一半也是自己的努力。她始终相信，一个人只要愿意付出努力，假以时日，那么必会收获果实。梅艳芳在电影艺术方面获得的成就，令香港的电影从业者信心倍增，更令香港女演员受到鼓舞。因为《胭脂扣》这部电影标志着女性意识的觉醒，梅艳芳饰演的如花一角冲破了惯有的性别限制，她可以穿着长衫扮作男子，也可以穿上旗袍恢复女子模样。梅艳芳令世人看到，香港电影中的女性人物角色竟然可以如此复杂、丰满、多变，而不再如以往那样简单、刻板、单一。

"以往香港的电影一向以男性为中心，女性角色不过是点缀而已。《胭脂扣》则是一部以女性为主的电影。就我本人来说，非常庆幸可以饰演如花一角。我希望自我得奖后，香港的女演员们更加努力，为香港电影争取更多殊荣。"面对记者，梅艳芳如是说。

在《胭脂扣》的庆功宴上，媒体朋友向梅艳芳问道："如今你拿了影后，又得了'梅廿八'的称号，演艺事业已做到顶尖地步，你想再怎么突破呢？"身穿金色长裙的梅艳芳显然很是欢喜，她说自己目前只能算是刚刚创业，需要想的是怎样守业，暂时不会考虑如何突破，但也不会满足现状、不思进取。

"周润发拿了金马奖后就声称要拿下奥斯卡金像奖，那么你呢？会不会也有这个愿望呢？"

听朋友这样讲，梅艳芳连连摇头说道："哎呀，我可不敢这么想。"

"为什么呢？大家觉得你和发哥是最有希望获得奥斯卡金

像奖这一荣誉的。怎么能对自己没有信心呢？不应该的啊，阿梅。”

梅艳芳多少有些顽皮地凑近朋友耳边，用十分认真的口吻说道：“倒不是我对自己没有信心，而是我始终以唱歌为主，自己全力以赴地唱歌而不是投入电影表演中。再说香港电影一直以喜剧片和动作片为主，这两种类型的电影很难去争取奥斯卡金像奖的。但是话说回来，人们需要这两个片种来松弛精神、减轻压力。”

朋友继续开玩笑道：“阿梅，你现在可真是事业节节升高了，可谓登顶影坛了。”梅艳芳则连连摆手，不住地说着“没有”“哪里”。她这并非是假谦虚，而是真的不敢自夸自大。也许是因为她自小出来演艺谋生，见过很多真正有实力、有才艺的能人，因而她不论在哪个阶段都以谦逊的姿态示人。

在梅艳芳看来，是全体演职人员的共同付出，才有了这部《胭脂扣》。当然，她最为感谢、最为赞赏的自然是张国荣：“如果没有他饰演十二少，我也许拿不到金马影后。因为我们合作很有默契，甚至可说举手投足，都能使对方意会。”

说起来，如果不是当初梅艳芳执着地请张国荣出演十二少一角，估计也不可能有我们如今看到的这部《胭脂扣》。在调整了演员阵容之后，关锦鹏比较看好充满书生气质的吴启华。可就在关锦鹏与吴启华签约之前，梅艳芳打来电话连连表示歉意，她还说，自己会向吴启华道歉，她只希望由张国荣来饰演十二少。当时张国荣是新艺城的签约演员，为了能够让张国荣顺利出演，梅艳芳承诺自己会为新艺城拍一部电影，以换取张国荣出演十二少。

对于梅艳芳的提议，关锦鹏有过一些犹豫。他看过梅艳芳、张国荣二人在《缘分》一片中的出色表演，他也可以想象到梅艳芳、张国荣二人在《胭脂扣》里的搭戏效果。然而再想到电影公司之间属于竞争关系，以及演员的档期问题，关锦鹏又几度打算作罢。然而，梅艳芳那种坚定、固执的性格又像是一道坚实有力的支撑，令关锦鹏最终下定决心任用张国荣。

梅艳芳的这般坚持、固执，落在一些人眼中极有可能被归为“不知天高地厚”。但是在关锦鹏看来，这种侠义精神，以及对演艺事业的无私付出才最为难得。与梅艳芳、张国荣首度合作便结下深厚缘分的关锦鹏，不久后又得到一个与梅艳芳再度合作的机会——嘉禾希望他们再拍摄一部电影。关锦鹏自然满心欢喜，因为他一直打算将阮玲玉的故事搬上银幕，以自己的方式向这位出色的电影演员致敬。

这一天，他请梅艳芳出来一起喝咖啡，把阮玲玉的照片递到梅艳芳面前问道：“阿梅，看看像你吗？我们拍一部关于阮玲玉的电影吧。”

梅艳芳把那张照片拿过来端详了一会儿，继而很是爽快地说道：“好啊，好啊。阿关，多讲一些阮玲玉的故事给我听吧。”关锦鹏最初的构思，是想以梅艳芳与阮玲玉对话的形式来讲述故事，这一创意令他感觉不错，而梅艳芳本人也对关锦鹏的想法表现出极大的兴趣。

然而由于一些情况，梅艳芳最终未能出演这部充满怀旧情怀的电影，这对于关锦鹏而言实在是意想不到的事情。虽几经周折，可最终还是找到了合适的演员人选，这个人便是与梅艳芳在影视方面有过数次合作的张曼玉。当时不论是关锦鹏、张曼玉还是整个剧组，都承受着极大的压力，但只有梅艳芳一个人对张曼玉抱有极大的信心。为了让这部电影顺利完成，梅艳芳数次对关锦鹏说："你一定要相信张曼玉，一定要给她多一些鼓励，她的表演必然不会令你失望。"

好朋友之间的默契与信任，就像是冬日里的一杯热咖啡那般暖人心肠，而梅艳芳给予好友的鼓励和关怀，则凸显出侠义与大气。那时当得知梅艳芳与关锦鹏再度合作，并将出演阮玲玉时，人人都期待着她的出色表现；可是当知晓女主角换了人选时，人们便都议论纷纷。有人为梅艳芳惋惜，因为如果她出演阮玲玉这一角色，必然会将自己的演艺事业向前推进一大步。然而关锦鹏却认为，梅艳芳性格倔强又敢于承担，她有自己的想法，作为朋友，他理应尊重。

正如梅艳芳最初所料，这部传记电影《阮玲玉》获得了极大的成功，张曼玉也因出演此片中的女主人公而在第42届柏林国际电影节斩获"银熊奖"最佳女演员奖项，并成为首位获此殊荣的亚洲女星。有些朋友为梅艳芳深感惋惜："当初若不是你的执着，辞演这部影片，那么这个奖项应该在你手中了。”梅艳芳摇头说道：“我并不后悔，每个人的命运安排都有不同。如果由我出演，或许大会评委却不欣赏。所以，我们不应该去想那些不可能发生的事情，而应该为张曼玉小姐高兴！”

虽然没有再度合作，可梅艳芳与关锦鹏两人的友谊反而得到了进一步的加深——当合作往来的关系不存在了，不带功利的情感才得以建立起来，因而这样的情感也显得更为珍贵。人人都知道，通过《胭脂扣》这部电影，梅艳芳与关锦鹏结下了16年之久的深厚友谊；但人们可能不知道的是，梅艳芳在辞演《阮玲玉》之后，关锦鹏还为她和张国荣量身定制了《逆光风》《幸福摩天轮》两部作品。这两部电影最终没有拍成，但关锦鹏却把剧本永久收藏起来，锁进抽屉里，因为在他心中，如果没有梅艳芳和张国荣的存在，那么这两个故事便也没有继续拍摄的必要了。

梅艳芳在《胭脂扣》中的出色表演，令关锦鹏见识到她的演技、她的百变、她的专业化程度，以及她的敬业精神；而梅艳芳辞演《阮玲玉》，则让关锦鹏重新认识了梅艳芳，这是一个与众不同的梅艳芳，倔强而随性——不愿追求所谓的名与利，只想遵从自己内心的意愿。可能在梅艳芳看来，不论唱歌还是演戏，都是因为自己喜欢、自己热爱，那么既然如此，又何必勉强自己，让自己不开心呢？正因为有过寒酸困苦的童年经历，也品尝过事业成功的甘甜果实，梅艳芳才对自己的人生选择握有了决定权。

梅艳芳敢于选择，也敢于承担，而她的选择往往都能得到不错的结果。我们从梅艳芳对于演员的选择，以及对角色的理解上便不难看出，她的眼光不仅精准独到，而且在艺术方面表现出的灵气大度，也是超过大多数人的。

在梅艳芳的眼中，张国荣是一个不折不扣的表演天才，只是在生活上过于自我。在张国荣看来，梅艳芳不仅相貌端正、台风强劲，而且唱歌时音律准、舞姿棒。他们同为天生就属于舞台的人，在歌坛、影坛上相互成就，也成为世人眼中充满艺术灵魂的表演者。

越是富有才情并卓有成绩的人，越是谦逊、平易近人，并永远心怀感恩。梅艳芳与张国荣便是这样的人。更为难得的是，即便《胭脂扣》给梅艳芳带来如此荣誉，她也并未因此骄傲，也从不在公众面前虚假谦虚。

《胭脂扣》是梅艳芳出演的第一部爱情文艺片，梅艳芳饰演的如花成为永不磨灭的经典形象。梅艳芳本人更是凭借精湛演技而一举成为“四料影后”，她也由此开启了自己在大银幕上的“百变人生”。不夸张地说，《胭脂扣》（1988）令梅艳芳“封神”，并在香港电影演员中占有独特的地位，而此后梅艳芳出演的多部电影，则使她的“百变形象”越发地深入人心。她与其他演员的最大不同之处在于，有些演员在悲剧表演方面十分得心应手，可不一定能出演喜剧角色。但梅艳芳不同，通过多部电影作品证明了自己的实力，不论悲剧还是喜剧，她都能够将角色塑造得深入人心，将故事演绎得深刻感人。

同样拍摄于1988年的《黑心鬼》对于梅艳芳来说算是一个不小的挑战，因为她需要在电影中一人分饰性格差异极大的两个角色。《黑心鬼》这部电影娱乐性十足，不可与梅艳芳演艺生涯中的其他充满艺术性的作品同日而语，但它却很好地证明了梅艳芳不仅会演戏，而且还能够在同一部影片中将性格迥异的不同人物塑造得性格鲜明、血肉饱满。

进入20世纪80年代的最后一年，梅艳芳除了继续在歌唱事业上深耕之外，还将更多精力放在了大银幕上，于是这世间多了一个名叫“杨露明”(《奇迹》)的歌厅打女，以及一个名叫“周英杰”(《英雄本色3：夕阳之歌 》)的帮派“大姐大”。如果说梅艳芳在20世纪80年代的最后一年以《淑女》这张唱片将自己的歌唱事业推上一个新高潮，那么，她凭借在《英雄本色3：夕阳之歌 》中饰演的“周英杰”则重新定义了港片中的女性形象，因而梅艳芳的出演也就具有了某种划时代的意义。

在20世纪八九十年代的香港电影中，女性角色往往以弱者的形象出现，她们在男性的世界里处于弱势地位，是可有可无的存在，属于被男性拯救的对象。梅艳芳在《英雄本色3：夕阳之歌 》中则一展巾帼英雄风采，她可以为了朋友两肋插刀，可谓是有情有义、有勇有谋；甚至到了关键时刻不惜端起枪来大杀四方，展现出过人的胆识和才能。这样的特质，在以往的香港电影中，不太可能出现在女性身上。但是从梅艳芳开始，秉承侠义精神的“女侠形象”逐渐走入人们的视野，并成为影片中最为亮眼的存在，这极大地打破了人们对于女性的刻板印象——女性不需要依靠姿色来获取男性的欢心，她自己也能够搏出一片天地；她引领女孩们从旧有的生活模式中走出来，走向更为广阔的天地，去开创属于自己的人生。梅艳芳在此后的多部动作电影中多以“女侠”的形象出现，这种侠义豪杰的银幕形象与她本人的日常形象也存在着较高的契合度。

早些年，梅艳芳接受香港著名娱乐记者好姐的采访时就说过，她小时候最大的梦想就是要做一名警官或者律师，因为这样可以惩恶扬善，做一个英雄。当梅艳芳进入影坛之后，她终于可以在大银幕上实现自己儿时的这些心愿了。在拍摄《英雄本色3：夕阳之歌》时，导演安排梅艳芳开枪、打斗，俨然是一位身手不凡的女英雄，她非常开心地说，她在现实生活中不可能做到的事情，竟然在电影中达成了。

至此，梅艳芳在大银幕上塑造的林林总总的形象各不相同：有旧时香港的头牌阿姑（《胭脂扣》），有新时代的富家千金（《缘分》），有黑帮大姐大（《英雄本色3：夕阳之歌》），还有喜欢笑闹的港姐（《神探朱古力》）。只是，梅艳芳尚不曾在大银幕上塑造出与她在歌坛上相对应的“雌雄莫辨男儿汉”的形象。还好导演方令正执导的《川岛芳子》（1990）填补了这一空白。

同《胭脂扣》一样,《川岛芳子》这部电影同样改编于李碧华的小说。单从《满洲国妖艳——川岛芳子》这个小说的名字看，人们可能认为这又是一个发生在民国时期的艳情故事，但其实被搬上大银幕的《川岛芳子》却展现出比原著更为深刻的内涵——一个在乱世中渴望凭借自己的力量掌握个人命运的女人，她最终也没有拯救了自己。个体力量在时代和命运面前是如此不堪一击，那么人就活该被命运玩弄于股掌之中吗？

川岛芳子，有着曲折而传奇的身世。她原本是清王朝肃亲王的十四格格，6 岁时被送到日本浪人川岛浪速那里寄养，后来改名为川岛芳子。从小离开家庭，缺失父母关爱，成年后爱情婚姻皆不幸的她，性格变得暴戾冷酷，但在残忍之中又带着些许对于特定对象的温情。这是一个极为复杂的人物，她既是清王朝的格格，也是日本间谍；她有时身穿男装，有时以一袭优雅长裙示人，还有时穿着丰韵十足的旗袍。20 世纪 30 年代的著名歌星李香兰在自传《李香兰——我的前半生》中记录了川岛芳子的相貌，称其“在人群中有一张非常引人注目的笑脸；她个子不高，匀称的身材包裹在男人的大褂里，却显示出女性的婀娜，气度雍容华贵”。川岛芳子有着多变的面孔，这一特点与梅艳芳在舞台上的百变艺术形象何其相像。方令正在筹备这部戏时几乎没有挑选演员，而是立刻就想到了梅艳芳与川岛芳子在形象方面的高度契合。后来事实证明，不论是从电影呈现出的整体效果来说，还是仅从梅艳芳出神入化的演技来说，都说明方令正导演果然是慧眼识才。

对于梅艳芳，方令正做过一番十分中肯的评价：“她是一个很好的演员，如果她能不迟到的话。”娱乐圈的人们都知道，梅艳芳已长期习惯了夜生活，只有早上才肯安心睡觉。在电影拍摄过程中，有的时候在夜晚拍摄，有的时候却在上午拍摄，时间并不固定。为了不影响工作进度，梅艳芳倒是十分配合，她叫来朋友与她通宵达旦地玩耍，以保证早上不睡觉能够准时拍戏，不然的话，她一旦睡过去就很难在早上清醒过来。

虽然梅艳芳迟到的习惯很难改掉，但除了这个毛病之外，她确实称得上是一位对表演心怀热情的演员。正值演艺事业巅峰期的梅艳芳，并没有因为出演《胭脂扣》一举成为“四料影后”而放松对自己的要求。她向公众表示：“我知道自己不是靓女，但我希望可以在形体、性格上去讨好观众，我对自己的男装打扮有信心，小的时候，我走路姿态都喜欢学男仔，我一直给人一种感觉就是‘阴阳错’。”

为了揣摩川岛芳子这个角色，梅艳芳做了许多功课。她在尖东水车屋对媒体朋友说：“我已经看过有关川岛芳子的电影和书籍，觉得她身世十分传奇，由最初的威风八面到最后的潦倒不堪，要演好这个角色是对演技的一大考验。”电影中的川岛芳子喜欢身穿男装出现在公众面前，从小就扮作男仔的梅艳芳恰到好处地展现出男性的干练与潇洒，她的每一个表情细节、每一个动作都非常到位。

功夫不负有心人。《川岛芳子》这部电影让梅艳芳再获好评，她被媒体誉为“川岛芳子的最佳诠释者”，更被公众认为这是一次“具有突破性的出演”。在 1991 年举办的日本福冈电影节上，《川岛芳子》受到日本影评家的极大赞扬，这些影评家认为《川岛芳子》是一部“具有历史精神的人性作品”，更称赞梅艳芳是一名“真正以角色内心世界来感染观众的东方演员”。

除了在演艺事业上的收获之外，梅艳芳还收获了一位新朋友，此人便是刘德华。刘德华和梅艳芳在《川岛芳子》这部电影中分饰男女主人公，这是他们首度合作的影片，也是两人缔结下深厚友情的开端。

同样拍摄于 1990 年的《乱世儿女》，虽然在电影艺术层面无法与《川岛芳子》相提并论，但通过这部电影中的诸多打斗镜头及幕后故事，我们可以看到梅艳芳对饰演的“打女”角色赋予的另一层内涵和她始终如一的敬业精神。

《乱世儿女》这部动作电影的拍摄时间要早于《川岛芳子》，尽管在很多人看来，片中的宋家璧不过是个“打女”，不像川岛芳子那般具有历史传奇色彩，然而大银幕上的梅艳芳却以对角色形象的成功塑造向人们宣告了这样一个真相：女性并非天生柔弱，并且女性也从来不是遇到危险时只能等待男性前来拯救的弱者，她在《乱世儿女》中饰演的宋家璧甚至可以凭借一己之力吊打 3 个男性。尽管在 20 世纪八九十年代的香港电影中女性角色多是柔弱的、脆弱的，是故事中花瓶一般的存在，但梅艳芳在演艺事业前期出演的那些女性角色却自带强大气场，有些女性豪杰形象甚至还成为片中男性角色的保护者和引导者，而诸如“义薄云天”“忠肝义胆”等以往港片中用来形容男性角色的词语，在梅艳芳出演的电影里，也可以用在女性人物身上。

梅艳芳不只是银幕上的女豪杰，在现实生活中同样是个要强的人。为了呈现出最佳的表演效果，梅艳芳每天都要在身上涂抹药油，因为动作片中的武打动作都很激烈，一场打戏结束，身上便满是伤痛，或是扭伤腰，或是扭伤手，总之每天都会增添新伤。在旁人看来，梅艳芳为了拍好动作片可真是吃尽了苦头，可她本人却不以为然，反而还挺高兴。因为梅艳芳之前就对动作片有浓厚的兴趣，她尝试动作片也是希望挑战一下自己，对于她来说，做自己真正有兴趣的事情并不算是吃苦受罪。这世间的公道便在于，付出与回报不一定成正比，但终会有所回应。之前有人认为梅艳芳身材纤细，骨瘦如柴，便断定她无法胜任“打女”角色。然而，当人们看到她那利索的腿法时便不再质疑了。那一场场精彩打戏的背后，是梅艳芳满身的青紫伤痕。

担任武术指导和电影监制的元奎说过，梅艳芳很聪明，领悟力极高，学东西很快；他更夸奖梅艳芳是难遇的奇才，每个动作只需教一两次她就能够准确地做出；有时只要口述而不必示范，她便能将武打动作做得流畅连贯。

考虑到梅艳芳体重较轻，体能不够强，所以，在电影拍摄过程中导演从不要求她像其他武打演员那样将一个镜头拍上几十次，因为担心梅艳芳力气不大，镜头重拍多次，会不会做踢腿动作时缺少力量感，更缺少视觉美感。但梅艳芳对于武打动作效果有着十分严格的要求，为了将每一个镜头展现至最佳效果，她尽量将动作一次性演得准确到位。

曾经的梅艳芳对于自己出演动作片能否演得出色而缺乏信心，为此甘愿每天摔摔打打，哪怕身上被撞得青一块紫一块也无所谓。为了增强自己拍摄动作片的信心，梅艳芳多次进入戏院，通过观察观众的反应来判断自己的表演是否完满。当看到观众为银幕上的自己鼓掌时，她便开心极了，在那一刻，简直可以忘记拍动作片时遭受的那些苦楚，就连那段每天涂抹跌打药水的日子，也变得具有非凡的意义。原本梅艳芳不想继续接拍动作片，但看到自己的演技得到观众的认可，她心中的那团火焰便再度升腾起来——希望自己被人喜爱、被人需要，也喜欢那种在付出努力以后得到认可的感觉。这让她觉得，自己为此付出的血汗都是值得的。

梅艳芳对于演技的磨炼自始至终未曾放松，而她的演艺才能也得到了国内外诸多演艺界人士的称赞。在拍摄《何日君再来》时，首度与梅艳芳合作的日本影星赤井英和表示，他对于这次合作十分期待。他还说，看过梅艳芳在《奇迹》中的表演后，觉得梅艳芳的打戏十分精彩——但赤井英和很有可能不知道，在拍摄《奇迹》这部电影时有一个走路的镜头，梅艳芳走了84次，仅仅这一个镜头就拍摄了17小时。其努力程度和敬业精神可见一斑。

《何日君再来》这部电影的导演区丁平告诉赤井英和，梅艳芳曾凭借《胭脂扣》赢得了影后宝座，在片中与梅艳芳演对手戏的梁家辉则补充了一句：“梅艳芳目前还是香港最红的歌后呢。”赤井英和听罢，越发表现出对梅艳芳的敬佩，“能够与一位在歌坛、影坛皆有所成就的全才合作，这是我的幸运。”他这样说道。

对于梅艳芳而言，自从入行以来，她已拍摄过不少电影作品，说起自己最喜欢的电影作品，除了《胭脂扣》，便是《何日君再来》。因此在出演这部电影时，她不仅事事都要亲力亲为，力求将每一项工作做到最好，而且在拍摄过程中她所付出的辛劳要比以往更多。她说，好电影的前提是要有好剧本、好导演，而自己近来出演的影片不多，便是在等待一个机会，这个机会指的就是她在影片中能够有发挥的空间，否则不会考虑接拍。

年纪轻轻便已经摘取“影后”桂冠的梅艳芳之所以能够将不同的角色演绎得如此出色，是因为她常怀一颗好学上进之心。对老一辈的戏剧表演艺术家，梅艳芳总是报以尊重的态度。她常说，不仅要向老一辈艺术家学习表演技巧，更要学习他们的敬业精神。诸如人称“丑生王”的梁醒波，“谐剧大王”邓寄尘，以及著名粤剧演员新马师曾，这些老艺术家均被梅艳芳视为表演艺术方面的学习对象。

梅艳芳身边的朋友们倒是好奇，她是如何从这些老前辈身上学习的。有一天，朋友们在梅艳芳家里共度难得的闲暇时光，梅艳芳指着电视机上的画面说："我将邓寄尘想象成女人，然后再想象成男人，再从新马仔的演出中学习怎么抠门、好色，这样就能在表演时把剧中男性角色的丑陋一面演出来。"梅艳芳这一番话把朋友们逗得哈哈大笑。她在日常生活中的逗趣与可爱，也只有在面对朋友时才能毫无保留地展现出来，但通过这件事情，我们也能看到梅艳芳对于演艺事业的热爱程度。

梅艳芳流下的汗水、受过的伤痛，最终都成为她通往演艺事业更高阶的铺路石。《乱世儿女》让梅艳芳成为公认的"打女"明星，《川岛芳子》让观众对她以后的大银幕表演更多了一份期待。人们看到梅艳芳塑造的这些电影人物形象，始终不离其百变本色，无不交口称赞她的表演天分。只是梅艳芳本人并不认为自己天赋出众，反而认为只有扎实提升自己表演水准，才算对得住观众的热情追捧。

巨星光环背后的寂寞

20 世纪 90 年代的香港乐坛，在蓬勃发展的同时也逐渐呈现出不断升级的恶性竞争。相当一部分堪称殿堂级的歌手，如罗文、张国荣等陆续淡出舞台，而连续 5 年登上“最受欢迎女艺人奖”（1985—1989 年）宝座的梅艳芳也陷入一种较为尴尬的处境——她的存在给后辈新人带来极大的压力，当看到昔日老友相继退场时，她心中便油然生起无比孤独的感觉。

在外人看来，进入 1990 年以后的梅艳芳在事业上真是喜事连连——推出新唱片《封面女郎》、举办“百变梅艳芳夏日耀光华演唱会”、入选“80 年代十大演艺红人”（在入选的演艺人士中，她是最年轻的那个）。在这个本该是令梅艳芳骄傲自豪的时刻，媒体和公众却不合时宜地再度提起她过去谈到的一个话题：退出演艺圈，回归平常生活。

当友人问起她未来的规划时，梅艳芳想了想便说计划成立一家经纪公司，她去做幕后工作。友人听后很是诧异：“阿梅，你如果彻底告别舞台，那岂不是让那些喜爱你的歌迷、影迷们伤心？”梅艳芳又说，或许她会继续灌录唱片，但不再像以往那样进行很多的宣传工作，也不再出席任何歌曲的颁奖典礼，纯粹只想把动听的歌曲赠予懂得欣赏的知音；再或许她还会继续拍些电影，只是为了让自己可以过足戏瘾，每天过得充实而快乐。

梅艳芳觉得，工作对她而言有着特殊的意义，工作意味着一种与公众、与社会的联结，工作不仅为她提供人生价值，而且也是她的精神支柱。对她来说，即便换另一种工作形式，依然会保持着这种昂扬的斗志，否则就会觉得自己与社会脱节。在别人看来，梅艳芳已经登上了演艺事业的高峰，自然有资本停下脚来歇息。然而梅艳芳却认为，即便离开演艺圈也需要保持工作的热情，因为只有在踏实工作的时候，她才会感觉自己充满了力量。

出乎公众意料的是，正处于事业发展高峰的梅艳芳在自己27岁的生日会上发布了一则通告，宣布此后将不再竞夺任何音乐奖项，而当被人问道“有何生日心愿”时，她则回答，“希望世界和平”。梅艳芳的这一举动让人们一时之间深感困惑——公众不相信真的有人愿意在事业巅峰期选择“退休”。

对于已经拿过众多音乐奖项的梅艳芳来说，她早已不需要通过获奖来证明自己的实力了。她想的是，若要乐坛保持长盛不衰，那么必然需要不断地输送新人，而她在乐坛上已经算是“老资历”的人了，她应该及时抽身，将机会留给更多的后辈人才。

其实，早在1988年的时候，梅艳芳便已经萌生退出演艺圈的想法。她计划着，在退出之前先要举行巡回演唱会，因为她觉得，不论做人还是做事都应该有始有终、有个交代，以巡回演唱会的形式向歌迷朋友告别，向自己的演艺生涯告别。梅艳芳说，当年看到姐姐结婚，她心里真是羡慕极了，自己也渴望有一个幸福的小家庭，一家人过着宁静、平淡，充满温馨气氛的生活。只是她不知道这样简单的心愿何时才能实现。不论是梅艳芳身边的亲密友人，还是喜爱她多年的歌迷朋友，都希望她在事业丰收的同时也拥有家庭的幸福。但是梅艳芳对于感情却始终抱以洒脱的态度：如果爱情来了，那么就张开双臂勇敢接受；如果这缘分还没有到来，那么就安心做好演艺工作，不辜负观众对自己的期待。梅艳芳说，正是观众对她的这份期待与喜爱，她才一路走到了这个位置上。她不愿让观众失望。

“每次开演唱会，我都备感压力，会因为神经紧张而寝食难安。每次想到自己一定要越做越好，不能让观众失望，我的压力就更大。”梅艳芳不止一次地这样说道。

这一刻的她是疲惫的，但只要一想到自己站在舞台上为观众献歌献舞，为大家带来视听艺术享受，她便会抖擞精神，投入于紧张的筹备工作之中。尽管平日里工作压力巨大，梅艳芳倒是也很享受工作的过程：在不那么忙碌的时候，她会与徒弟们说说笑笑、玩玩闹闹，俨然一个带着弟弟、妹妹们做游戏的大家姐。

但是在工作时间和工作场合，梅艳芳却十分痛恨身边的人态度不认真、不严肃。于她而言，舞台表演是自己生命中极为重要的事情。她不允许自己不认真，对自己的徒弟也比较严格。为了让接下来的演唱会具有真正惊艳世人的效果，她每天都坚持运动，提升体力，因为她想要一副好身体，想要一个好状态，希望给观众们带来那种眼前一亮的感觉。她做的一切，都是为了给自己的演艺生涯增添光彩，她始终记得自己的初心是什么，也一直未忘内心对表演艺术的孜孜追求。

1990 年，“百变梅艳芳夏日耀光华演唱会”在香港红磡体育馆连开 30 场。有歌迷评论，此时的梅艳芳处于颜值巅峰，褪去了之前的稚嫩，展现出成熟女性的韵味；她的舞台表现较以往更具有爆发力和个人魅力。整台演唱会的氛围就像夏日骄阳，夺目绚烂又热情似火，给人一种夏花明媚的感觉。

“阔别一年多，大家感觉如何？”梅艳芳站在台上，向歌迷问好。台下涌起歌迷的掌声和欢呼声——这是梅艳芳演艺生涯中最为火热、炽烈的时代。此时已经无人质疑她的演唱水平，也无人再拿她的陈年旧事来攻击她。

充满夏日风情的演唱会如火如荼地进行着，不过令人感到惊奇的是，演唱会刚开过15场，梅艳芳便与众位工作人员办起了庆功宴。当记者问起原因时，梅艳芳爽朗一笑地说道："这次演唱会，我们打算分成两段来做，虽然这两个部分没有很多区别，但我会在演出服装方面做些小小的调整安排。"

"哇，那么后面的15场是不是有很多值得观众期待的东西？"

梅艳芳点头赞同："后面的15场将是一个新的纪元、新的开始。"她一如既往地喜欢给观众制造惊喜，喜欢让观众看到与往常不一样的舞台表演。她要呈现出的是视觉上和听觉上的双重震撼力。

连续举办多场次演唱会，极大地考验歌手的体力和唱功，但梅艳芳对大家说，这对于27岁的自己而言丝毫不在话下，因为她在平时就做了充足的准备，绝对不会令歌迷失望。然而实际上，在演唱会开到第十七八场的时候，梅艳芳由于意外患上感冒，导致声线沙哑，每天都要依靠打针吃药来维持状态，如此一来，她便比之前憔悴了几分，瘦弱了几许。

"不必问我这样做是否值得，毕竟，再过两年就准备退出演艺圈了，但我会记得这段被歌迷所喜欢、支持的日子，我也感谢演艺圈带给我的一切。"梅艳芳认为人生中还有一些东西比名利更重要，在过去的那几年，她把心思全部放在演艺事业上，她说是时候重新考虑自己的人生新航向了。

说起《靓歌穿梭伴我行》这档节目，相信很多朋友并不觉得陌生。有众多成名的歌星都曾参与过这档节目，他们重唱昔日的代表歌曲，因此观众们能够听到不少歌星当年的经典成名作。在《靓歌穿梭伴我行》某一期的节目中，到场嘉宾讨论起梅艳芳的歌唱艺术成就，说她不论是在嗓音歌喉还是表演形式上都自成一格，形成了独特的“梅氏舞台艺术”，并且能够演绎各种风格的歌曲，不论是劲歌还是慢歌，她对于每一首歌曲都能拿捏得恰到好处，以自己的方式诠释歌曲的内容和情绪。

很多人认为，梅艳芳的百变不外乎是在服装造型设计上别出心裁，大胆、前卫、创新。但实际上梅艳芳的视听艺术表演才是其百变的内核，她从未将自己的表演局限于某一个类型框架之中；她的演唱会每个部分都体现出不同的主题，配合不同的主题便有了不同的服装和造型。她可以妖冶万分，也能够娇羞可人，外在造型的多变，也是为了配合演绎歌曲情感的需要。在当年的音乐表现形式上，梅艳芳始终是一个无畏无惧、敢于挑战的开拓者。

时年 28 岁的梅艳芳正当大好年华，她已度过了 20 多年的舞台表演生涯，拿遍了演艺界的各项大奖，她已经奠定了自己“演艺圈一姐”的地位，并且渐渐地不再关心自己的演唱事业，似是有些疲了、倦了。只是她对拍摄电影的热情并未减少，自从与郑裕玲合作拍摄《赌霸》之后，喜欢广交朋友的梅艳芳不仅多了一位闺中密友，更是期待着两人能够继续合作，拍摄电影续集。

当被人问起，之前已经出演过诸多佳片，为何在拍摄《赌霸》时如此开心时，梅艳芳坦率地说道，这一类的影片是她首次拍摄，很有新鲜感，而且与郑裕玲的合作极具挑战性，她喜欢接受这样带有挑战性的工作，因为可以激发自己的潜力，可以提高演技。尽管梅艳芳整个人略显疲惫，可每每说起工作上的事情，眼中依然闪烁着光芒，她眼中的光芒和内心的激情，有着感人至深的力量。在追求演艺事业的道路上，梅艳芳更像是一个朝圣者，因为始终敢于挑战自己的既往成绩。在这条演艺之路上，她是一个低头赶路的人，也是一个不断勇于超越旧我的人，而命运往往也更加垂青于踏实走好每一步人生路的人。

曾经有人找过梅艳芳，希望她能够与粤剧表演名家白雪仙的胞妹白雪红一起出演《任白传》，然而梅艳芳觉得自己表演功力尚浅，而任剑辉、白雪仙一生一旦两位表演艺术家的艺术形象过于深入人心，因而不敢贸然接下邀约。任剑辉是20世纪中后期香港粤剧表演行当里最为著名的女文武生，在粤剧表演的舞台上扮演英俊帅气的男性角色，呈现出一种中性之美。作为香港演艺界德高望重的前辈，任剑辉女士向来对后辈人才多加培养。她和白雪仙女士曾向梅艳芳传授过传统戏剧的演唱发声技巧，并且她那种充满中性美感的表演风格也深深地影响了梅艳芳。

梅艳芳曾向公众提到过，在首次举办个人演唱会之前，她十分担心自己会临时失声，影响表演，多亏任剑辉在电话里传授“护嗓妙法”：平时说话要把声音放柔，不可伤了中气，尤其不要大喊大叫；如果要保证演唱的时候不失声，最好的办法就是平时常开口说话，只要轻声讲话便好，这比保持缄默来保护嗓子要更为有效。

平日里，梅艳芳对自己的事业总是充满信心的，她曾考虑有机会能够扮演粤剧表演界的前辈任剑辉这一人物角色，但又感到压力实在过于巨大；她十分仰慕任剑辉的艺术才华，却又担心演不活这个人物，陷于矛盾两难的处境之中。

“从小我便喜欢看任剑辉的戏，既欣赏她那洒脱的人生态度，又钦佩她扎实的表演功底。只可惜，年少时的自己还是个无名小卒，不然，真的想要拜在任剑辉的门下。”说起往事时，梅艳芳便会涌起一层淡淡的忧愁，想到自己小小年纪出来依靠演唱谋生，便总觉得自己比别人矮了一截，心底总是有些自卑。因而她就想把所有事情都做到最好，免得被旁人小瞧，即便已经拿下奖项无数，摘取“歌后”“影后”的桂冠，她在对待工作时依然无比慎重，对自己的表演要求更加高于以往，因此心头的压力也是与日俱增。与压力握手言和的唯一途径便是不断精进，继续提升自己的演艺才华，如此，才对得起前辈教导，对得起公众期待。

身为艺人，或是出唱片、开演唱会，或是进军影视界，在大银幕上呈现佳作。梅艳芳在这两条道路之外独出心裁，她还办起了个人展览，以这种形式为自己的演艺生涯做一个总结。

1991 年 4 月 4 日的香港会展中心很是热闹，身为活动主角的梅艳芳却像往常那样姗姗来迟。她这一次匆匆赶来不为演唱也不为拍戏，而是为《梅艳芳十载光华汇展》进行剪彩。梅艳芳说，这一次她举办会展便是希望与歌迷、影迷更近距离地接触，而展览的内容除了介绍她个人生平之外，也介绍了近十年来在演艺事业方面取得的成绩。

这位香港流行乐坛的大姐大在回望从前来时路的时候感慨万千，甚至一度声音有些哽咽。她说："起初没有人知道我可以做些什么，即便是我自己也不很清楚未来的发展。通过新秀歌唱大赛出道之后，我的穿着打扮依然很土气，也没有找到适合自己的发展路向。幸好我遇到了刘培基并得到他的帮助，我的演艺事业才有了起色。"

直到参加新秀歌唱大赛之后两年左右，梅艳芳才开始敢于尝试新鲜事物：呈现出不同以往的穿着打扮、不同风格的音乐作品。最初，周围的人并没有很大的信心，除了黎小田、黄霑、苏孝良等人始终为她打气之外，媒体并不看好这个草根出身、经历复杂的女孩。一首动感十足的《坏女孩》横空出世，梅艳芳才意识到原来自己的形象可以如此百变，自己的歌曲风格还可以更加叛逆。

这位昔日饱受媒体攻击的艺人如今已是万众瞩目，而此次承办展览的会场中央大舞台更为惹人注目，因为此处展出的是梅艳芳在舞台上的各种造型及舞台设计，这些舞台造型再现了梅艳芳近十年的演艺生涯，也让公众对梅艳芳艺术生涯中的不同发展阶段有了更进一步的了解。当然，这场个人展览不只是在讲述梅艳芳的故事，也是在传达所有幕后人员的心声。梅艳芳常向人们讲起，自己能够有今天，也是靠着一群幕后精英的默默奉献，一个演艺工作者的荣耀，也属于她背后那些无私耕耘的人们。

在精湛的演技和过人的歌艺之外，梅艳芳还有着谦逊、感恩的品质，这也是她最吸引人的特质之一。从 4 月 4 日到 7 日，超过 10 万观众参与到这场展览之中。人们赞叹着，同时也期待着，期待梅艳芳此后会有更加精彩、更令人惊喜的舞台表演。但遗憾的是，梅艳芳却频频通过媒体表明自己对未来的安排——虽然不会永远退出歌坛，但不再考虑举办个人演唱会了。

“做歌手这一行压力太大了，每次举行演唱会，我都会因为压力过大而生病，既要打针，还要服药，不过这都不算什么，我最担心的是无法保证演出质量。”当别人问起梅艳芳为何打算在事业鼎盛期暂别歌坛时，她只能无奈地解释着，脸上有些落寞的神色。多年以来，人们看到的是舞台上活力四射、光彩夺目的百变梅艳芳，她的劳累、压力，无人可以理解；她的孤单、寂寞，无人可以为她缓解。有时候当梅艳芳透露出自己身心疲倦、压力过大的烦恼时，往往有些被她视为“朋友”的人也只是如听笑话一般，只有那些和她交付了真心的友人，才愿意耐心地劝解她、宽慰她。渐渐地，梅艳芳对于交朋友这种事情便看淡了许多，有些情绪确实也没必要向人诉说。

梅艳芳曾说过，她是一个特别害怕孤单的人。她希望自己家里热热闹闹的，如果这一点要求无法得到满足，那么便埋头于工作，以忘我工作实现个体价值，专注于工作以驱散生活中的孤独。“我为什么喜欢在台上，因为我喜欢自己站在台上时有很多人陪伴我的那种感觉，我唱歌他们喜欢听，我做什么动作他们会喊叫、会喝彩。但回到家以后很静，那种安静的感觉很恐怖，其实我很怕一个人待着，因为我不喜欢这种很孤单的感觉。”面对媒体时她曾经这样说过。

为了排解寂寞，也为了实现个人价值，梅艳芳平时如同工作狂一般。在结束了北美地区的巡回演唱会返回香港后，她只休息数日便又要前往欧洲举办巡回演出；筹备世界性巡回演出的同时，她也准备在香港举办告别演唱会；在忙于演艺事业的时候，梅艳芳也未忘记为这个社会贡献一分光与热。

1991 年夏季，中国华东地区 18 个省市遭受严重水灾，身在香港的梅艳芳为了帮助内地同胞振臂呼吁，希望大家出钱出力，帮助受灾同胞渡过这次灾难。为了募集善款，她率先发起“忘我大会演”，香港艺人和电台共筹集善款 4 亿余元。这场长达 7 小时的大会演，见证了香港演艺界人士的家国情怀。几天之后，梅艳芳又率领200多位演员，仅用4天时间便拍出电影《豪门夜宴》。众位演员表示片酬分文不取，将2000万元票房全部捐献到灾区。在港星的带动下，香港各界人士的最终捐款超过6亿港元。郑裕玲采访梅艳芳时，梅艳芳豪情满怀地说这个数字代表了香港的温度，是港人给内地同胞送去的关怀。此后，梅艳芳又带病到北京参加赈灾义演，她顾不上自己的病痛和劳累，而是想着如何帮助更多的同胞。身为公众人物的社会责任感和豪侠仗义情怀，于此得到最为充分的体现。

从社会底层一步步走上来的梅艳芳，对这个世界有着更为深刻的看法。她自幼吃苦长大，习惯了承受生活中的风吹雨打，对待弱势群体格外有爱心，因为她觉得自己身为公众人物就应该尽到自己的社会责任。

对于自己在香港乐坛的影响力，梅艳芳报以十足的信心，但是在很多时候，她会低估自己在海外的影响力。1991年10月，梅艳芳前往日本出席东京电影节，原本以为在日本不会有自己的影迷，然而当她到达日本后却意外地受到当地影迷的热烈欢迎。热情的日本影迷向梅艳芳送上问候和祝福，这令她十分惊喜，也十分感动。她想到，之前她出演的《奇迹》和《英雄本色3：夕阳之歌》曾在日本上映，或许正是这个原因，才有那么多日本影迷开始了解自己、喜欢自己。

在接受日本记者的访问时，司仪介绍梅艳芳是当今香港的双料影后，以及知名歌手后，在场的记者非常惊讶。因为国外的那些演员或歌手通常都是单方面发展，极少有人能够独霸两个领域。经过司仪的一番解释之后，记者们才相信眼前这个看起来有些瘦弱的女性，原来已经在演艺方面取得了诸多耀眼的成就。

人们以为，梅艳芳这位颇有声望的艺人会持续保持前进的态势，为公众贡献出更加动听的歌声或者更加精彩的电影。可一向要强、视工作为生命的梅艳芳似乎真的有些力不从心了。其实，真不能责怪她在事业上的“不用心”，而是某些客观现实因素实在无法避免——在更换制作人之后，梅艳芳的唱片销量较之以往出现了较大的波动。她曾经想过，要出一张经典老歌翻唱的唱片，可是没有得到华星唱片公司的认可。这使得梅艳芳有些心灰意冷。她对身边朋友大吐苦水：“现在我只是唱片销量没有以前那么好，可为什么人人都要踩一脚呢？”刘培基等人只好在旁耐心地宽慰她。经历过事业巅峰期的梅艳芳产生了极大的心理落差，她对舞台的依恋似乎也不如以往那般强烈，并且她内心有一块缺口正在渐渐扩大。

有段时间，梅艳芳每晚都盼着与杨紫琼出去蹦迪，或者与其他朋友通宵玩耍。杨紫琼也曾表示过，她和梅艳芳关系很好，闲来无事时，她们两人跳舞能跳到凌晨 4 点，第二天打电话时脱口就问对方是否还能起床，而后两人便肆无忌惮地哈哈大笑。在那一刻，她们不是什么知名艺人，而是两个顽皮的小女孩，在好朋友面前自在放松地做自己。

这样玩玩闹闹的时刻，丰富了梅艳芳的生活。但是在刘培基看来，梅艳芳仿佛换了一个人：她夜夜笙歌、频频买醉，过着晨昏颠倒的生活，也没有什么工作状态。刘培基陪伴梅艳芳走过出道之后的低潮期，他始终把梅艳芳视为自己的家人，他不忍心看到梅艳芳现在这样消沉，便好心劝道："你要爱护自己，不要喝那么多酒，也不要经常去夜店玩，你看看镜子里的自己，再这样继续下去，化妆都无法遮掩你的倦容，你又该如何面对你的歌迷？"至于梅艳芳是否听了进去，那就不得而知了。

当时，香港亚洲电视制作了一档名为《今夜不设防》的谈话节目，由香港三大才子——黄霑、倪匡、蔡澜主持，主要的节目内容便是邀请一众艺人在节目现场聊天谈心。这档节目非常火热，一度创下了收视率纪录，几乎当红明星都参加过，可是节目现场唯独少了梅艳芳。其实并非黄霑不肯邀请梅艳芳，而是陷入疲惫倦怠的梅艳芳没有状态去录制综艺节目，黄霑找不到梅艳芳，就只能联系刘培基。

黄霑有才华但更有脾气，他在电话中大爆粗口足足有十几分钟，等刘培基想要回嘴时，电话却直接被挂掉了。刘培基知道，梅艳芳确实有些累了，但他不愿让别人误会梅艳芳。他穿着睡衣下楼，一脚油门踩到底，一路冲到黄霑家中。听说黄霑正在沐浴，刘培基直接冲进浴室里，对着正在淋浴的黄霑大骂一通，算是帮梅艳芳出了口气。这件事并未影响黄霑、刘培基和梅艳芳三人之间的友谊，大概只有真正的好朋友才能如此这般，他们都是关心梅艳芳的，只是方式不同而已。

虽说梅艳芳在歌坛、影坛摸爬滚打已闯出了自己的天地，但始终在为演艺事业打拼，这对她本身就瘦弱不佳身体状况来说是一种极大的消耗。即便她已经非常疲累，却依然未减半分敬业精神，甚至要把身边人的生活重担一并扛在自己肩上。

这一年初夏，梅艳芳前往伦敦演出，刘培基无意中听到梅艳芳对当时正在相处的男友说道："你不要那么辛苦了，我自己一个人挨就可以……"

听到这里，错愕不已的刘培基忍不住责骂梅艳芳："你就那么想做个男人啊？以后要不要喊你梅先生呢？"

梅艳芳早已把刘培基视为挚友，甚至是亲人，面对刘培基的责问，她没有回嘴，也没有辩解，只是说她很累很累了，打算退出演艺圈，过那种普普通通的日子，并且表示自己有充裕的积蓄，不会影响正常生活，也不会后悔。刘培基知道梅艳芳尽管穿着时尚大胆、歌曲前卫新潮，但实际上她骨子里依然是个较为传统的女性，她有过不幸的童年，便渴望组建自己的家庭，过那种温暖、平淡、踏实的小生活。刘培基问她，如果退出歌坛以后出现经济困难怎么办。梅艳芳再三表示她已经做好充分的准备，而且只是暂别歌坛并不是从此之后不工作。刘培基没有继续追问，梅艳芳则沉默良久。梅艳芳具有现代女性的一面：追求个体独立，但这与她渴望拥有家庭并不矛盾，独立女性并非拒绝婚姻和家庭，而是能够随时保持着独立自我的状态。

在朋友眼中，梅艳芳是一个善谈之人，闲暇时候与三五友人坐下闲聊，她甚至可以讲上一天一夜。若是没有朋友陪在身边，她便抱起家中的宠物狗说上好一阵话。在梅艳芳心中，狗不仅是宠物，更是自己的倾诉对象。她实在害怕寂寞，因为此时的她还没有学会如何与孤独寂寞相处。如果哪天她安安静静地独自坐在一旁，那么就说明她生病了或者情绪极度低落。然而，一旦从低落的情绪中恢复过来，便又是一个生龙活虎、爱笑爱玩的梅艳芳了。

长年承受着极大的工作压力，每次回到家中又倍觉孤独的梅艳芳不是没有考虑过暂时告别舞台，她也曾多次对友人透露过暂别歌坛的打算，不过她经常是讲完之后还要再补充上一句：这种退出并非完全不工作，也不是完全离开演艺圈，而是以另一种形式退出。

每到这时，朋友们就会好奇地问："阿梅，如果你可以重新选择职业，那么你会做什么呢？"

"如果当年我有足够的资格选择自己的职业，那么我肯定会选择成为一名有思想、有见地的职业女性。大抵上我是一个大女人主义的人，不愿意败在男性身上。我觉得当个运筹帷幄的职业女性所获得的那种满足感会令我产生更大的喜悦。"梅艳芳在职业选择方面的一番见解，其实也体现出 20 世纪八九十年代

“港女”们的精神风貌，以及新时代新女性骨子里的那种独立与坚韧。

梅艳芳将隐退歌坛的消息在一段时间里频频出现在各大媒体的头条。为了不让歌迷朋友们失望，梅艳芳相继推出了自己的粤语专辑《欲望野兽街》，以及首张国语专辑《亲密爱人》，这对于一直喜爱她的广大歌迷朋友来说，既饱了眼福又饱了耳福。

在《亲密爱人》这张唱片发行之前，歌迷还以为梅艳芳会延续之前那种“妖冶”“火辣”“前卫”的风格，没有料到《亲密爱人》专辑中的梅艳芳却以柔美素雅的造型出现在世人眼中，她的歌声中少了以往的叛逆与前卫，而是流露出对爱的憧憬、对幸福的向往。她唱的不只是醉人的爱情，更是对那种平淡却温暖生活的向往。

当时梅艳芳有一位正在交往的恋人，《亲密爱人》这首歌便是唱给这位知心伴侣的。

梅艳芳和她的亲密爱人在那时候有多甜蜜呢？从一则小事中便可看出。有段时期，梅艳芳在录音室录音时有一个比较特别的习惯，10点一定会停下来休息一下，于是在9点55分的时候便停止录音。时针刚好指向10点时，梅艳芳就会接到一通电话。打电话的这个人，就是梅艳芳当时正在相处的恋人，他们约定每天10点都要通电话的。接到电话的梅艳芳蹲在录音室的一个小角落里，脸上带着甜蜜的微笑，在电话中与爱人互诉衷肠，就连录音室里都弥漫着爱的气息。有一次，梅艳芳到台湾录歌，录制工作结束后，她与工作人员相约要共同庆祝一下。于是，这一群男男女女就跑到山上去燃放烟花。梅艳芳像个卸下一身枷锁的大女孩一样赤着脚在山上跑来跑去，异常开心，而她的身后则是漫天绚丽的烟花，真是好看极了。那时的她，整个人都沉浸在幸福无比的海洋中。

只可惜，这段给梅艳芳带来无限喜悦和甜蜜的恋情，也像梅艳芳此生的其他恋情那样，后来并未能以圆满的结局收场。但是在此后的演唱会上，梅艳芳基本都会演唱《亲密爱人》这首国语歌曲。也许在梅艳芳的心中，这首歌正是她最喜欢的一首国语歌，因为它具有较为特殊的意义。

在推出《亲密爱人》这张专辑之后，梅艳芳公开宣布她要暂别演艺圈，从此专注于培养新人，以及其他工作，为此还举办了“百变梅艳芳告别舞台演唱会”，从1991年12月23日开唱，到1992年1月27日结束，连开30场，场场爆满。在巡回演唱会上，梅艳芳带着自己的徒弟们去了很多地方登台表演，但无论到了哪个地方，也不论已经表演了多少场次，她始终以饱满的激情将演出进行下去；哪怕为了演出而透支了体力，觉得劳累、倦怠，也绝不会敷衍了事，草率应付观众。她说，既然决定暂时告别这个舞台，那么就要拿出自己的敬业态度来，不要让观众觉得她依仗名气大而不思进取。

梅艳芳的徒弟谭耀文说，师父给他上过的最重要的一课便是，身为一名艺人，无论自己出现怎样的状况，只要走上舞台面对观众，都应该呈现出最佳状态。在举办“告别舞台演唱会”期间，梅艳芳患上了严重的感冒，但她依然一身光芒地站在台上与嘉宾歌手又唱又跳。谭耀文在师父的演唱会上也来助兴，当他结束演出回到后台才发现自己的演出服已经完全汗湿了，他瘫坐着大口吸着主办方事先提供的氧气闭目休息，而就在此时梅艳芳那富有情感力量的歌声再度响起——她根本就没有歇歇的时间。

“梅家班”的成员或许还记得，梅艳芳在告别舞台演唱会的现场上说过这样一段话：“好多人问我，为什么要告别舞台，真正的原因是什么？我比较担心自己的体力，很怕有朝一日自己无法承担工作负荷，因为每一次站在舞台上都有很大的压力。我觉得，每一位歌迷朋友买票进场，希望看到的是一个生龙活虎、蹦蹦跳跳的梅艳芳。但如果自己的体力难以支撑下去，我就暂时离开舞台好了。如果不能完全地投入演出中，我觉得这是对表演舞台、对歌迷朋友的不尊重。”

许志安身为梅艳芳的弟子之一，跟随梅艳芳登上过大大小小的舞台，他对每一场演出都留有深刻的印象。他说，哪怕某一首歌已经被梅艳芳唱过多次，他依然能够听到歌声中传达出的热情。梅艳芳用心地对待每一个地方的歌迷朋友，也用心地演唱每一首歌曲，她是个对人、对歌都很讲义气的人，用自己的艺术才华赢得了公众的爱戴，也用这份艺术才华给更多的人带去了感动。她让人们看到坚持的意义，激励人们勇敢地面对人生挫折。

曾经许志安向梅艳芳讨教这样一个问题："在演唱快歌的时候，如何做到全情投入，如何才能在舞台上挥洒自如？"

梅艳芳只是说："天下间的事情没有什么是天生就能做到的，年轻人要多学多练。"梅艳芳的家中有一面大镜子，有时候她连续几天不出门，在家播放歌曲，对着镜子练习舞步和舞台动作，久而久之便形成了自己独特的风格。所谓成功，不过是付出努力之后的回报，不过是水到渠成的收获。这是一种做事态度，也是一种处世智慧。

有一年，梅艳芳在台湾举办露天演唱会，但不巧的是演出当晚突然天降大雨，主办方还在商议是否要取消演出，可那些到场的观众却打开雨伞，表示一定要在此地坚守，一定要看梅艳芳表演。见此情景，梅艳芳便利落地换上演出服，冒雨登台演唱。观众见梅艳芳出场，便纷纷把雨伞收了起来，大家陪她淋着雨，她为大家尽情地唱着歌，瓢泼大雨也扑不灭他们彼此的热情。台上的梅艳芳虽然淋得透湿，却获得了极大的满足感和幸福感，因为她感觉在那场演出中，观众与歌手就像一家人，大家一起淋着雨，一起感受歌曲的魅力。这样的氛围，是多少金钱都换不来的。

梅艳芳说，观众把自己交付于她，大家的情感与情绪联结起来，雨水拍打在身上有些冰冷，可那一晚，她的内心却感觉暖暖的。梅艳芳的敬业态度与精彩演出收获了无数歌迷的支持，而这样平凡却温暖的事情，成为梅艳芳璀璨演艺生涯中的一抹光亮。通过这一件件看似不起眼的小事，我们便可窥见梅艳芳对待表演事业、对待歌迷影迷的态度。

做人当有的真诚热烈，在梅艳芳身上体现得最为鲜明。尤其是当站在舞台上时，她投入自由而忘我的表演之中，生命之花也因此而绚丽绽放。舞台滋养了梅艳芳的生命养料，她则燃烧了自己的生命点亮舞台。

梅艳芳曾经对公众说过，她心目中的女性偶像是山口百惠；而山口百惠在演艺事业如日中天之时却急流勇退，选择与相爱之人组建家庭，这让梅艳芳很是羡慕。在梅艳芳出道初期，曾翻唱过许多日语改编歌曲，其中备受好评的《赤的疑惑》《冰山大火》《蔓珠莎华》《孤身走我路》等歌曲的原唱正是山口百惠。梅艳芳曾一度设想过，自己也能够像山口百惠那样，在实现个人的演艺成就之后，与心爱之人携手共筑温馨小家。然而，经历过数段感情的梅艳芳，始终不曾找到自己的情感归宿。

巨星光环的背后，是贫寒孤独的辛酸过往，是未出名时的困苦岁月，是无人可懂的寂寞苦闷。但即便在获得盛名之后，即便是身边经常环绕着一群人，她的内心依然是孤单的，很难拥有真正的知己朋友。梅艳芳曾说过：“我整天身边围着一群人，那是因为我寂寞，小的时候我没有玩伴，现在看起来朋友很多，只可惜他们只当我是男人而已；每当我有什么事情时，他们便说，你自己可以料理得了；每当我出现什么问题，想找个可以谈心化解情绪的人时，这些所谓的朋友，一个、两个的都溜掉了。”

从童年时候起，梅艳芳就是一个性格倔强的人。伤心的时候，她不肯对着别人哭，也不肯让别人知道自己的难过，尤其是面对那些不尊重女性的男士，她从没有流露出一丝的脆弱，反而会用更加刚强的态度与这些男人相处。在梅艳芳的性格里，既有豪气直爽的一面，也有柔弱感伤的一面。人本身就是一个复杂的矛盾体，但梅艳芳的矛盾之处便在于，她刻意隐去了自己在生活中遭受的伤害，极少主动向别人诉说自己的难处，而是期待着有人可以看穿她坚强硬壳包裹住的柔软，给她更多的关怀与温柔。

在外人看来，梅艳芳选择于事业巅峰时期暂别歌坛并不是理性的做法，而他们不知道的是，梅艳芳由于长期承受巨大的精神压力，在很长的一段时间里，已然陷入抑郁情绪之中，难以缓解。她独自在家时会对着镜子痛哭并高声喊着“爸爸”，质问爸爸为何要丢下她，过早地离去；甚至她还想到选择用自己的方式与这个世界告别，这样就不必再承受那些压力和痛苦，但最终还是咬牙挺了过来。梅艳芳总是说：“人活在世上不能只想到怎么让自己轻松快乐，还应该想到自己身上承担的责任。”

这份过重的责任始终压在她的肩头，从童年到成年，从过往到现在。能够透过梅艳芳表面的坚强看到她内心疲累的朋友并不多，这些朋友算得上是她真正可以交心的人，也是真正懂她的人。

陈海琪是梅艳芳出道不久后结识的朋友，那时梅艳芳尚未大红大紫，而陈海琪则在香港电台做主持人。两人熟悉之后，梅艳芳便时常在陈海琪的电台节目中通过打进电话的方式来回应，当然，前提是梅艳芳当时有空，并且陈海琪在电台节目中讲的话题恰好是她感兴趣的。

也有些时候，梅艳芳会与陈海琪共同做一些谈话节目。有一次陈海琪向梅艳芳提了一个非常扎心的问题："每天你身边有那么多前呼后拥的人，你有没有想过，哪一个才是自己真正的朋友？"在这一刻，梅艳芳默默地落下泪来。不停流泪的梅艳芳或许与人们印象中坚强的梅艳芳大为不同，但不论是流泪的梅艳芳，还是坚强的梅艳芳，或是舞台上光芒闪亮的梅艳芳，那都是真实的她。谁规定一个人只能拥有一副面孔，只能拥有一种状态呢？谁又规定了一个人必须24小时保持积极正面的情绪呢？

彼时的梅艳芳早已不再是那个站在酒吧舞台上唱歌的小女孩，而是叱咤歌坛、影坛的巨星人物。然而即便如此，她依然有着心酸与落寞。陈海琪说过，某个凌晨时分，她与梅艳芳一起聊天时，梅艳芳曾望着天窗说，这世界真不公平，因为自己看起来外表强悍，所以就被人们默认为内心很坚强，如果有 100 个女人同时哭，那么，她必定是最后一个被男人安慰的人，因为男人觉得她不需要安慰也能再度元气满满。

在公众的心目中，梅艳芳乘着时代的春风通过个人的努力，从籍籍无名的酒吧歌手成长为一代巨星，必然是性格强悍、内心强大。然而寻常人又怎能知道，沉浸在恋爱中的梅艳芳与其他普通女性并没有什么不同，她会在厨房忙碌煮饭，甚至会在卫生间里刷马桶，一切的零碎家务她都愿意去做，做这些只是为了心爱的人。难怪陈海琪说，恋爱中的梅艳芳有时像只小猫咪，非常居家，也非常小女人，而不是舞台上的“大姐大”。

兴许是因为自己人生阅历比较丰富，于是梅艳芳就在陈海琪主持的《海琪的天空》这档节目中热心地担任起“情感顾问”来，为观众朋友们答疑解惑，但是当谈及自己的童年经历时，她却在看似豁达开朗的表面下隐藏着深深的愁绪。

梅艳芳那些日积月累的烦恼，其实并没有随着时间的流逝而变淡，这种时时刻刻的压抑反而使得梅艳芳更加身心俱疲。当外人揣测梅艳芳如此疲累是因为迟迟未能收获真爱时，梅艳芳则淡然回答，她真正缺少的不是伴侣，而是家庭。梅艳芳经历了幼年的复杂经历，以及面对成名后的巨大压力，她内心的落寞也并非全是因为爱情不得志，更多的还在于家庭关爱的缺失。梅艳芳的落寞心境与她那光芒耀眼的巨星光环形成了鲜明对比。所以，当下对于梅艳芳而言，家才是避风浪的港湾。只是她尚未拥有一个可以令她安心的港湾，在极度劳累时，难免会有些灰心丧气，即便前途一片光明，她也难免会在高压力的生活中颓丧一段时间。好在她为演艺事业所付出的努力始终不曾辜负她。

不过，大家也不必觉得梅艳芳缺失父爱，并且从小生活贫寒，便用“可怜”“怜悯”这样的目光来打量她。梅艳芳在日常生活中也不乏天真顽皮，以及极为叛逆的一面，甚至她身上还存在着诸多令人颇为无奈的缺点。比如说，她特别爱迟到，没有那么强的时间观念。因此，演艺圈人士送给梅艳芳一个绰号——“梅来迟”。黎小田就曾公开讲过：“你们可不要以为梅艳芳是有了名气以后才迟到的，实际上她参加新秀大赛的时候就有这个毛病。”

在 1992 年举办的第 11 届香港电影金像奖颁奖典礼上，周润发被问及“林青霞和梅艳芳有何不同”时，他回答：“一个准时，一个不准时。”在 1992 年的一场慈善晚会上，梅艳芳居然破天荒地早到了 30 分钟。对此，众人甚为诧异。后来才知道，是杜琪峰对梅艳芳说：“7 点所有人到齐，7 点 30 分入席开饭。”当梅艳芳到场之后才发现，还有不少人没有到，此时她才知道原来是杜琪峰和自己开了个玩笑。

“唉，以后还是要按照自己的节奏来。”梅艳芳对朋友们半是玩笑半是认真地说。

迟到确实不是一个好习惯，不论是黎小田还是伦永亮，都经常因为梅艳芳迟到的事儿大动肝火。好在梅艳芳用自己过人的天分补救了迟到的坏习惯。最广为流传的一件事便是，梅艳芳和罗文共同参与一场演出活动，他们的节目需要在下午 3 点彩排，可是梅艳芳 7 点 50 分才赶到，此时距离直播仅剩 10 分钟了，他们也没有多余的时间进行彩排，只能“空枪上阵”。舞台上罗文怎么跳，梅艳芳便依样学来，两个人配合得天衣无缝，表演过后，掌声雷动。从此之后，人们对这位“梅来迟”小姐的艺术才华更多了几分敬意。当然，梅艳芳对于自己习惯迟到这一缺点也坦坦荡荡地承认，并且从来不加掩饰。不过在演艺圈里经常迟到，毕竟也会极大地影响工作进度，这也是为何刘培基、张国荣等挚友一再向阿梅表达自己的意见：“不要经常熬夜玩耍，一定要避免工作迟到。”他们是真的关心她，是真的为她着想。

自 1991 年暂别歌坛后，梅艳芳并没有如愿过上那种平淡、幸福的生活。外界曾一度猜测，梅艳芳“退休”后的生活究竟过得如何。虽然梅艳芳自己未曾表态，但她身边的那些朋友们却可以感受到，隐退后的她过得并不快乐。正如刘培基所说，梅艳芳并不享受“退休”生活，并且“退休”生活也算不上惬意——她终归没有过上想要的平凡小日子。可是，她在大银幕上的表现却令人耳目一新。

在梅艳芳接拍的几部电影中，不论是电影片种的选择还是人物角色的诠释均有着极大的跨度。但是，不论像《审死官》（1992）中的宋夫人，还是《东方三侠》（1993）中的东东，尽管故事背景不同、人物形象不同，但是梅艳芳塑造的人物内核却是一致的——她不是被男性保护的对象，而是凭借自己的力量去保护他者的“女超人”。

拍摄《审死官》这一年，梅艳芳已经褪去了以往那种贪玩爱热闹的性格。她已不再像曾经那样渴望来一场数百人在一起狂欢的舞会，一切都要越热闹越好；反而觉得，与老朋友共聚才最舒心。与老朋友相聚时，大家总免不了问起梅艳芳心中还有什么愿望？她只是淡然地讲，没有什么特别渴望的东西，也没有很多愿望，但求身体健康，出入平安。

“随着年龄渐渐增大，我便知道，做事不能太过儿戏。”梅艳芳面对老友一字一句地讲起她的人生心得，“虽然我已经离开歌坛，但是我的那些歌迷朋友还是在默默地支持我、关心我。当我知道自己的身旁有这些人在鼓励时，我便会更加努力地工作。”

梅艳芳对她的那些老友说：“现在我连早班戏都可以毫不犹豫地接下，虽然精神状态极度疲累，但是依然坚持接拍，这种充实的生活令我感觉很开心。如果说，现在拍戏与以往有什么分别的话，那么我觉得目前拍戏是一种极大的乐趣，当我投入角色之中时，便会享受这种乐趣。”

当被媒体记者问起："何时再出新唱片呢？"梅艳芳一副淡淡的表情："只要找到好的歌曲，我一定会再出新唱片，只是好歌可遇不可求。"

"阿梅，你的心境和以往不一样了呢，变得特别平静。"

"我觉得多做善事，将物质欲望追求减少到最低限度，一个人的心境就会变得非常安宁。物质并不会给人带来更多快乐，而精神上的满足才是真正的乐趣。"梅艳芳若有所思地说道。

《玉郎电视》的记者好不容易约到梅艳芳，也难得与她深入地探讨起人生哲理。暂别歌坛以后的梅艳芳，将关注点从外部转到了内部，她坦言经常提醒自己要修身养性，减少无谓的应酬，不要像以往那样沉醉于吃、喝、玩、乐，可是每当自己安静了一段时间之后便玩心又起。

"现在，我不但提不起心劲儿去玩乐，而且我只向往宁静平和的生活。我现在依然需要朋友，但是需要那种真正关心我、了解我的朋友，至于酒肉之交，不要也罢。"

梅艳芳确实成熟了，她也终于明白了自己想要的是什么。这种心境上的成熟反映在她的电影作品中，便呈现出具有突破性的演艺成就。她与周星驰合作出演的喜剧电影《审死官》成为那一年香港最卖座的电影之一，周星驰则凭借此片获得第29届台湾金马奖最佳男主角的提名，梅艳芳收放自如的演技也得到了公众的一致赞誉。在众多的香港喜剧电影中，很少有女性角色能够与男主角平起平坐，而梅艳芳饰演的宋夫人却担当起全片的“大女人”形象，在剧情发展上也发挥着某种程度的引导性作用，媒体甚至认为，梅艳芳是“第一个没有沦为花瓶形象的‘星女郎’”。

与梅艳芳演对手戏的周星驰毫不吝惜地献上自己的评价：“梅艳芳小姐是百年难得一见的演艺天才，可以和她一起合作，是我的荣幸。”

对于梅艳芳在影片中的表现，导演杜琪峰则这样评价：“大家围读剧本，在理解剧本的过程当中，梅艳芳已经对角色进行了再创造，赋予角色以灵魂。”

与朋友们小聚谈心时，梅艳芳说：“我好喜欢遇强越强，大家功力相当就会好刺激！跟他合拍《审死官》，我们好似打紧波子机一样，打来打去，10次拍摄可能有10次的不同效果出现。”很显然，梅艳芳依然敬业、谦逊，一如既往。

不仅如此，她还为香港喜剧的发展摇旗呐喊。就在《审死官》宣传期间，梅艳芳面对众多媒体时还坦诚地讲出了自己心中所想：“梁醒波、邓寄尘和谭兰卿这3位老前辈堪称舞台表演的典范人物，他们在演出时是没有剧本的，他们需要即兴演出，但同时又能做到非常生活化。其实，喜剧很难演得出色，大家可以数数看香港有多少影视从业人员，可总共又有多少位喜剧演员。所以，我们要很尊敬他们。我个人认为，香港金像奖应该为喜剧演员设立一个奖项——最佳喜剧演员奖！”

香港电影曾有过一个辉煌灿烂的时期，在这个百花绽放的时期里，梅艳芳就是那一枝独秀的存在。她可以游刃有余地出演动作片、文艺片和喜剧片等不同片种，也可以在大银幕上将不同类型的人物塑造得鲜明丰满、有血有肉。暂别歌坛的梅艳芳果然履行了自己最初的诺言：不会彻底放弃演艺工作，而是在其他领域继续深耕。

在外界看来，梅艳芳早已在歌坛、影坛占据着重要地位，名与利都已经得到，似乎人生已经进入一个最为成功的阶段。但对于梅艳芳而言，还有更高的追求，她说希望能尝试出演更为多元的角色，拍一些更好的电影。一部真正优秀的电影作品，不只需要好导演、好演员，更需要好的幕后工作人员相互配合。暂别歌坛的梅艳芳，在接拍电影方面有着更为慎重的选择，她说如果不是足够打动人的故事或者幕后实力欠佳，那么她不会勉强自己非做不可。

梅艳芳暂别歌坛这几年参演的电影，有些备受好评，有些则毁誉参半，还有些却是劣评如潮且上座率低。面对这种情况，梅艳芳进行过较为理性的分析：当电影公司为了赶拍而减少制作费用和制作时间时，这种粗制滥造的电影作品必然效果不够理想，也肯定会令观众不满意。在谈及近两年自己出演的那些不叫好或者不叫座的电影作品时，梅艳芳始终保持着淡然的神色，她并不觉得票房惨淡对自己而言是一种打击，她说从一个电影演员的角度去看待自己的职业生涯，就会把希望放在下一部电影作品上，去努力创造新的成果。

香港流行歌坛成就了梅艳芳，梅艳芳也让香港流行歌坛焕发出新的生机与活力。但她也坦言，做歌手虽然成就感十足却也实在劳神劳心。面对那些“梅艳芳即将重出江湖”的传言，她本人表示其实也不算重出江湖，因为她只是不做演唱会、不做幕前工作而已，但一定会继续唱歌。她说，虽然做歌手承受着极大的压力，但她与歌迷相处多年，已经建立起极深的感情，并且唱歌已经成为她的责任，成为生命中不可缺少的一个部分。

就在众多“梅迷”翘首期待梅艳芳重返歌坛的时候，她终于在1994年推出了第15张粤语唱片《是这样吧》。唱片封面上的她头戴黑色礼帽，身穿黑色西装，一抹鲜艳的唇色，勾勒出妩媚动人与英气逼人的双重魅力。刘培基为梅艳芳设计这一造型时，主要参考了德国演员玛琳·黛德丽雌雄同体的形象，鲜艳红唇展现出极致美艳，而西装礼帽则给人以硬朗的男性气质之美。

1995年对于“梅迷”来说是一个值得庆祝的年份，因为在这一年梅艳芳以连续15场的演唱会宣布正式复出，她再度回到了自己热爱的舞台上。对于梅艳芳的演艺生涯而言，这是她人生中的一次转折。复出归来的她，比之前要更加成熟了，不再喜欢与姐妹淘泡在夜店里，也不再像以往那样迷恋丰富多彩的娱乐活动，而对于社会公益慈善事业，她比以往投入更多的热情。在广东佛山举办的慈善演出，便是梅艳芳的第一个大动作。

演唱会举办前夕，她在繁忙之中抽出时间，与《当代歌坛》的记者畅聊了好久。

此番采访，是从梅艳芳的一个玩笑开始的。她看到《当代歌坛》杂志后的第一句话便是："为什么这个杂志没有我的封面？"记者一时无言以对，梅艳芳便笑着说："开个玩笑，开个玩笑，缓解一下气氛。"

果然，一句玩笑过后，两人便开始轻松交谈。记者说："你是香港乐坛大姐级别的人物。"梅艳芳摆摆手回答："从未觉得自己有着多么高的地位，只是把自己看作一个从事演艺表演的人而已。"

在谈及香港歌坛新人辈出的局面时，梅艳芳回应道："香港歌坛百花齐放，新人比较辛苦，竞争压力十分巨大。我们做新人的时候，许多东西都要自己学习，但现在的新人就不同了，不论形象还是包装，都有唱片公司的工作人员跟进。可我依然还是喜欢以前的那种感觉。现在的新人比较容易骄傲，因为他们认为一切得来太容易，所以也不太珍惜。"

在采访过程中，梅艳芳言谈之间流露出对当下流行乐坛发展前景的忧虑。"我觉得，新人要把握好机会，不要骄傲，既然选择做歌手，那就好好做。现在有些新人心态过于急躁，总希望在很快、很短的时间内获得成功。但这是没有可能的，即便暂时成功了，也不会长久。"

记者又问："梅姐，你天生有一副很有特点的嗓音，在演唱的时候，你怎样表达歌曲中的感情呢？”

“在我看来，歌曲是人与人之间表达情感的方式。我心里有一个故事，想说给一个人听，但如果让我面对面地讲出来，我可能很难开口，而如果用歌曲的形式来表达，就会很容易融入自己的感情。”梅艳芳的目光中闪动着点点光芒。

“一首歌能够让人接受并产生强烈共鸣，主要还是需要歌手投入自己的感情。”她爽朗地笑着说。沉寂几年再度复出，梅艳芳说在这个新人辈出的歌坛她一定不如过去那样有影响力了，但她并不担心一切从零开始。从前些年隐退说到后来复出，她始终抱以真诚洒脱的态度。

20 世纪 90 年代以后的流行乐坛与以往大不一样。梅艳芳从小通过演唱来养家糊口，却被人们讥讽为“小歌女”，并招来身边人的白眼。但是随着娱乐事业热火朝天的发展，以及人们观念的转变，有越来越多热爱唱歌且充满表演欲望的年轻人通过参加歌唱比赛等活动，希望一举夺魁，成功圆梦。梅艳芳觉得，年轻人有梦想是很正常的事情，但是在抱有美好梦想的同时，也要做最坏的打算，一定要做好去面对重重困难的心理准备，更要放下急于成名的想法。

“即便参加歌唱大赛得到冠军，也并不等于一炮而红。能否成功，不仅要靠后天的努力，更要看个人对音乐的诚意，以及兴趣等各方面的因素。”梅艳芳诚恳地说。一个人的成功绝非偶然，也并非她受到命运的垂青。她从未想过可以一朝成名，即使在歌坛有所成就也从未放松对自己的要求，而是始终都在学习、吸收、尝试、突破。梅艳芳的成功固然离不开时代发展这个因素，但如果缺少了个人的不屈不挠、奋发进取的努力，那么她的艺术生命也不会如此悠长。

一直对梅艳芳的电影表演有所留意的许鞍华导演，终于在1997年等来了一个与其合作的机会。当时许鞍华准备开拍《半生缘》，由于之前在片场见过梅艳芳拍摄《胭脂扣》时的样子，于是心中便涌上了一个大胆的想法：如果由梅艳芳来出演《半生缘》中的曼璐就太好了。这个念头让许鞍华很是兴奋，但转而又有些忐忑：这部电影预算不多，以梅艳芳在演艺界的地位和知名度，是否愿意出演一个配角呢？

尽管没有多大把握，但许鞍华依然试着联系了梅艳芳的经纪人，她听说梅艳芳正在赶拍《金枝玉叶2》，时间安排得很是紧密，便有些灰心，甚至一度打消了请梅艳芳合作的想法。但是人生处处充满峰回路转，梅艳芳的经纪人某一天联系到许鞍华，说梅艳芳在某外景场地拍戏，希望她能够来片场一见。

许鞍华到场之后，看到梅艳芳与张国荣正在化妆、聊天，便对梅艳芳讲起了自己的想法——邀请她出演《半生缘》中的顾曼璐。梅艳芳还没有回答，坐在旁边的张国荣倒是产生了浓厚的兴趣。他笑着问道："那么谁来出演沈世钧呢？"许鞍华回答："黎明。"张国荣又饶有兴致地继续问："谁来出演顾曼桢和祝鸿才呀？”许鞍华说：“将由葛优出演祝鸿才。”张国荣道：“葛优演技很好啊！”许鞍华还要再说些什么，却见副导演匆匆地走过来对她说，陈可辛导演请她在片中客串一位空姐，就算帮个小忙。

“啊？有我这么老的空姐吗？”一头雾水的许鞍华尽管对自己的演技不抱信心，但她到底还是圆满地完成了自己的客串工作，短时间内就实现了从导演到演员的身份转变。梅艳芳忙着拍戏，偶尔她冲着许鞍华微微一笑，而后又继续在片场忙进忙出。她们没有时间坐下来谈合作的事，许鞍华对此也没有抱太大的希望。待梅艳芳收工时，她对许鞍华说一定会拍这部《半生缘》的。

那时候梅艳芳的身体状况不是太好，况且平时工作又比较忙碌，因此当许鞍华向她发出邀请时她确实有点犹豫，但是当看到许鞍华在片场客串空姐时的认真与敬业后，她便心生敬意，一口答应了许鞍华的邀请。一部《半生缘》，不仅让梅艳芳将第17届香港电影金像奖最佳女配角奖收入囊中，同时还斩获第3届香港金紫荆最佳女配角奖。

对于梅艳芳在片中的表演，许鞍华是持赞赏态度的，并且认为由梅艳芳出演女配角属实有一点儿委屈，但梅艳芳自己并不在意。经过这第一次合作，许鞍华便意识到梅艳芳是个与众不同的女演员，她在表演方面的领悟能力堪称一流。在片场上，梅艳芳不需要慢慢地培养情绪，也不需要听导演讲过多细节上的内容，只要告诉她需要表现出某种抽象的感觉，她就可以演得很好了。而且梅艳芳做事极为爽快，只要答应了别人就一定会做到最好，对任何一位合作者都充满了信任，如果某些工作内容存在瑕疵，她宁愿重新做一遍。这种敬业的态度和无可挑剔的演技，令许鞍华极为佩服。况且像《半生缘》这种文艺片在当时的电影市场很难拥有高票房，而梅艳芳拿到的片酬也是很低的。

当然，身为艺人的梅艳芳确有爱迟到的毛病，但有些时候也是有客观因素的。如前一天晚上她做演唱会很是忙碌，做得很晚，只有吃了安眠药才能入眠，结果可能第二天上午有时就会睡过头而影响上午的工作。

“等我回去后，一定要把身体调养好再出来工作。不然，我这个迟到的习惯肯定会带来很多麻烦的。”梅艳芳有些歉意地说道。

许鞍华猜想，梅艳芳整日忙于工作，要承受极大的压力，身体状况自然不太好，梅艳芳自己也意识到这一点，如果再不注重调养休息，那么自己的身体状况只会越来越糟糕。自小就病弱的梅艳芳自从踏入演艺圈，带病坚持工作的情况数不胜数。梅艳芳常说，名和利都不是最重要的，她的心愿其实无比朴实而简单——身体健康、出入平安。

可惜，这个简单的愿望终究没有实现。

传奇

香港乐坛的『梅家班』
她给了世间太多爱
芳华绝代

香港乐坛的“梅家班”

在香港演艺圈，梅艳芳素有“女侠”之称。这雅号的由来，既与其性情有关，更与其处事风范有关。覃美金就曾对媒体表示，梅艳芳虽然初中时便辍学，文化程度又不高，但她很喜欢读书，尤其喜欢读武侠小说，在闲暇时候常躺在床上读那些刀光剑影、行走江湖的故事；况且她自小就在最杂乱的环境中接触着最复杂的一群人，对于不同的社会群体有她自己的态度。不论圈内人还是圈外人都知道，梅艳芳在面对比自己还要弱势的人时，总会义无反顾地伸出援手。

对朋友仗义、对后辈提携的梅艳芳在演艺圈稳扎稳打地向前迈进的同时，也时刻关注着那些舞台上的新面孔。她与一些演艺界新秀保持着亦师亦友的关系，给予他们指点与帮助，这些新人则在她的演出现场伴舞伴唱，更在日常生活中像家人一样陪伴在她的身边。他们是香港乐坛“梅家班”的成员，既是梅艳芳的徒弟，也是梅艳芳的朋友；他们过去曾是演艺圈的新生力量，日后却在各自的演艺生涯中大放异彩。在演艺界素有前辈提携后辈的传统，梅艳芳也曾以新人的身份领受过任剑辉、白雪仙等前辈的指导。当在演艺圈确立起自己的地位后，她便希望为那些立志在演艺圈发展的新人尽力提供帮助，“梅家班”的每一位成员也都没有辜负梅艳芳为他们倾注的心血和关爱。

说起“梅家班”的第一批成员“草蜢”的入班经历，那么必然绕不开当年香港音乐界的盛事——新秀歌唱大赛。蔡一智、蔡一杰和苏志威是3个心怀演艺梦想的大男孩儿，他们既是关系要好的兄弟，更是追梦路上的同伴。这3个人的姓氏中都有个“草字头”，根据这一姓氏特点他们给自己的组合取名为“草蜢仔”。他们在1985年参加了第4届新秀歌唱大赛，尽管他们的舞台表演可圈可点，并冲进了决赛，但可惜冠军花落别家。一夜成名的喜悦终究没有出现在这3位年轻人的人生中。

就在他们心灰意冷地准备打道回府时，却见梅艳芳笑着向他们走了过来，还热情地打着招呼，她诚挚地向他们发出邀请：“我准备在红磡体育馆开办自己的首场演唱会，不知可否请你们为我伴舞？”这3位酷爱唱歌跳舞的小伙子便成了梅艳芳首场个人演唱会的表演嘉宾。梅艳芳觉得，既然要正式出道，那么组合的名字应该更加响亮。于是她将这一组合命名为“草蜢”，简短有力，寓意着生命力旺盛。

后来，“草蜢”曾好奇地问起梅艳芳，为何当初会选中他们3个新人作为演唱会的嘉宾和伴舞。梅艳芳说，她第一次看到他们3个人在台上表演时，就觉得他们非常有潜质，而且她有意培养新人，因此便发出了邀请，请他们为自己伴舞，并且收他们为徒。

从此，“草蜢”便成为“梅家班”最早的入室弟子，更是梅艳芳的战友和家人。在梅艳芳以后的演艺活动中，“草蜢”作为“梅家班”的成员在舞台上大放异彩。慢慢地，他们有了自己的歌迷，也有了自己的表演风格，还有唱片公司主动联系他们，并且为他们发行唱片。经过梅艳芳牵线，“草蜢”最终成为宝丽金唱片公司的旗下艺人。他们的演出机会更多了，并且逐渐成长为香港乐坛上备受欢迎的组合。

但是，可能有很多人不会想到，一度爆红香港流行乐坛的“草蜢”出道之初收入并不多，推出第一张唱片和举办首场演唱会时，他们甚至没有钱置办演出服装。身为师父的梅艳芳二话不说，一手包办了他们的服装费用，以及摄影时所需场地的租金。为了磨炼他们的舞台表演功力，梅艳芳在每一场演唱会上都会带领他们出演；为了给他们加油打气，梅艳芳来到他们的第一场演唱会上助阵。

1989年，“草蜢”夺得最佳新人金奖，梅艳芳作为师父自然喜出望外。就像梅艳芳当年连续5年获得“最受欢迎女歌星奖”

那样，“草蜢”从 1990 年到 1995 年连续 6 年夺得香港商业电台主办的叱咤乐坛流行榜“组合金奖”；《失恋阵线联盟》《忘情森巴舞》《宝贝对不起》等代表作品，更是成为喜爱流行音乐的人心中难以忘怀的经典老歌。虽然“草蜢”成员后来各自独立发展，但始终受着梅艳芳精神的影响，他们同样热衷于社会公益事业，同样乐于参与为同胞筹集善款的活动。

10 年之后，“草蜢”成员之一，音乐制作人蔡一智公开表示：如果没有师父当年的提携和帮助，那么也不会有今日的我。蔡一智从最初成为“梅家班”的一员，与梅艳芳在海内外同台表演，到后来与梅艳芳保持亦师亦友的关系，成为一名可以独当一面的音乐制作人，他与师父梅艳芳讨论最多的便是音乐。

蔡一智发现梅艳芳进入 20 世纪 90 年代末期似乎已经被一个无形的边框给框定，而梅艳芳则觉得，如今自己的风格似乎再难有所突破，并且 20 世纪 90 年代中后期推出的歌曲似乎也没有什么挑战性。师徒二人在讨论演唱事业的发展问题时，蔡一智曾对梅艳芳说，音乐并非只是音乐人的一项严肃工作，它应该变得更好玩一些。有些走入事业瓶颈期的梅艳芳认为蔡一智的这个建议不错，便开始寻求与一些新锐音乐人开展合作，以期实现演唱生涯的再次突破。

曾经梅艳芳带领“草蜢”从新秀大赛失利的低落情绪中走出来，并引领他们走向海外，走上更广阔的舞台，后来的“草蜢”从不曾让她失望。不论是舞台表演，还是为人处世，他们始终堪称“梅家班”的表率。

受到两位哥哥影响的许志安，在少年时期就对唱歌产生了浓厚的兴趣，如同“草蜢”一样，他通过参加新秀歌唱大赛而正式步入演艺圈。只不过，获得银奖的许志安参加的是第5届比赛，比“草蜢”晚一年参赛。与华星唱片公司签约之后，许志安正式开启了个人音乐生涯，但是在出道初期，他只能去一些酒廊演出。

原本心怀“当歌星，出唱片”的梦想，可眼下自己只能在酒吧表演，这让许志安产生了极大的心理落差。但是这段在酒吧里唱歌的生活并没有持续太长时间，因为梅艳芳看过许志安在新秀大赛上的表现后很是赏识，因此联系到他，并且邀请他合唱《将冰山劈开》，此后，许志安才开始被公众所熟知。许志安的星途终于开始变得顺当起来。

录制《将冰山劈开》的那一天，穿着校服的许志安有些羞涩地推开了录音室的门。进了录音室，他首先看到了“草蜢”。他们笑着向许志安打招呼并告知他，这首歌的原曲是一首经典迪斯科舞曲《热辣辣的黑夜》，说完便将这首歌播放给许志安听，还初步教他如何演唱这首歌。

当时许志安心中紧张极了，在这紧张不安中还有一些期待：与梅艳芳的首次合作能否顺利呢？自己的表现会不会令梅艳芳失望呢？录制完成之后，他还忐忑地问梅艳芳：“为何选中他这样一个新人来合唱新歌？”梅艳芳笑着说，她希望在新专辑的歌曲里表现出与以往不同的风格，因此需要那种有新鲜感的声音，她看过许志安参赛时的表现，认为他的声线条件很不错。其实这首歌“草蜢”之前也试唱过，然而效果不够理想。对音乐作品始终抱以严谨态度的梅艳芳决定选用新人尝试一下，没想到，与许志安首次合唱竟然还超出了预期的效果。

正式成为梅艳芳的徒弟以后，许志安与梅艳芳的距离拉近了许多，他比之前也更加笃定自己选择的这条演艺之路。他和“梅家班”的其他成员一起，跟随梅艳芳参加国内外的演出，在闲暇时吃饭谈心，这些人聚起来时就像一个大家庭，如兄弟姐妹般有说有笑。许志安心中的梅艳芳既像一位对后辈给予期望的严师，更像一位对身边人充满关爱的大姐。这份情义，成为他演艺生涯中最珍贵的存在。

进入 20 世纪 90 年代之后，香港乐坛进入发展的巅峰时期，新人辈出，新秀涌现，很多 20 世纪 80 年代出道的歌手也迎来了演唱事业的辉煌期。然而，在 1992 年到 1994 年这段时间，许志安却陷入了事业低谷期。事不如意的他几度迷失了人生方向，但是梅艳芳却告诫他：既然选择了自己的职业，就不要犹豫徘徊，也不要迷失方向，做人做事要有宗旨，否则极有可能后悔一生。正是梅艳芳的鼓励与关怀，让他再度振作了起来。

梅艳芳说，她的这些徒弟都是通过新秀歌唱大赛步入歌坛的，因而便发自内心地有一种亲切感，感觉大家都是兄弟姐妹，而她这个大家姐则负有照顾弟弟、妹妹的职责。当看到这些后辈新人纷纷取得了各自的成就时，她便觉得格外欣慰——流行乐坛需要这些新生力量。

我们所熟知的“草蜢”、谭耀文、彭敬慈、许志安等人都是梅艳芳的徒弟，像苏永康、陈奕迅等人都得到过梅艳芳的提携。不过，梅艳芳培养新人的方式从来不是教他们怎样唱歌、如何跳舞，而是给他们很多学习的机会，督促他们在演艺道路上不断成长。

“他们在舞台上能学到真正有用的东西，这其实比我抓着他们的手教他们怎么表演要效果更好。况且，每个人都有自己独特的东西，这些不一样的特质，不会像我，也不会像谁。我希望他们能够成为自己，而不是与谁很相似，或者成为第二个谁。”这是梅艳芳对待后辈的理念，她认为从事演艺行业的人必须通过舞台表演来实现个人成长，因为她也是从舞台中汲取能量，进而在演艺圈中占有了一席之地。因而她常对年轻后辈说，积累舞台经验相当重要，并且年轻人还要敢于尝试，不论是唱歌还是演戏都应该多尝试一下，多尝试才会逐渐形成自己的风格。

然而要想多尝试就意味着需要更多的机会。在帮助新人成长、给予新人机会这方面，梅艳芳总是不遗余力。即便梅艳芳曾经一度淡出演艺圈，可她并未忘记继续培养人才、提携后辈。

总有些人认为，梅艳芳作为香港娱乐圈的“大姐大”，身边食客三千。但其实她本人曾澄清说明，这些都是误传，人们总以为她喜欢乱花钱，但其实身边有些是从小一起成长起来的朋友，在她最窘迫的时候，这些朋友也合伙筹钱帮助她。从前，梅艳芳害怕自己一个人出场表演，也害怕孤独寂寞。但是随着阅历不断加深，她反而更喜欢一个人来来往往，需要出门的时候，拎起行李箱便可出门。有些时候，她觉得自己像是个古代人，天马行空行走江湖，只是身为艺人，被太多的事情捆绑住手脚，无法一直追求自己真正喜欢的生活，也无法坚持去做一些自己感兴趣的事情。

曾经一心想尝试做些其他事情的梅艳芳有意制作音乐剧，可是苦于无人投资；说起举办过的演唱会，她也感觉心中留有遗憾，自己花了9个月时间去准备，但媒体只报道她在演唱会现场是否走光，是否身穿人气颇高的新潮演出服，根本没有把关注焦点放在她的舞台表演上。梅艳芳曾称，如果公众对她的表演进行批评，她会择取善意的部分坦然接受，因为一个艺人的成功离不开公众的评价。回顾以往，每做完一场演唱会，她都会对自己的表演进行检讨并关注观众给予的评价，只希望下一场能做得更好。

从小到大，梅艳芳都不是一个自信的人，只有在表演的时候她才觉得自己的价值得到了最大的发挥。有人会反问梅艳芳：“你已经站在娱乐圈的山顶，还是那般没有自信吗？”梅艳芳大方地回应：自己不够漂亮，没有理想的学历，也没有丰富的内涵，因此非常在意别人看待自己的眼光。但是到了后来，她不那么在意外界的看法了，也不太愿意与别人倾诉心事。但是在面对“梅家班”的成员时，她反而容易讲出内心的想法，也可以直接地表达情绪。

闲暇的时候，“梅家班”的成员便来到梅艳芳家中聚会，大家最喜欢做的事情便是一起看足球比赛。但是，不同的人支持不同的队伍，因此大家难免会在看球的时候产生意见分歧。有一次大家看足球比赛时，因为支持各自的球队，甚至不欢而散。但每当发生这种事情时，出来调节气氛的都是梅艳芳。

梅艳芳早已习惯了随时关注每个人的情绪。她希望每个人都能玩得开心，也希望能照顾到每个人的感受。就像童年的时候，明明她比姐姐年龄小，却在每次被人欺负时总是率先站出来保护姐姐。在梅艳芳的心中，责任感是胜于一切的，她对人仗义、对事热情，希望凭借自己的能力处理好生活和工作上的一切问题，给人一种看起来很强大的感觉，但是如她自己所说，其实她的内在与外表并不相符。她对人对事投入那么多，而唯独忘记了自己内心深处的诉求：她也需要被照顾，也想要身边的人给予更多的爱。

她给了世间太多爱

在梅艳芳还是个小孩子时，对生命的珍视、对弱者的悲悯已经在她幼小的心灵里初露端倪。她喜欢将那些生病的流浪狗带回家中救治，因为她看到它们垂死挣扎的样子就十分痛心。尽管梅艳芳当时的家庭境况比较贫寒，但依然拣回了这些被人遗弃的动物，待它们得到救治之后，便由覃美金送到防止虐畜会，给这些病弱的流浪狗找一个栖身之所。或许是因为自小就喜欢养动物，梅艳芳一直认为，如果一个人喜欢动物，待自家宠物很好，那么说明这个人比较有爱心，是个可交之人。

出身穷苦家庭的梅艳芳，曾经因为自己的经历而深深自卑过，但她从不曾因为自己踏上星途而忘记肩上的责任。

20 世纪 80 年代中期，梅艳芳便有“举办个人慈善演唱会”的心愿，而在以往的演唱会中，她都会将演唱会中的部分歌酬拨给慈善基金会。对于举行义唱，梅艳芳始终鼎力支持，更希望能够尽早开唱。考虑演唱会属于慈善性质，所以她呼吁减少制作费用，比如某位歌手的个人演唱会结束后，便可以直接利用其舞台、灯光、音响设备等，这样一来，便能够节省下很大一笔费用。有人曾问及“如何处理得来的善款”，梅艳芳明确表示，她打算另外设置一个影艺人基金会，所得善款用来帮助一些老人和露宿者。还有人问起她，“做慈善演唱会的初衷是什么”，梅艳芳则说：“自己看到的所有慈善活动，多由东华三院或其他慈善机构发起，甚少有演艺人自己发起，所以希望自己也能够以艺人身份做一场慈善活动，为这个社会尽一分力。”

曾经在梅艳芳演艺事业如日中天的时候，一次因意外扭伤脚部，剧烈的肿痛使她意识到这下暂时无法继续自己的表演工作了。一向好动的梅艳芳只能在家中休息，她说这种感觉如同坐牢一般。但正是在家休息的这段日子，她想到了一个更为远大的目标——帮助更多孤儿老弱，并且还要成立一家流浪狗收留中心。

梅艳芳曾经有过一个大目标，就是要在歌坛、影坛确立自己的位置，这是从实际利益着眼。但是经过入院治疗、在家休养之后，她重新体验到人生在世，除了要争取事业、经济上的成就之外，更应该多做一些真正有意义的事情，不然便是枉费了此生。再者，喜欢狗的梅艳芳从幼年起就曾立下宏愿，希望有朝一日能够开办一处收养流浪狗的场所，让无助的小动物有个“家”。而今她已经在娱乐圈拥有了一定的地位和名望，有能力、有条件了，便规划着该如何实现曾经许下的誓愿。

在诸多的社会慈善活动上，梅艳芳总是习惯穿着简单朴素的衣服，素净的面孔上带着淡淡的笑意。她参加 1989 年的一次公益演唱会时，便身穿牛仔裤、T 恤衫，素妆的脸上带着和煦的笑容，像一个友爱亲和的邻家女孩，希望为身边的人提供一些力所能及的帮助。

这种质朴素淡的造型，自然也在梅艳芳的“百变”形象之中。公众可能关注到的只是梅艳芳的演艺才华，但她身上闪现出的道义光芒也不应被人们忽视。也正是因为公益慈善活动，梅艳芳结识了更多同行伙伴，大家共同为社会公益送去一片爱心，为需要帮扶的群体筹集善款。她给了世间太多爱，给了人间太多情。

在为社会乐于奉献、为慈善身体力行这样的事情上，梅艳芳从来不曾落于人后。尽管梅艳芳于 20 世纪 90 年代初期淡出歌坛，但是她在公益慈善工作方面投入的精力并没有减少。尤其是在 1993 年，梅艳芳的慈善事业和社会工作更是向前跨出了一大步——因为在这一年，“梅艳芳四海一心慈善基金会”和“香港演艺人协会”先后成立。前者推动了梅艳芳的公益慈善事业打破了地域限制，而后者则扩大了梅艳芳在大中华地区的影响力。

一直热衷于公益慈善的梅艳芳，总想为社会和公众做更多的善事，慈善基金会的创办更推进了梅艳芳在慈善事业方面的发展。慈善基金会的首次筹款活动地点选在了加拿大的多伦多市，一场慈善晚宴，以及在多伦多大学溜冰场举办的演唱会筹得善款超过400万元，这些款项将作为徐立之博士的科研费用和华人护理安老院的运营费用。鉴于梅艳芳为多伦多的公益慈善事业做出的杰出贡献，多伦多市长将每年的4月18日设定为“多伦多市的梅艳芳日”。

自从踏入演艺圈，梅艳芳所获奖项和荣誉无数，但这样的殊荣却实属首次。在惊喜之余，梅艳芳表示她愿意将这样的慈善义演活动扩大到世界各地，希望将自己的爱心和善意播种到更多的地方。此后的梅艳芳果然遵守承诺先后在美国、加拿大等国举办了多场义演活动，于是，这个世界上又多了两个“梅艳芳日”——美国旧金山市将10月23日定为梅艳芳日，奥克兰市将6月23日定为梅艳芳日。

“在来到多伦多举办首次公益演唱会之前，我特别希望此次演唱会能做得顺利、成功，也希望大家能够继续支持我们的基金会，因为我期待着未来还有机会为了慈善事业而举办更多的义演活动。”接受电台访问时，梅艳芳说她接下来还要在旧金山举办另一场公益演唱会，主要是为了给当地的一家老人院筹集善款。“这家老人院有40多名老年人，每年都会筹集一笔善款作为老人院的日常经费，以后希望能为社会做得更多。所以，我计划今后一年之中有6个月时间用于公益慈善事业，剩下的时间则用来进行商业演出和日常工作。”

当公众遭遇自然灾害、同胞陷入困难境地时，很多艺人都当仁不让，像我们熟知的刘德华、古天乐、成龙等大腕都在公益慈善事业上做出过很多奉献，向受困民众伸出过援手。一向心怀大爱的梅艳芳同样承担起自己的社会职责，就像在 1993 年华东地区百姓饱受水患灾难时，她与演艺圈的友人们共赴北京并担任义演晚会的压轴嘉宾，一心为内地的减灾工作燃烧自我。最令梅艳芳开心的是，在减灾行动过程中，她真真切切地感受到自己的努力能够帮助同胞。每一个人来到这世上，终归有着各自的使命和价值。梅艳芳总是希望为公众、为社会出一分力，她表示，如果每个人都可以为这世界出一分力，那么这个世界就会变得更美好。因为她相信，团结就是力量。

“减灾扶贫创明天”的演唱会，是梅艳芳自 1992 年告别舞台之后，首度在公开场合亮相，她连续演唱了好几首歌曲，掀起义演舞台上的高潮。她指出，以往的自己属于舞台，今日的她依然属于舞台。此次演出，并没有因为她暂时退出舞台而水准下滑。正如梅艳芳经常说的那样，不论在哪里，不论在什么时候，都要做到不欺场，更何况是在赈灾义演的舞台上，自己更要拿出十二分的气力表演。不过，可能由于梅艳芳许久没有在公开场合表演，当听到台下热烈的掌声，以及观众们的尖叫声时，她竟然有些害羞，以至于脸颊微微泛红。

随着香港娱乐产业的发展进入鼎盛时期，娱乐行业的从业人员，尤其是幕前工作者便成为万众瞩目的焦点，更成为年轻人心目中的偶像。他们具有巨大的社会影响力，甚至成为部分年轻人的精神支柱。但同时，娱乐行业的从业者也面临着诸多的现实难题，艺人的人身安全及其他权益难以得到保障。香港电影产业的蓬勃发展招致了黑社会的“关注”，因而也成为他们觊觎的目标，随之出现的一些暴力行为，给香港娱乐圈蒙上了浓重的阴影。

在这种恶劣的生存环境下，香港的演艺人们便需要抱团取暖、团结起来。1993 年 8 月 11 日那天，时年 30 岁的梅艳芳与成龙、许冠文、周润发等近百位演艺界人士齐聚一堂，大家坐在一起正是为了提议成立一个立足香港本土、属于演艺人士的工会组织，来维护演艺人士的合法权益。8 月 25 日，在经过首次临时筹委会商议及投票后，决定成立香港演艺人协会——据说在会议现场，众人好一番争执，甚至还有人拍着桌子表达自己的观点。1993 年 12 月 12 日，香港演艺人协会宣告成立。这是大中华地区成立的首个演艺人工会组织。这个非牟利性质组织的主要宗旨在于保障演艺人的权益，促进演艺人的交流沟通，同时也为了加强从业人员的凝聚力，联合对抗黑恶势力对演艺圈的干涉与介入，并且为社会的公益事业尽一份责任。作为香港演艺人协会发起人之一的梅艳芳，在此后的岁月中，每每遇到不公正、不道义的事情，她都会第一个站出来发声；每当出现自然灾害，社会和民众需要帮助的时候，她总是积极投身于抗灾义演的工作中。

她的侠义、善良，以及强烈的社会责任感和勇于奉献自我的精神，成为一把照亮香港娱乐圈乃至整个大中华地区娱乐圈的熊熊火炬。

芳华绝代

过去的时候，人们听音乐主要通过唱片机。一首歌曲的播放效果，主要由唱片机的唱针所决定。金针以其高品质毫无疑问地被赋予了特殊的象征意义——金针即意味着永恒，而那些在乐坛上做出杰出贡献的音乐人便被尊称为“金针”。“金针奖”这一由香港电台举办的十大中文金曲所评选出的奖项，既代表了音乐人的终身成就，也证明了其为香港流行乐坛发展所做出的贡献。“金针奖”是香港乐坛的最高荣誉，如果当年没有达到标准的人选，那么这一年的获奖名额就会空缺。“金针奖”的含金量和权威性由此可见。

令梅艳芳惊喜的是，自己竟然有一天也能获得这一象征着终身成就的奖项，并且还是在她 35 岁风华正茂时，这使得她成为历次获奖人选中最年轻的一位。

在梅艳芳获得“金针奖”的第二年，陪伴梅艳芳走过10多年演艺人生的刘培基决定退休，他选择在泰国买一处住宅，而他的邻居就是大名鼎鼎的香港歌手罗文。两人交情不错，做邻居也算有个陪伴。有时候，梅艳芳与张国荣从香港坐飞机来到泰国看望刘培基，见到老朋友的刘培基真诚地向梅艳芳等人提及自己的心愿：“无亲无故，孑然一身，如果哪一天自己离开这世界，那么身后事便交由老友们处理。”只是当时的刘培基无论如何也不会想到，他最为看重的“小妹妹”梅艳芳竟然会在4年后走在了他前面。

在第二个千禧年到来之前，“百变梅艳芳演唱会1999”在红磡体育馆连开7场。只是举办演唱会的消息发布后，总会有些好事者跳出来冷嘲热讽。但是自出道早期便备受质疑、在事业巅峰时暂别歌坛的梅艳芳，早已对那些不友好的声音充分“免疫”。当有人说她此次举办演唱会不过是为生活所迫时，梅艳芳也只是淡然地说道：“每个人工作都是为了生活，我出来演唱也是为了生活。这个道理十分简单。只不过每个人追求的生活水平有所不同而已，假如一个人不工作，就会变得颓废，所以还是要投身于工作的。”

听了梅艳芳的这番回应，媒体又再追问：“你所追求的生活水准是怎样的？”

“早些年，我确实比较信奉物质主义，喜欢热闹，也喜欢通过购物来满足自己。但是近些年来，我发觉物欲并不能满足心灵上的快乐。因此，现在的生活用度已经减了不少。”

虽然经过了多年的起起伏伏，但此时的梅艳芳依然像初出道时那样，不论外面有什么风吹草动，都会时常被莫名牵涉其中。常招惹是非的梅艳芳对此倒是淡定了很多。身边朋友问她是否已经看透了，梅艳芳回应道：“早已将诸多人与事看得通透，自己不会受其影响。”在筹备演唱会阶段，媒体好奇梅艳芳再次踏上舞台，是否还像以往那样充满信心？梅艳芳语调十分轻松：“我在舞台上一向信心十足，虽然多年未在香港本地做演唱会，可我一直在其他地区表演，所以大家不必担忧我信心不够。”接着她又补充说明，其实自己还是承受着巨大压力的，这种压力主要来自观众，她担心自己的表现不够令他们满意。那么，梅艳芳是如何消解这份压力的呢？面对旁人的提问，她只是淡淡地说：“做到问心无愧就好。”

自出道以来，她心中便抱定了一个理念，将表演做到最好，才能对得起观众的厚爱，不论唱一首歌还是做一场演唱会，都应该做到对得起舞台、对得起观众。不欺场，这是一个艺人最基本的素质。

人，往往是有所经历才有所变化。其实，所有人都能发现，自 1995 年复出之后，梅艳芳的心境与性格便与以往大不相同。她变得更加成熟，更加淡定，也更加具有生命力。以前的她，对于生活中的琐事没有什么耐心，但现在生活上的那些琐事反而带给她真实的快乐。曾经的她，不喜欢孤单，害怕独处，总是向往热闹的地方，但自从听朋友说，一个人寂寞时也可以好好与自己相处，孤单、寂寞也是人生的好朋友，她就慢慢变得不再向往热闹，而是过着安安静静的生活。现在的她，生活简单、快乐而充实，总是很容易就获得满足，也总是能够在简单的事物中感受到开心。

这种心境的变化反映在音乐作品上，便与前期的音乐风格呈现出鲜明的不同。像《女人花》《床前明月光》皆是梅艳芳歌唱事业后期具有代表性的专辑，这两张专辑中的同名主打歌展现出梅艳芳在音乐风格尝试上的进一步突破。尤其是《床前明月光》将诗词与电音融为一体，把古典和前卫糅合在一处，给人以耳目一新的视听感觉——冷艳妖娆的造型，以及凄冷悠远的意境都被梅艳芳拿捏得恰到好处，梅艳芳本人也说过，她非常喜欢这首歌曲。相比来说，她并不怎么喜欢《女人花》，认为这首歌曲没有演唱技巧上的创新，而且也不很中意这样凄婉哀怨的歌曲。她更希望观众听到她那些充满生命张力的音乐作品，同时也希望自己纯粹以歌声来感染歌迷。但是她又考虑观众买了演唱会的门票不仅是为了听歌，而且还想看到更为精彩震撼的舞台表演，如果缺少了舞蹈、场景设计，以及服装造型这些元素的组合，那恐怕就会遭到观众的批评了。

像《床前明月光》这首歌同样招致了部分观众的批评，认为它掺杂了过多元素，显得有些“不伦不类”，而梅艳芳演唱这首歌时的舞台造型同样也引起了争议。即便遭到公众的质疑，梅艳芳唯一想的还是如何做好音乐，多唱一些真正触动人们心弦的歌曲。这位舞台上的艺术家被冠以“百变天后”的美誉，绝不仅仅是靠换几套亮眼、时尚的衣衫，打造一些惊世骇俗的造型而来的。那些衣衫和造型，不过是她舞台表演上的陪衬。梅艳芳唱歌，往往是以情动人，即便是黄霑这种“半生阅尽歌坛红人”的才子，不曾为了哪个人、哪首歌而落泪，但他偏偏在听到梅艳芳演唱《不了情》时潸然流涕。

到了 20 世纪 90 年代后期，梅艳芳并没有被过去的荣誉所困，而是一如既往地不断寻求突破，并大胆尝试与以往完全不同的音乐风格。这种突破的主要方向不仅在于舞台造型和音乐风格，更在于以音乐剧的形式开办演唱会，因为舞台剧始终是梅艳芳的心之所向。

自从 1997 年推出《镜花水月》这张专辑后，“梅迷”们便敏锐地发现，梅艳芳林中女妖的迷幻造型很适合出演舞台剧；梅艳芳的歌声较之以往更加沧桑深沉、满含深情。梅艳芳曾说过，唱歌是一种感情的传达，如果不能把感情投入其中，那么绝不会产生丝毫打动人心的力量。再度复出歌坛的梅艳芳已渐渐步入中年阶段，在经历过此前的是非纠葛及情感生活后，她的心境渐趋安宁、平静，她的人生态度也与以往大有不同。“想去做一些自己真正喜欢的事情，比如做舞台剧。”她这样说道。

在1999年的演唱会现场，梅艳芳便尝试加入舞台剧的元素，而1999年的演唱会则成为梅艳芳与“关门弟子”彭敬慈开启师徒情的一次契机。在这次演唱会上，梅艳芳需要一位身形高大的男性舞者与她共同表演一段舞蹈。恰好在许志安的演唱会上，梅艳芳看到一位身穿透明外套，踩着10厘米高跟鞋的舞蹈演员，这位舞者表演出的那种感觉，十分接近她当时的舞台表演构想。后来梅艳芳联系到这位名叫彭敬慈的舞者，希望他能为自己的演出伴舞。但不巧的是，彭敬慈当时已经接了其他的演出工作，一向遵守信用的彭敬慈便推掉了梅艳芳这边的邀约。但是后来梅艳芳又再度联系他问道：“你能不能对近期的演出做出调整呢？”彭敬慈的编舞老师觉得对于彭敬慈这样的新人来说，能够与梅艳芳同台演出是一个不错的机会，便十分主动地帮助他重新调整演出安排。

刚接下与梅艳芳的演出合作时，彭敬慈的内心多少有些不安，他不确定自己的表现能否让这位乐坛“大姐大”满意。即便梅艳芳已经在电话中与他讲述过舞蹈构思、舞台设计等内容，他依然很不安；他还记得梅艳芳特别叮嘱他，他不只是一个舞者，不只负责做出舞蹈动作，还要像表演舞台剧那样展现出故事情节和人物情绪，而这些要求都是彭敬慈之前从未尝试过的。性格有些内向的彭敬慈，便只能硬着头皮开始练习。

直到彩排那天，彭敬慈才见到梅艳芳本人。没想到，梅艳芳本尊与他想象中的梅艳芳大不相同。“大家好啊”，梅艳芳对着工作人员笑呵呵地打着招呼，排练室里的气氛瞬间活跃起来。彭敬慈之前就看过梅艳芳的多场演唱会，他心中的梅艳芳是一个演艺才华极为出众的艺人，也是一个气场强大、时尚潮流的女性。没想到，现实生活中的梅艳芳竟是如此可爱、和气，不像流行乐坛的百变天后，倒更像一位大姐姐。

进了排练室后，梅艳芳便开始认真地学习舞步，并且与编舞老师沟通，彭敬慈就在一边安安静静地等待着、观察着。细心的梅艳芳看出彭敬慈内心的窘迫不安，露出爽朗的笑容鼓励他道："等到了彩排的时候，你可不要害羞啊。"

虽然此前参与过一些演出，可是在一众乐坛前辈跟前，彭敬慈毕竟还是个新人，舞台表演经验较为有限。为了帮助彭敬慈尽快进入表演状态，梅艳芳便极为耐心地指导他。考虑到在表演的过程中会有一些比较亲密的动作，彭敬慈很纠结要不要在彩排时把动作做到位。他的担心被梅艳芳尽收眼底。见彭敬慈这副犹豫窘迫的样子，梅艳芳十分豪气地对他表示：不要犹豫害羞，如果你做好准备就按照你的节奏来表演；如果没有准备好也不必焦急，新人都有一个锻炼自己的过程。

"如果你做好准备的话，我就能接得住。"梅艳芳表现得洒脱而随和。她的鼓励让彭敬慈感觉很暖心——眼前这位大明星真是一点儿架子都没有，反而像大姐姐一般友善，她不仅对工作人员表现出极大的尊重，也对后辈演艺者给予了诸多关照。

在彭敬慈看来，梅艳芳可真是一个不知疲倦的人啊。作为一名专业舞蹈演员，彭敬慈深知舞蹈表演十分消耗体力，更何况梅艳芳还要边唱边跳，可是在彩排的时候她几乎不怎么休息。而更神奇的地方在于，不论多么复杂的舞步和演出步骤，只要编舞老师与她讲述一遍或者演示一番，她都能记得清清楚楚。不得不说，她是个为舞台而生的天才！

到了正式上台演出的那一刻，彭敬慈开始紧张起来。但是他想到此前彩排时梅艳芳对他的引导，便渐渐地融入舞台之中，什么紧张情绪都被丢到了一旁。彭敬慈与梅艳芳之间的合作表演非常成功，他在媒体上看到自己的名字随着一篇篇报道文章刊登出来，顿时有种“成了大明星”的感觉。

梅艳芳与彭敬慈从这第一次合作之后就正式成了朋友。在此后某次演唱会的编排舞蹈阶段，原先的编舞老师因有事无法继续工作，可梅艳芳在短时间内又没有找到合适的人选。这时候彭敬慈灵光突现，想出来一个点子。

“梅姐，我推荐个人选。这个编舞老师，可是足够新潮大胆哦。”与梅艳芳熟稔起来的彭敬慈谈起带自己入行的编舞老师麦伟伦，并且把他介绍给梅艳芳。梅艳芳一听，便爽快地同意了。他们后来有过几次合作，舞台效果都极好。

通过这些事情，梅艳芳觉得彭敬慈是个讲义气又敬业的艺人，就产生了收他为徒的想法。在一次聊天时，梅艳芳向彭敬慈问道：“是否想过做一些幕前工作。”彭敬慈笑着说：“做舞蹈演员不就是幕前工作吗？”梅艳芳却摇摇头说：“你应该考虑更幕前一些的工作，比如当一名歌手或者进剧组拍戏，你对这些有没有兴趣呢？”

彭敬慈倒是对唱歌有兴趣，可是拍戏这种事情从未想过。梅艳芳就规劝道：“香港的艺人都是既唱歌又演戏的嘛，还是要多尝试尝试做一个全能型艺人。”彭敬慈心想，既然梅姐说我行，那么我就相信她的眼光，于是点头回应道：“我对唱歌很有兴趣。”

“那我就收你做徒弟了。”梅艳芳语调轻快地说道。“啊？”彭敬慈一时没有反应过来，还以为梅艳芳在与自己开玩笑，但是他看到梅艳芳赞许且坚定的目光，就放下心来。

彭敬慈成了梅艳芳的最后一名徒弟。“梅家班”无事时便齐齐地来到梅艳芳家中聚餐、看球赛，只要有“梅家班”的成员在，梅艳芳的家里就会热闹欢腾。梅艳芳像一个大家庭的长姐那样，坐在一旁与大家话家常，等着“草蜢”下厨房做美食，有时候她还负责调节气氛，希望每个人都能在这里玩得开开心心的。从小时候就操心家庭生计而无暇与同龄孩子发展友谊的梅艳芳，终于在成年后找到了那种与朋友们玩玩闹闹的快乐。

梅艳芳想到彭敬慈是“梅家班”中最年轻的一个成员，还有比较广阔的发展空间，便不断为他寻找更多的演出机会，帮助他进一步提升表演水准。当梅艳芳与自己相熟的投资人和导演碰面时便会问道：“最近有没有拍什么新戏？能不能给我的徒弟一个角色，给新人一个机会嘛。”拿到角色以后，彭敬慈像许多新人演员那样，摸不准拍戏时的节奏，也不能确立起自己的风格。但是梅艳芳每次去片场探班后都会鼓励他道：“再多看些戏，要慢慢摸索自己的戏路。”最初彭敬慈都不敢问梅艳芳自己的表演效果如何，而梅艳芳则担心自己过早地做出评价会影响徒弟发挥出最佳表演水平。她总是鼓励多过评价，引导多过批评。

20世纪90年代末期，唱片行业已见式微。原本梅艳芳希望彭敬慈能在音乐方面多一些发展，但是看到香港流行乐坛的状况在短期内难以改变时，她便建议彭敬慈在电影行业努力发展下去。可即便流行音乐行业不复以往的辉煌，梅艳芳依然保持着那种对音乐的探索热情，不论在舞台造型还是在音乐风格上，始终彰显出鲜明的先锋精神。梅艳芳的艺术成就和敬业态度，自然也会影响“梅家班”的每一个成员。这些年轻人在感受到压力的同时，也将这份压力内化为一种动力。梅艳芳则总是笑着对他们说：“只要努力就好啊！”

梅艳芳带着“梅家班”在娱乐圈纵横发展，她的歌唱事业也在继续发展。在“梅迷”们的期待下，《Larger Than Life》这张新专辑横空出世。梅艳芳说，这是一张具有实验性质的专辑，也不知是否能赢得歌迷的喜欢。

尽管歌迷们对这张专辑评价不一，甚至还有些人表示“不太能接受这种混合着电子乐的新风格”，可梅艳芳求新求变、锐意进取的精神依然令人感动。因为尝试创新就意味着冒险，既有可能再度收获万千歌迷的掌声和市场关注，也有可能不被歌迷和市场接受，甚至遭到媒体的非议。

然而，百无禁忌的梅艳芳又怎么会在意媒体的非议呢？！此前有些媒体声称，这个时代已经不属于梅艳芳了。梅艳芳做出的回应则是："一个歌手绝非站在舞台上乱唱一些稀奇古怪的歌曲才算是追得上时代，如果一个歌手不能把感情投入在歌曲之中，无法在表演时传递出感情，那么他就很难让人明白他在唱什么、在表达什么；如果这就叫'追上时代'的话，那么自己宁可不要！"

迈入千禧年之后，梅艳芳一心扑在音乐事业上，期待自己能够有一些新收获。可是在 2000 年的 4 月 16 日，她永远失去了给予她疼爱和支持的姐姐。后来梅艳芳回忆起姐姐入院治疗的那段日子，曾动情地讲述了一向怕痛的姐姐是如何坚强、乐观地面对癌症，又是如何在电话中努力装出健康正常的声音。可是，这样坚强乐观的姐姐却未能战胜病魔。从此，梅艳芳的人生中失去了一个重要的人，她的内心世界也仿佛缺失了一角。

梅爱芳因子宫颈癌不治病逝这件事，也给梅艳芳敲响了警钟。实际上，梅艳芳早在 1999 年就已经发现了病情，只是并未及时进行医治，并且乐观地想着身体会自然痊愈——当时为梅艳芳检查身体的医生说："这不过是个水瘤，不必过度担心。"直到姐姐病逝后，梅艳芳才听从医生的建议，做了一次更为全面的身体检查。这一次医生惊讶地发现，梅艳芳的病情较之前有所发展。而此时的梅艳芳依然不肯采取手术治疗，她不愿切除子宫，不想失去做母亲的权利。但如果在癌症早期及时进行手术治疗，那么她便不会失去性命。

在千禧年，梅艳芳一整年只接拍了一部电影，并且还是一部公益电影。这便是由张国荣执导的《烟飞烟灭》。这部以戒烟为主题的公益短片汇聚了当时的众多艺人，但由于是公益短片，所以每一位出演者都没有片酬。作为梅艳芳的好友，张国荣在选角的时候首先就想到了梅艳芳，并且希望她能够零片酬出演女主角。但是当他与梅艳芳的经纪人联系时，却被其一口回绝。张国荣转而直接联系梅艳芳，向她说明此事。梅艳芳对他说："你放心吧，随叫随到。"

一向爱迟到的梅艳芳，在拍摄《烟飞烟灭》时，竟然按时到场，有些时候甚至还会比其他人到得更早一些。面对别人投来的疑惑目光，梅艳芳说她知道如果自己迟到张国荣就会不开心，也知道这是他第一次执导电影，她必须全力支持他。

自始至终，梅艳芳没有向任何人提起自己的身体状况，或许是因为她觉得这不值得提及，也不愿意让别人知道自己面临的处境。她依然像以往一样要强，可是病情却在不断地恶化着。

拖着带病的身体，梅艳芳继续在演艺道路上跋涉。为了保持"百变"风格，梅艳芳在电影表演方面不断扩展着戏路，有几部电影确实也为她再度赢来了公众的关注和掌声。

进入新的一年，梅艳芳为了在贺岁片中给观众送去欢笑，也为了尝试不同风格的表演，决定再次反串，饰演起男性角色，这个角色便是《钟无艳》(2001)中的齐宣王。一向与梅艳芳合作密切的杜琪峰导演对她出演齐宣王时的演技给予了相当程度的好评，他认为如果要在现今演员之中找到一位反串而有说服力的人，那么梅艳芳便是这唯一的人选。

“阿梅变化能力很高，既能演严肃的文戏，也能演喜剧，能变身为侠肝义胆的大侠，也能变成蛇头鼠眼的小子。”当年合作《东方三侠》这部电影时，杜琪峰便直言梅艳芳天生就具有女侠的气质，尤其是她甩斗篷的那个动作更是英气不输男儿。但没想到的是，英气逼人的梅艳芳在扮演反串“齐宣王”这一角色时竟然也能将人物的猥琐气质表现得如此生动。梅艳芳并不担心出演这样的角色会“毁掉”其个人的形象，因为在她看来，一个演员的职责便是诠释人物、刻画角色，况且她说自己原本就是为了“衬托”张柏芝、郑秀文而甘当绿叶的。

梅艳芳的银幕形象一直以“百变”为特色，能成功地饰演好色昏庸的齐宣王，也能完美地出演失意落寞的现代女性。在与张之亮导演合作的文艺片《慌心假期》(2001)中，梅艳芳饰演的是一位遭遇婚姻危机的中年女性 Michele，一头短发，形容憔悴，眼神里透露出疲惫和忧郁。在观众看来，这并不是一个讨好的角色，甚至颇有一些悲剧人物的感觉，而这个人物的最终结局确实很是悲哀。但也有人说，梅艳芳在片中的表演展现出大多数中年女性在婚姻中的真实处境，考虑到此时的梅艳芳尚未步入婚姻生活，却将一个尝试挽救婚姻的角色演绎得入木三分，足可见出她对于角色的深刻理解，以及其过人的演技。

整部电影的色调略显暗沉，两个女性之间的可贵友谊则成为影片中唯一的一抹亮色。虽然可能大多数人认为这是一部讲述中年女性坎坷婚姻路的电影，但故事的内核与梅艳芳以往的代表作并无不同——展现出女性特有的独立与担当，以及女性自主意识的觉醒。当 Michele 意识到自己在旅游过程中认识的好友 Miki 被人劫走后，便踏上了义无反顾的寻人之旅，哪怕她随时会面临生命危险，也依然要完成自己救人的使命。

梅艳芳在影片中饰演的角色始终处于矛盾心理之中，可唯独在“救人”这件事上态度十分坚决。纵然她要解救的女孩不是别人，而是丈夫在外面的新欢，是她与丈夫这段婚姻关系的直接破坏者，她依然以牺牲自己的生命为代价，将这个女孩从危险处境中解救了出来。在电影后半部分，Michele 一改最初的隐忍和矛盾，以一个强者的姿态去解救弱者。从那一刻起，这两位原本处于对立关系的女性，不再是谁的妻子、谁的情人，在剥除了感情身份之后，她们更像是一对盟友——努力挣脱男性视角的凝视及男性社会的捆绑。

尽管梅艳芳在《慌心假期》一片中扮演的是一位家庭女性，可她骨子里的侠义情怀和女性主义却与以往那些代表作品中的

“侠女”“打女”形象并没有本质的不同，在对女性自主意识觉醒这一主题的探讨过程中，甚至还要更出彩一些。凭借这部影片，梅艳芳在次年（2002年）荣获“香港电影金像奖最佳女主角”“香港金紫荆奖最佳女主角”，以及“台湾电影金马奖最佳女主角”的提名。

就在“梅迷”们猜测着梅艳芳下一部电影会扮演怎样的角色、讲述怎样的故事时，云英未嫁的梅艳芳再度出演婚姻围城中的中年女性角色，并在第6届中国长春电影节中荣获“最佳女主角”金鹿奖。这部电影便是许鞍华执导的《男人四十》（2002），梅艳芳在片中饰演的则是一位平凡师奶。梅艳芳在演艺生涯前期所扮演的角色，大多具有一定的传奇色彩，比如《胭脂扣》中为寻觅昔日爱人而重返人间的如花，《英雄本色3：夕阳之歌》中侠肝义胆“女大佬”的周英杰。但是在演艺生涯后期，梅艳芳却塑造了很多普通女性的形象，并且将普通女性的情感世界演绎得感人至深，从中可见她十余年的影视表演经历积累出的非凡演技。

《男人四十》是梅艳芳与许鞍华的第二次合作。这一次，她们比之前要亲近许多，许鞍华也对梅艳芳有了更深的了解，并产生更多的钦佩。看到这个剧本时，许鞍华首先想到的就是请张学友和梅艳芳分饰男女主人公，“我觉得他们两人演对手戏很好”。在正式拍摄之前，许鞍华问梅艳芳是否会洗衣煮饭这些家务活儿。梅艳芳则表示，这些东西到时候现学就可以了，不用练习。原本许鞍华有心建议她先练习一番，但是又觉得自己应该对梅艳芳的演技有信心。等到后期拍摄时，梅艳芳果然将平凡女性在婚姻生活中的辛劳与无奈表演得极其到位。

纵横影坛数十年的导演许鞍华尽管与梅艳芳仅有两次合作的机会，但是她对梅艳芳的表演才华评价甚高。她说梅艳芳是个天生的好演员，在她合作过的女演员中，只有萧芳芳可与之匹敌。许鞍华甚至认为，在演戏方面，梅艳芳堪称天才：她不会拒绝某一类型的戏，也不会拒绝正面或负面的角色，反而将出演不同的角色、塑造不同类型的人物视为一种挑战。

“她真的是一个很好的演员，”许鞍华说，“她非常擅长即兴表演，不需要反复地讨论一部戏，而是靠感觉来演戏。”

拜拜

病魔降临

光芒一生

夕阳之歌

病魔降临

如果说2002年有什么音乐盛事，那么梅艳芳举办的“极梦幻演唱会”便可算在其中。这场在3月底举办的演唱会，原本是梅艳芳为庆祝自己正式出道20周年而策划的。为了这场演唱会她筹备了一年多，并且在歌迷的热烈欢迎下不断加场。一眼望去，梅艳芳拥有一个繁花似锦的春天：TVB制作了庆贺她入行20周年的“芳华绝代倾情夜”特辑；与许鞍华导演合作的新片《男人四十》上映后好评如潮；第21张粤语专辑《With》隆重发行，这张音乐专辑既见证了梅艳芳的情义无双，也展现出香港音乐人在新时期的独创意识；三四月间连开了10场的演唱会，让观众们连呼精彩、过瘾。

《With》这张专辑算得上是梅艳芳演艺生涯中一个总结式的作品，也是梅艳芳生前推出的最后一张专辑。假如要从众多专辑中评选出一张既能体现梅艳芳在娱乐圈的号召力和影响力，又能展现出她非凡演唱实力的唱片，那么《With》便具有足够的代表性。香港音乐人温应鸿说，作为这张唱片的作曲人之一，他感觉这是他音乐生涯中最有压力的一个项目，也是最开心的一次合作。

温应鸿深知梅艳芳是一位始终追求创新、不断超越自我的歌手，况且这张专辑是为纪念她出道20周年而制作，因此他尝试以歌剧的形式来写专辑主打歌。这一天，他带着录制好的歌曲小样拿给梅艳芳听。梅艳芳听后十分满意，兴奋地表示希望即刻开工。作词人黄伟文当时对于这首歌曲还缺少一些创作思路，但是他却写出了一句十分惊艳的歌词，“天姿国色，不可一世”，正是这句歌词让温应鸿拍案叫绝。他们两人一番通力合作后，最终创作出那首艺术欣赏价值极高的《芳华绝代》。

在这张专辑中，梅艳芳与11位歌手分别合唱，每一首歌曲都表现出了完全不同的情绪、风格、情感。进入2000年后，媒体上出现了一些批评的声音，说梅艳芳已经落伍于这个时代了，她的音乐成就仅属于20世纪八九十年代。对于这些声音，梅艳芳自然不会像出道初期那样觉得刺耳，更不会格外在意。她知道，需要通过音乐作品来说服观众。《With》这张唱片的横空出世，便是一种宣告：梅艳芳不仅从未与新时代脱节，她的音乐品位和音乐理念甚至依然走在时代的最前沿，虽然她不再活跃于一线舞台，但对乐坛的影响力和贡献力却依然未变。

在与梅艳芳合作的过程中，温应鸿虽不断有压力产生，但他本人表示自己在与她的合作中收获的欣喜要多过压力。梅艳芳不仅对自己要求极高，对合作伙伴也有着自己的要求，可温应鸿等人从不觉得麻烦——既然大家选择了以音乐为事业、以唱歌为理想，那么自然应该拿出最专业、最敬业的态度来对待工作。

就这一点来说，温应鸿是极为佩服梅艳芳的。在制作唱片的过程中，制作班底难免会忽略某些东西，但梅艳芳却从来不会忽略那些细节。正是从梅艳芳身上，温应鸿看到了什么叫作真正的热爱——只有一个人真正热爱自己的工作时，才可以为了工作上的一个小细节不眠不休，直至完美无缺。对于梅艳芳而言，这张唱片不仅是她出道20周年的纪念专辑，更因为它见证了她和其他艺人的深厚情谊，所以在细节上投入再多的精力都不为过。温应鸿则表示："梅小姐果然是一位具有专业精神的音乐人！"

这张专辑凝结了当时最优秀的艺人的心血，它将梅艳芳的歌唱事业推向了一个新高潮。当然，对于梅艳芳来说，最值得庆贺的事情除了极具纪念意义的唱片之外，便是"极梦幻演唱会"获得的巨大社会反响，即便在娱乐市场淡季也得到了公众的广泛关注，以至于大大超出了主办方和媒体的预想。

当时很多观众都惊呼：梅艳芳的"极梦幻演唱会"果然不同凡响，新颖、好看！与以往任何一场演唱会都不同的是，"极梦幻演唱会”加入了舞台剧的元素。梅艳芳一直对音乐舞台剧情有独钟，这次演唱会融入许多她个人的创意，呈现出前所未有的视听感受：华丽、唯美、浪漫，果然非常梦幻。尤其值得称道的是在演唱会开场部分，坐在一只巨大船锚上的梅艳芳唱着《Stand By Me》自半空缓缓而来。观众们很可能从未见过如此别致、如此有趣的出场方式，大家的情绪瞬间被点燃，纷纷鼓掌、尖叫，现场气氛陡然高涨。在此之前，梅艳芳曾向好朋友们透露，她要准备做一场“很厉害的音乐会”。可是第一场演唱会结束后，身为挚友的张国荣在网上看到了一些很不友好的评论，这令他非常痛心，他深知为了做好“极梦幻演唱会”，梅艳芳付出了多么巨大的心血。当张国荣作为嘉宾登上最后一场演唱会的舞台与梅艳芳共同表演时，他们演绎出难以复制的绝代风华，然而依然难免有些人发布一些不友善的评论。

其实，那时的张国荣已经患上了抑郁症，而梅艳芳并不知情；张国荣也没有想到，梅艳芳的身体状况也早已亮起了红灯，她拖着极为疲惫的身体将几场演出坚持下来。这对挚友在没有进行彩排的情况下合作演唱了《芳华绝代》和《缘分》。这样精彩绝伦又默契十足的表演以后不会再有了，因为这是他们此生的最后一次合作。这两个纯粹为舞台而生的人，在相互隐瞒病情的情况下，将那种“不可一世”的气焰展现到了极致。两人最后的同台表演，成为不可再现的舞台盛况。

尽管“极梦幻演唱会”舞台效果极佳，梅艳芳与观众的互动效果也很不错，可一部分细心的歌迷朋友依然通过梅艳芳的浓重妆容看出了她眼神中不同以往的情绪——有些感伤，有些疲倦。当时大家只是单纯地以为梅艳芳为演出、为工作过度操劳，才会呈现出一种倦怠感。但实际上，梅艳芳是因为获知自己癌症病情加重的消息才伤心、担忧。也就是说，在“极梦幻演唱会”上为观众呈现出精彩表演的梅艳芳，是一位早期子宫颈癌患者。被确诊为早期子宫颈癌后，梅艳芳刻意向身边友人隐瞒了自己的病情，她想的是采取保守疗法，既不会影响工作又不至于切除子宫，她不愿意为了治病而造成身体上的残缺、不完整。殊不知，她的这一决定为自己的生命健康埋下了巨大的隐患，导致当时无人知道她的病情，因此也无人为她分忧、给她慰藉，她在承受着工作压力的时候还要承受着病痛，然而即使这样，梅艳芳也不会轻易对人诉苦。这便是梅艳芳，她的坚韧和倔强，是从小就养成的。

或许是想到自己的演唱生涯充满了各种未知，又或许是被歌迷朋友们的热情所感染，梅艳芳在台上表演时几度落泪。在最后一场“极梦幻演唱会”的表演现场，当梅艳芳唱完《孤身走我路》和《夕阳之歌》后便有感而发地说道：“《孤身走我路》就像我本人的命运写照，每次唱它的时候，我都会生出好多感慨。”她深情地演唱着，轻轻地哭泣着，眼神里涂抹了一层悲伤的颜色。那时候的梅艳芳可真是瘦弱啊，整个人气色很不好，两只大眼睛在扑闪，却有些无神。她比以往更容易伤感。演唱会最后一场时，梅艳芳正在后台化妆，脸上表情平静，但是当看到老朋友刘培基和黄丽玲来到后台找她时，她便哭了起来，哭得一塌糊涂。经过朋友们的一番劝说，这才整理情绪，再度上妆，准备出场表演。

如同以往每一次演唱会结束后都会举办庆功宴，“极梦幻演唱会”落幕后照旧如此。也许是看到了众多朋友，感受到友人的温暖关怀，梅艳芳之前的伤感情绪渐渐消散，她变得稍稍有些兴致，眼中渐渐集聚出光芒，而且还开心地大洒香槟。而后她又转头对朋友们说，人生没有多少个 20 年，而现在正是她这一生中最为丰盛、最为华美的时期。一直以来，梅艳芳都有一个做音乐剧的心愿，在被问到她是否会与好友刘德华合作出演音乐剧时，梅艳芳认为这需要等待好剧本出现后才能决定，她不急，会慢慢等，为了追求高品质的舞台艺术等多久都可以。

对于舞台表演，梅艳芳从小就秉持着一种对自己极为严格的态度。“我对自己的工作要求是很高的，可能因为我小时候就确立了一个目标，要让自己将来在社会上做一个有用的人，希望自己能够发挥更大的作用。所以当自己有些不懂的事，就会积极地去学，去看，去问。”（《星光剪影：梅艳芳专访》，2002 年）

由于少年时期特殊的生活经历，梅艳芳在学校里安心读书的时光非常有限，但这并没有阻碍她走向事业上的成功。虽然读书不多，但她从另外的方向积累了很多能力，靠着这努力求学的精神获得了一个更为丰富、充实的人生。在工作方面，梅艳芳是一个很愿意积极争取的人，也是一个十足的行动派，从来不是嘴上说说，但同时她也并非一个只追求高效和速度而不注重效果与品质的人。在应该积累的时候，她也会抚平那颗躁动的心，给自己一些时间，也给合作伙伴一些时间。

彭敬慈说，他与梅艳芳第一次合作时由于紧张迟迟难以进入状态，而梅艳芳却极为耐心地引导他并最终共同完成了精彩演出。在那以后，彭敬慈对这位乐坛前辈多了一份敬意。只是他不曾想到，原来在2002年的“极梦幻演唱会”舞台上，梅艳芳的身体状况已经出现了较大的问题。

其实，相比起之前的演唱会，“极梦幻演唱会”的演出难度要更大一些——舞台大，走位多，演出者更加消耗体力，而且还加入了音乐舞台剧的元素。对于身体健康的艺人来说，或许这不算什么。但是对于当时身体状况欠佳的梅艳芳而言，能够连续10场呈现出如此精彩视听的表演已经实属不易。在接受媒体访问时，她也谈到过，不论自己的身体状况如何，作为一个幕前工作者，她是不能示弱的，一定要给人一种充满强大生命力的感觉，因为很多人在看着她走过的路，还有无数双眼睛在注视她，期待着从偶像的身上汲取力量和信念。所以她常常告诉自己，千万不要轻易倒下。然而，生活中、工作中的那些重压，又有谁能够帮她分担呢？

纵观历史的长河，人这一生不过是极其短暂的存在。但在这短暂的存在过程中，有些人能照亮他人、温暖他人，给予他人生活的力量，为世间的公义公理而战斗。梅艳芳就是这样的人。她在2001年出任第五届理事会会长后，就以首位女会长的身份积极投身于各项社会事务中。在震惊港岛的“天地不容抗议活动”中，她带领香港的演艺界人士共同声讨《东周刊》，挽住刘嘉玲的手臂一路前行，在记者会上铿锵有力地说：“当我听到这件事以后，看到这本杂志以后，感觉非常心痛。”她直言这种行为是在践踏所有女性的尊严。从那一刻起，身为香港演艺人协会会长的她便以自身行动让公众看到了那份强烈的责任意识，以及道义与担当。刘嘉玲后来回忆说，她那天来到抗议活动现场时，原本心中还有些畏怯，但是当梅艳芳走过来挽住她时，她感觉到梅艳芳的手臂上传来一股力量，被这样的力量包裹着，一下子就充满了勇气。

后来出现在公众视野中的梅艳芳还是那般瘦弱，也有人注意到她的气色不太好。那时还没有人知道，这位为了捍卫女性尊严而振臂高呼的女会长，不仅已经身患癌症而且病情正在急速发展。可能就像刘天兰事后所说的那样：梅艳芳有胆识、有魄力，为追求社会公理而忘我工作；她讲得出就做得到，工作能力很突出，可就是有点儿不顾惜自己的身体。

时间指针一刻不停地走着，2002年就要成为过去，有些人的生活一如以往平静淡然，有些人的生活却被某些事情激起了波澜。就在这一年的 12 月 6 日，刘培基刚刚回到泰国的家中，便接到了梅艳芳打来的电话。她说刚收到最近一次的身体检查报告，据医生所讲，她的身体情况不太好，她第一时间想到要告诉的人便是刘培基。次日，刘培基立刻返回香港，得知了确切的消息：梅艳芳患有子宫颈癌，并且情况非常严重。当时，梅艳芳只将罹患子宫颈癌一事告知刘培基一个人。她的语气非常平静，恳求刘培基帮忙守住这个秘密。

刘培基望着梅艳芳那平静从容的表情不禁悲从中来。想到梅艳芳辛酸的童年经历和不容乐观的命运走向，他一度陷入极为难过的状态中。但刘培基转而又想，现在的医学先进，或许梅艳芳得到最好的治疗便有可能保住性命。于是刘培基力劝梅艳芳积极接受治疗，可是梅艳芳却对他说："人生也不过是这样，都是辛苦的。我会接受治疗，但如果要我承受很多痛苦，那我就不想治了，因为我觉得我已经很辛苦。"

对于梅艳芳来说，2003 年并不平静。身患重病的梅艳芳经常想起姐姐梅爱芳患癌去世的事情，姐姐患癌治疗的过程也给她的心头留下一抹浓重的阴影。梅爱芳当时看的是西医，梅艳芳觉得姐姐的治疗过程非常辛苦，她不喜欢这样的感觉。

一心想着演艺工作的梅艳芳担心动手术会让中气受损，影响唱歌；又担心化疗会导致大量脱发，影响形象，无法继续工作。哪怕病情已经严重到这样的程度，她想的依然还是工作。决定采取保守治疗的梅艳芳，不希望因病痛而耽误工作进程，刘培基见她如此辛苦，便心生惋惜，劝她要爱惜身体。梅艳芳反而说，她要抓紧老天馈赠的时间，去完成尚未做完的事情，不要留有任何遗憾。时不时地，梅艳芳还要调侃一下刘培基，说他是“天生劳碌命”，因为在自己生病期间，是刘培基陪伴在各地奔波医治。从北京到苏州再到上海，刘培基陪伴梅艳芳走过不少城市，他从最初的怀有希望渐渐变得深感失望。

看起来，那时的梅艳芳虽然身体承受着病痛，但至少心态是乐观的。然而，自从张国荣出事后，梅艳芳的精神状态急转直下。2003 年 4 月 1 日，张国荣从香港东方文华酒店纵身跃下，从此与世永别。得知消息后的梅艳芳瞬间便憔悴了许多，原本身患重病的她整个人清瘦了不少。其时，梅艳芳正在为新歌拍摄 MV ，一众好友将张国荣的不幸消息隐瞒下来，因为大家都知道梅艳芳和张国荣之间的深厚情谊，他们生怕张国荣出事会影响梅艳芳的情绪。直到梅艳芳结束工作后，工作人员才将这个坏消息缓缓道出。梅艳芳听后当场失声痛哭，此后的几天，她滴水未进、粒米未沾，只是静静地为张国荣哀悼。

作为张国荣的生前好友，梅艳芳在出席葬礼时，甚至需要旁人搀扶才能勉强行走。向来乐观洒脱的梅艳芳仿佛变了个人，眼神里再没有光彩，像枯木一般地活着，身体状况也陡然恶化，整个人失去了活力。刘培基得知梅艳芳肿瘤出血情况已极为严重，便劝说她接受化疗。梅艳芳点点头表示同意，她这一次不再倔强，只是没有明确地说究竟何时才肯接受化疗。

光芒一生

2003年对人类可真是不够友好。在这一年，一种由冠状病毒引发的重症急性呼吸综合征（SARS，俗称“非典”）席卷全球。面对这场灾难，有些人感叹命运无常，有些人显得极为颓废，但还有那么一些人想的是如何帮助众人度过逆境。身患癌症的梅艳芳忍受着病痛，积极投身抗击“非典”事业。她可能不会想到，这一年，将成为她生命中的最后一年。

张国荣丧礼仪式结束后，梅艳芳自掏腰包请来演艺人协会的兄弟姊妹吃了顿晚饭。她向好友刘天兰说道：“天兰，我们是不是要做点儿事情？我想为那些受到‘非典’影响的家庭筹集善款。”同样热衷于社会公益活动并担任香港演艺人协会副会长的刘天兰知道，梅艳芳是个只要说出口就必会做到的行动派，于是她点头答应并在第一时间联系媒体获取支持。

作为奋战在慈善公益战线上的战友，他们积极投射抗击“非典”的斗争中。身为香港演艺人协会会长的梅艳芳不仅发起并监制了《香港 1∶99 抗“非典”演唱会》，而且还成立了“苗壮行动儿童教育基金会”，以帮助那些因为“非典”而遭遇生活困境或者无法为子女继续提供教育经费的家庭。

与梅艳芳共同从事慈善工作的刘天兰见阿梅脸色萎黄，精神状态不太好，十分心痛——她料想到梅艳芳是因为张国荣突然离世而悲伤，也知道梅艳芳当时身体状况不好，更晓得身体虚弱的梅艳芳是在用内心的信念支撑着自己，当看到梅艳芳在近一周的时间里不眠不休地做着筹备工作，她很想劝梅艳芳安心休息，可她确信梅艳芳会摆摆手说“没关系的”。

为了推进慈善活动顺利进行，每天 6 点大家就开始开会，一起商讨慈善活动的每一项细节。在此期间，梅艳芳一直带病出席，只有一两次，她对刘天兰说，“今天身体实在撑不住，没办法来了”。但只要身体状况稍微好一些，她又爬起来继续工作，神采飞扬地规划组织、募集善款。在筹备工作最为忙碌的那段时间，她往往是早上吃过几口早餐，下午吃一个三明治，喝杯奶茶，再投入工作之中直至深夜；当身体上的疼痛实在难以承受时，她吃几颗止痛药，而后继续埋头苦干。

刘天兰说，梅艳芳就像一枚电池，虽然已经没有电了，但还要继续发电、继续工作。后来公众才得知，原来那时候的梅艳芳早已患上癌症，天天抱着一副病体，忍受着身体上的痛楚，站在社会公益的最前线，似要拼尽身上最后一点力气。

也正是在筹备《香港 1∶99 抗“非典”演唱会》的那段时间，梅艳芳身边的朋友们才陆续得知她患癌的消息。一直忙于工作的梅艳芳将一些极为重要的友人和自己的徒弟们约到家中，说有件重要的事情要告知大家。在梅艳芳家中，她见人已到齐，才说出了自己患病的实情。她并不是一次性地通知每一个朋友，而是先对一些极为重要的人交代病情。梅艳芳的这些朋友和徒弟自然是震惊的，但梅艳芳本人却是轻松、淡定的。

“没事的，你们不必担心啦。”梅艳芳语气轻松。可其实大家都意识到了情况的严重性。尤其是梅艳芳的那些徒弟，他们不只跟随梅艳芳从事演出活动，听取她给予的建议和指导，他们还是她的家人。但就是这些与梅艳芳关系亲近的人，都不曾察觉到她身体状况的异常，可想而知她平时该有多坚强。其实像彭敬慈、草蜢等人都知道，一心忙于演艺工作的梅艳芳身体状况不算理想，一旦生病就像个小女生一样，脆弱而伤感，但无论身体如何不适，她从来没有影响过工作进度，并始终以激情饱满的状态面对工作。

尽管梅艳芳的友人和徒弟们不愿接受她已患癌症这样的残酷事实，可大家能做的只有安慰和劝说，以及给予她尽可能多的陪伴。可大家也知道，梅艳芳又怎么会因为身体有恙而停下手中的工作呢？她始终有一份责任感扛在肩头，她总是说“施比受更有福”，已习惯了每次冲在事情最前头。即便已经患有癌症并且病情在不断加重，她依然笑着安慰身边的人说：“没事啦，我很好的。”

出于关心，阿梅身边的那些人劝她再不要过度透支体力，阿梅却说：“唉，这段时日大家心情都很是低迷，我走在街上时会听到很多声音，这些声音对医护人员充满了抱怨。于是我想不如办一场音乐会，为医护人员打气，也为香港打气，更为民众打气。”梅艳芳发起这场公益演出的初衷便在于此。

可是，根据当时的“非典”管理情况，在室内场馆举办演出是不会获批的。梅艳芳当即提议，在半开放的香港大球场举办演出。主办方一听就有些挠头，他们担心受“非典”影响观众坐不满，而且在户外做音乐会难免产生噪音，如果被周围的邻居投诉，那就更不好了。梅艳芳则表示，如果收到周遭邻居的噪音投诉，她会一家一户地登门道歉。

2003 年 5 月 24 日，这场充满特殊意义的慈善演唱会在香港大球场揭幕。演出现场座无虚席，场面壮观，轰动港岛，并且最后也没有收到任何投诉，梅艳芳本人则获得了“抗‘非典’杰出奖选手”的荣誉。音乐会结束后，梅艳芳又加入庆功宴中，她满怀喜悦之情地端起酒杯，与一众友人豪饮起来。然而在归家的途中，梅艳芳却在车上痛哭起来——她真的是太累了、太痛了。但是相比于为社会做出的贡献，这些劳累和疼痛都不算什么，即便她落泪，那也是喜悦、欣慰的泪水。在人生的最后阶段，梅艳芳用尽了心力，为这个社会做了很多事情。那时候梅艳芳说，我们的演唱会不是“普通柴娃娃”，而是要确确实实帮到那些受“非典”影响的家庭，这笔1800万港元的善款其意义就在于支援那些病人和家属，帮助他们渡过难关。

始终陪伴在梅艳芳身边的亲密战友刘天兰这样评价这位年轻的演艺人协会会长：她是一位具有领导者魅力的演艺工作者，更是拥有强大意志力的超人。在以往历次的筹款活动中，无论遇到什么困难，梅艳芳都会挺身而出，沉着冷静地把问题逐一解决掉；她能够赢得人们的尊重，不仅因为她在演艺方面获得的成绩以及她出众的演艺才华，更在于她为社会、为公众、为正义、为公平所付出的努力。

只是古道热肠又充满侠义精神的梅艳芳此时已经病魔缠身，她这样忘我地工作着，全然不顾惜自己的身体，令朋友们忧心忡忡。虽然当时极少有人清楚梅艳芳的真实病情，但人们也隐约知道她的身体状况不太理想。

当梅艳芳的朋友们劝她不要过于操劳，应该注意多休息时，她却说“我的身体状况我是清楚的，你们不要担心啦。有些事情，是我必须要做的”，“我总觉得老天待我不薄，我左手得到，便想着右手多回馈一些”。

对于一个癌症患者来说，过度劳累无异于是推着自己向死亡更近了一步。可梅艳芳全然不顾及自己的身体状况，忍着疼痛和劳累出现在需要她出力的地方，她要为这个世界努力发光，哪怕生命之火即将熄灭。

可能在人们看来，梅艳芳拼命支撑着为慈善事业奔走，那是因为她生来性格要强，不愿在困难面前低头。可实际上，她这番努力背后的终极支撑是她强烈的社会责任感，以及对这世界的热爱。梅艳芳的家国情怀，从来不是嘴上说说就作罢的，而是通过实际行动体现出来。

1992年，梅艳芳做客《郑裕玲星夜倾情》时说：“整个中国都在向着好的方向发展，我们中国人凭什么要看外国人的脸色？我们自己不要成为一盘散沙，如果不团结的话，外国人就会更加对我们没礼貌。我希望这一盘散沙能够慢慢凝聚成一股力量，将来中国人在每一个地方都会发光。”

20世纪90年代中后期，很多社会知名人士选择移民国外发展，可梅艳芳却表示，自己会留在香港。她说，“每一个香港人都有责任、有义务为振兴香港出力”，“到了崭新的时代更要自尊自强”。每当香港出现困难，梅艳芳便振臂高呼，号召每一位香港市民，不分老幼、职业、收入，都需共同努力，相互支撑，共渡难关；每当祖国的其他地区发生自然灾害，梅艳芳必然出现在公众视野里，率领演艺界同人义演、筹款，为同胞奉献一片真情真心。只可惜，这样一位具有家国情怀、侠肝义胆的传奇女性，却在生命之花盛放得最绚丽时行将枯萎。

梅艳芳生命中这最后一个5月过得极为劳累。在为公益慈善事业奔波的同时，也相继约见了一些比较特殊的友人，制片人江志强便是其中之一。他们两人喝咖啡时，梅艳芳若有所思地问他，能否合作一部可以传世的电影。在这之前，江志强看到了媒体关于梅艳芳患病的报道，便问她身体状况如何。梅艳芳说，医生判断肿瘤是良性的，一定能够医好。江志强这才放下心来，他又叮嘱梅艳芳千万要注意身体，切莫过于操劳。

当时，江志强和张艺谋正在筹拍《十面埋伏》，便问梅艳芳是否对这部电影感兴趣。在了解了电影的基本信息后，梅艳芳点头表示有兴趣参演，于是过几天便与剧组签下了合约。梅艳芳中意的角色，是一位豪气万丈的江湖女侠“飞刀门大姐”，这一角色正是张艺谋为梅艳芳量身定制的。虽然江志强和梅艳芳平时联系比较少，各自所在的圈子也不同，但他对梅艳芳印象极佳，不仅因为当年梅艳芳愿意为他一个“无名小卒”推广电影，更因为他在看过梅艳芳出演的诸多电影后，被她的出色演技所折服。当时江志强并不明白梅艳芳找他拍电影的用意，直到后来才恍然大悟，原来梅艳芳找他拍电影是为了给影迷留下一些什么。可惜的是，梅艳芳的生命之花过早地凋零了，无法参演《十面埋伏》，也无法与江志强继续合作她心目中那“可以传世的电影作品”。

许多年后，江志强面对媒体的采访时娓娓道来当年这些事，他的表情很沉重，语气中透露出无限的伤感和惋惜。

夕阳之歌

当梅艳芳那些演艺圈的朋友得知她的病情后，几乎所有人都劝她赶紧入院治疗，但梅艳芳却说自己两个月后还要见一位很重要的朋友，在那之前不想化疗。有的朋友哭着劝她要为身体考虑，不要耽误，梅艳芳却反过来安慰大家，说知道自己在做什么，她只是想趁着体力尚可，去做一些心中一直想做的事情。

2003 年 7 月，梅艳芳登上了飞往日本的航班，见到了自己年轻时代曾赋予真情的近藤真彦，她勉强支撑着精神为他庆祝生日，却没有告知他自己的真实病情。大概是考虑这是他们最后一次见面，梅艳芳想着要给对方留下最美好的印象。不明真相的一众日本好友为梅艳芳安排了四天三夜的东京之旅，其间，梅艳芳对自己的身体情况只字未提，而同行的朋友们见她偶尔流露出的黯然神色，还只当是旅途劳累。然而，梅艳芳的朋友连炎辉却早已获知病情，并对她的身体状况忧心忡忡。

回港之后，梅艳芳觉得这份悬挂在心头多年的沉甸甸的思念，终于可以从此坦然放下，这才开始安心接受治疗。她原本想的是在坚持治疗的时候也不放弃事业，要把每件事情都安排到位。但是由于病情反复，梅艳芳不得不在饱受病痛之苦的同时承受着巨大的精神压力，她在希望与失望之间来回摇摆，她不甘放弃这仅有一次的生命，尽管生命经历过于沉重。

令梅艳芳未曾想到的是，在接受治疗的过程中，脱发情况十分严重。她看着大把大把的头发落下来，一度忧伤到了极点。但是在平复情绪后，她依然微笑着面对旁人，还要扛起各项工作。为了不影响个人形象，她便戴上假发接拍广告。她不愿让公众知晓自己的病情，每天依然表现得神采奕奕，可即便如此，嗅觉灵敏的媒体依然捕捉到了支离破碎的消息，并根据现有的信息拼凑出梅艳芳身患重病的事实。更过分的是，有些人为了探知情况，特意“埋伏”在梅艳芳的住所附近，甚至公然在医院里四下摇晃。这令梅艳芳在无奈之余更多了一些气愤。

面对外界疑惑的目光，梅艳芳一度不知应该如何回应，她也不知以怎样的心态去面对那些一直以来支持自己、爱戴自己的歌迷和影迷，而且她也没有做好面对公众坦陈病情的心理准备。但就在流言蜚语四下疯传并越传越离谱的时候，梅艳芳最终接受了刘德华等几位挚友的建议，决定择日召开记者会公开自己的病情——与其天天躲避媒体的追问，还不如痛快地给予正面回应。她还是那个曾经的她，坦坦荡荡地面对世人的质疑和揣测。一个勇敢的人，自然不惧怕面对真相，更不会畏惧说出真相。

2003年9月5日，在君悦酒店记者招待会现场，头戴一顶潮流黑帽的梅艳芳在一众朋友的簇拥下出现在媒体面前，向公众坦然地宣布了自己患上子宫颈癌的消息。她很平静地说，虽然身患癌症，但毕竟不是癌症晚期，不会威胁生命，也不会立刻与世界告别，她表示“我是一个病人，但我不是一个弱者，我从来没有害怕过，而且我一定会打赢这场仗”。在众人的赞叹声中她还宣布要办演唱会，既然自己是从歌坛起步，那么就要以这样的方式与歌迷道别，她要履行自己的承诺。就像平日里说的那样，做人应该有始有终有交代，20世纪90年代初她暂别歌坛的时候，便是以演唱会的方式向歌迷朋友道别。这一次，她想把自己在舞台上最美好的形象留在歌迷心中。然而谁都不曾料到，从梅艳芳向外界公布病情到离开这个世界，前后尚不足4个月。

这场记者会让公众了解了梅艳芳患病的事实，不仅她的那些歌迷、影迷朋友们极为震惊，就连那些不曾关注过梅艳芳的人也感到有些遗憾，毕竟她正处于人生中的黄金时期，而如此一个富有魅力的生命却极有可能随时陨落，这确实令人难过、令人痛惜。

梅艳芳一生重情重义，圈内圈外朋友众多。就在她最需要温暖与关怀时，那些朋友纷纷来到她的身边，希望能够帮助她平稳地度过人生中的至暗时刻。了解梅艳芳的人都知道，她一年要举办两次生日聚会：一次是与朋友们度过，另一次则是与歌迷、影迷欢聚。

这一年的生日聚会上，“梅迷”比往年要多，梅艳芳自始至终神情淡然从容，而站在她身边的罗君左看起来更像个患了重病的人。梅艳芳面带笑容地看着那么多与自己共同成长起来的歌迷影迷，看着他们之中的一些人从学生到成年、从单身到成家，并且还有了自己的孩子，现在又带着孩子们参加聚会，便感到十分欣慰。她对这些结缘多年的朋友说：“不论做人还是做事，与其事后悔恨、可惜，还不如趁现在好好珍惜。”

但是，当梅艳芳与朋友们相聚共度生日会时，气氛却陡然一变，每个人都面色凝重，甚至看不到笑容。聚会现场点燃了蜡烛，原本烛光晚餐营造出的是温馨浪漫的气氛，但是每个人眼底都泛起了泪光。梅艳芳切蛋糕时，极缓慢却也极清楚地说出了 5 个字：“珍惜眼前人。”而后便向现场的朋友们一一道谢。

10 月 26 日，一心要为梅艳芳做些什么的郑裕玲录制了一期名为《梅艳芳真心相聚》的特别节目，节目上的梅艳芳讲话时口齿略有不清——那时体内的癌细胞已经转移到了脑部，并且由于身体虚弱，走路也需要工作人员搀扶。但是当郑裕玲问起她身体近况时，梅艳芳又坚强地说尽管近期身体情况的确差了一点儿，可也不像媒体所说的那样马上就要死了。郑裕玲听罢急忙拦着梅艳芳，“不要乱讲，大吉大利啦”。倒是梅艳芳自己风轻云淡、泰然自若，似乎早已看淡了生死。果然，她还是那个百无禁忌的梅艳芳。

在做了第二次化疗之后，梅艳芳的身体确实更加羸弱，她经常感觉特别冷，也常常觉得身体乏力。作为一名癌症患者，她本该好好休息，可依然给自己安排了一连串的工作，她想做演唱会，要接拍广告，还打算继续拍戏并出演舞台剧。尽管身体状况已经很不乐观了，也曾被医生劝告过，但梅艳芳表示自己不怕疾病，只担心无法如期举办演唱会。她不愿让歌迷失望，同时也是用自己的行动告诉娱乐圈：即便一个艺人身体状况再差，但只要有毅力站出来，她还是行的。

“谁人不会生病呢？生病就去医治呀。凡事还是应该看积极的一面，而不是一直看消极的一面。”梅艳芳这样说道。

纵然在那段重病的日子里要承受诸多苦痛，可一旦梅艳芳来到舞台上与观众面对面时，依然要为大家带来欢笑，让大家看到生活中希望尚存。以往做客访谈节目讲述起自己的童年经历时，梅艳芳极少倾诉满心的委屈，也很少主动吐露家庭的不幸，即便偶尔说起年少往事，她也不曾流露出负面的情绪。此次做客《梅艳芳真心相聚》，她如以往一样，也没有过多讲述患病时的痛苦，只是眼神里隐约笼罩着一层雾气，精致的妆容也无法遮掩住她的疲惫。

这是梅艳芳最后一次在电视谈话节目上露面，她那坚韧乐观的人生态度给大家留下了极为深刻的印象。黑色上衣和俏丽短发衬托出高雅气质，这档节目上的她美丽如昔。梅艳芳总是说要给世人留下最美丽的一面，因为很多人将她这种做幕前工作的人视为偶像，所以她更要起到一个正面的引导作用，要让公众看到她的生命力，进而感受到生命的美好，对生活充满热情。

在《梅艳芳真心相聚》这档特别节目上，“梅家班”成员全体登场，梅艳芳和他们坐在一起回顾起往日——大家那年初相识，如何共同登场演出，怎样切磋表演技巧。这些平凡却也快乐的日子竟一去不复返了，而围坐在一起回顾往昔的人们，何尝不是对曾经的美好时光表达各自心中的惋惜？就连主持人郑裕玲都被这种淡淡的哀伤情绪所感染。后来她曾表示，像梅艳芳这样全能、友善又极富爱心的艺人，不知什么时候才会再有另一个。

“非典”猖獗了一段时间后，终于有所缓和，人们的生活也趋于正常。只是梅艳芳此时的身体状况已明显地大不如前。但即便如此，她也照旧为工作忙碌，甚至还有些希望加速处理工作事宜。

在某个阳光灿烂的下午，梅艳芳的身影出现在利园酒店华丽的大堂里。她那高挑的身形比之前显得更加瘦削，眼神中也充满了忧郁。巧合的是，梅艳芳当年的音乐指导教师戴思聪也在这里。这次师生偶遇让梅艳芳极为惊喜。她满面笑容地挥手说道："戴老师，很久没见到您了，您身体可好？"

戴思聪也没有想到会在这里遇到自己的学生，他开心地回应："好，好。你近来如何？一定也还好吧。"在这之前，戴思聪看到了媒体的报道，得知了梅艳芳患癌的消息。戴思聪见梅艳芳微笑着站在自己面前说这说那，很是热情。他原来就根本不信媒体的那些说法，此刻更不相信梅艳芳真的已经到了病入膏肓的程度。

"真真、威威还好吗？很想找个时间，大家一起聚聚啊。"梅艳芳所问的这两个人，都是她童年时的玩伴。戴思聪笑着回答梅艳芳的一连串问题，师生二人说了几句话，便匆匆分开，各自忙碌。只是戴思聪不曾想到，这次偶遇竟然成了最后一次见面。

子宫颈癌的化疗过程很痛苦，这种痛苦难以为外人所了解。为了找到动脉血管，医生花费数小时从梅艳芳的大腿内侧动手术；当身上插满管子仪器时，梅艳芳想要去厕所，医生和护士只能劝她再忍耐一些，再忍耐一些，梅艳芳也只得无奈地忍受下来。李碧华来医院看望时，向来坚强的梅艳芳忍不住讲述起化疗的经过以及身体的疼痛。李碧华安慰她说，下次化疗就不必这样费劲找血管了。梅艳芳则一声叹息："下回做化疗，就要换另一边来做了。”看来这同样的罪过还要遭受一遍。

接受化疗后，梅艳芳的头发稀稀落落，面色憔悴，每天都要承受着身体和心灵的创伤剧痛，她经常发出“求生不得，求死不能”的痛苦叹息。但是考虑接下来要举办的演唱会，梅艳芳便会对友人们撒娇说想吃些燕窝滋补一下，不想让歌迷朋友看到自己这憔悴、枯萎的容颜。大家只好劝她患癌是不能吃燕窝的，莫要任性，乖乖听话。

在治疗期间梅艳芳需要服用中药，大多数情况下她都会配合医生，但偶尔也会像个小孩子一样闹情绪，不肯再服药。这时候梅艳芳身边的朋友们就会哄她、逗她，让她开心。苏笑贞对她说：“阿姐，你假如不肯好好服药，就会影响病情。”梅艳芳假装生气地说：“这药这么难吃，你替我吃吧。”苏笑贞就说：“假如我吃后你能康复，那我必然会吃。”听到这里，梅艳芳再没说话。她变得安静了下来。

这一天李碧华又来看望梅艳芳，她们聊起以往，似乎感慨颇多。梅艳芳幽幽叹息说：“唉，人生最后的演唱会了，此次不做以后就没有机会了。我的心愿就是死在舞台上，我不避忌这个。”

1994 年至 1995 年，李碧华准备筹拍电影《小明星传》。她考虑梅艳芳的神态气质与影片中的主人公很相似，便不再考虑其他人选。这部影片中的小明星是一个 20 世纪二三十年代的小歌女，她出身贫寒，擅长南音平喉。小歌女这一生情路坎坷，历尽挫折，不幸身染肺痨，在29岁的时候献唱《秋坟》，一曲未了，便在台上吐血而亡。原本要出演剧中男主角的张国荣在得知李碧华有意邀约梅艳芳出演小歌女时便说，“阿梅本身命苦，她应该演些开心的戏，你邀她出演这样的戏，不怕一语成谶吗？还是不要拍啦”。由于经费等问题，这部电影被搁置了下来；再后来，张国荣和梅艳芳先后离世，这部《小明星传》也就再无人提起。

梅艳芳说，她不怕倒在台上，反而认为像《小明星传》里的主人公以这样的方式“谢幕”，才是一个演艺人最好的告别方式。每当她这样说时，就会被朋友们打断，但是梅艳芳满不在乎，她最为珍视的就是在舞台上完成一场场精彩的表演，不然，她也不会在接受化疗的同时还要为演唱会耗费心思。经过一个阶段的治疗，梅艳芳整个人显得更加劳累，或许就是因为她每日思虑的事情太多了。

就在梅艳芳积极接受治疗的时候，越来越多的人相继得知了梅艳芳此时的真实病情——癌细胞迅速扩散，情况已经很难逆转，远不像梅艳芳本人所说的那般容易治疗。大家或惋惜，或悲伤，香港娱乐圈蒙上了一层忧伤和悲痛的色调，那些喜爱梅艳芳的歌迷、影迷也为自己的偶像而痛心。梅艳芳的朋友们劝她好好接受治疗，毕竟举办演唱会极为耗费体力，即便是身体健康的人也可能难以承受连续数场的表演。

但梅艳芳生来倔强，哪怕已经癌症恶化，她依然不顾旁人的劝说，并表示演唱会一定要做，如果不能举办，那么她便会更加不开心，或者更快地离世；她还反复地表明自己的心愿就是死在舞台上，她不避讳这些。可是考虑到梅艳芳当时的身体状况，并无人愿意承接演唱会布场等工作。梅艳芳便找到被尊为“香港演唱会之父”的张耀荣，她带着颤抖的声音说：“张先生，如果你不答应帮助我做演唱会，那么我就不吃药，也不看医生。”

其实，张耀荣的内心也充满了矛盾，他考虑这场演唱会极有可能赔钱。可他转而想到这是梅艳芳的最大心愿，便毅然允诺下来，希望自己能够帮助梅艳芳完成人生心愿，他说届时自己也会来到现场，陪伴她走完演艺生涯中的最后一站。

既然已经决定要举办演唱会，那么必然需要演出服装。梅艳芳找到旧相识刘培基，请他帮忙设计制作开场与收尾的服装，并特别请他为自己做一件婚纱，她要在压轴出场的时候穿着它唱最后一首歌。

由于特殊的成长经历，刘培基对于爱情与婚姻始终抱以怀疑态度，因此他也不那么喜欢设计婚纱。他只是有些好奇地问梅艳芳：“唱什么歌这么隆重，压轴出场时居然还要穿着婚纱？”梅艳芳说：“是那首《夕阳之歌》。”说着说着，泪水便涌了出来。

“自己这一生最需要、最想要的都没有得到，在生命的最后时刻，我只想要一件自己的婚纱，就算没人娶也好，我要穿着这件婚纱将自己嫁给舞台。”梅艳芳动情地说道。

原本已经退休的刘培基只得答应下来。他考虑头纱通常只能由丈夫掀起，便设计了不用揭开的头纱：当梅艳芳正对着观众时，头纱刚好遮挡住她的面部；但是当梅艳芳仰起头时，面部就会显露出来。她这一生，不必借谁的手来掀开头纱；她这一生，也不需要通过婚姻来证明什么。因为她的演艺才华，她对社会的爱心奉献，她本人的人格魅力，足以将世人折服。她不是谁的妻子，不是谁的母亲，她只是她自己，她是梅艳芳。

距离演唱会正式举办之前的一周，梅艳芳已做过一次化疗。当苏永康等老友来到梅艳芳的家中看望她时，每个人的脸上都满是惊讶和痛惜——大家见梅艳芳在床头缩成小小的一团，面色枯萎，没有任何光彩，那样子真是憔悴极了。

看到梅艳芳这个状态，她的这些老友便在心中直呼糟糕，“这个样子怎么可能去做演唱会呢”？为以防万一，苏永康、陈奕迅等人与梅艳芳的经纪人商量，他们提前准备一个 B 计划：一旦梅艳芳出现什么状况，那么在演唱会当天便由在场的歌手们上台去演唱梅艳芳的经典曲目，唱出梅艳芳的精神，传达梅艳芳的心声。只是他们制订的这个 B 计划始终瞒着梅艳芳，生怕她知道后会不高兴。他们只想在梅艳芳最虚弱的时候送来温暖与关怀，陪伴她度过人生中最艰难的时刻。

不仅是香港演艺圈的朋友时刻关注着梅艳芳的身体状况，

很多内地演艺界人士也到她家中来看望。当时，冯小刚导演刚刚获得《天下无贼》的电影版权，但他苦于迟迟没有找到合适的演员人选，他希望找一位香港演员在片中出演“王薄”这一角色。他去香港看望病重的梅艳芳时，聊到自己即将开拍的电影，以及寻不到合适人选等难处，梅艳芳打起精神说道：“你想找谁出演？”冯小刚说，他希望能请到张学友。梅艳芳二话不说，便拨通了张学友的电话。随后她又问：“你还想找谁？”冯小刚表示还想找一下刘德华。梅艳芳立刻帮忙联系了刘德华。因为张学友还有其他的工作安排，后来便有了那部由冯小刚执导、刘德华出演的《天下无贼》。

冯小刚知道，那时候的梅艳芳已经病重，他觉得自己给梅艳芳添了不少麻烦，很是过意不去。但梅艳芳说，自己是香港演艺人协会会长，理应帮忙的。这也正对应了刘德华对梅艳芳的评价：她的性格是“宁可天下人负她，她也不负天下人”。梅艳芳对身边的朋友说她不怕死，她还想再做些事，她只怕自己辜负了朋友，因此她要打起精神，以免留下遗憾。

作为往来一生的老朋友，刘培基惦记着重病的梅艳芳，便时常来到她的家中看望。映入刘培基眼帘中的梅艳芳，整个人枯槁而疲惫，身体比之前更加瘦弱。但她的目光中依然流露出顽强的光芒，还向刘培基道谢，感谢他这么多年为自己的演唱会设计了那么多美丽、新潮的“战袍”。

刘培基见梅艳芳神情倦怠，就建议道：“如果身体实在吃不消，那么就迟些再办演唱会吧。”可梅艳芳却坚定地说：“一定要做，不然就没得做了。”为了准备演出，抱病在身的梅艳芳每天的睡眠竟不足5小时，除了必要的休息和治疗之外，其余的时间，都用来为后面的演出进行排练。为了不影响演出效果，梅艳芳甚至不顾病情，在举办演唱会的那几天中断了化疗；为了维持体力，她请求医生为她注射葡萄糖，并且服用适量药物，然而这种做法只能让她的免疫力越来越低，对身体状况极为不利。

历史上的任何一个日期都可能具有与众不同的意义，而这种独特的意义，则源于人们独特的思想与情感。比如对于梅艳芳本人和喜爱梅艳芳的人们来说，2003年11月6日这样一个极为普通的日子，便充满了非凡的意义。因为这是梅艳芳在临近生命终点举办的首场演出。这次的演唱会不断加场，病重的梅艳芳也只是在演唱会期间休息了两天，便再度登上红磡体育馆的舞台。她说，要给歌迷更多一些美好回忆，她不怕痛，也不怕累。

为了“经典金曲演唱会”能够如期举行，梅艳芳已经耗尽了所有的气力。每一场演出，梅艳芳都早早地来到后台准备，她在呼吸时都要承受着身体上的疼痛，甚至瑟瑟发抖。刘培基关切地问她：“为何这么早就来到后台，为何不多休息休息？”梅艳芳说，她想赶快做完这几场演出，因为身上真的很痛。所有的工作人员都开始紧张起来——梅姐她这次真的可以坚持下来吗？演唱会还能顺利进行吗？

其实人们大可放心。当病弱的梅艳芳踏上红磡体育馆的舞台时，人们便知道，她还是以前的她，说一不二，从不食言，只是从此以后这样华丽多姿的舞台表演再不会有了。演唱会正式举办那天，张耀荣和吴雨在台下紧张到汗如雨下，而身着一袭华贵红衣的梅艳芳则站在台上悠然自得地唱响了第一首歌《梦里共醉》。

梅艳芳那些最亲密的友人应该不会忘记，最后一次制作会议的开会地点正是在梅艳芳的病床前。那一天梅艳芳躺在病床上，奄奄一息，看起来情况很是不妙，伦永亮等人一脸关切。但是没有人能够理解，为何只要梅艳芳站上舞台，便与之前判若两人，如同新生一般。她的歌声依然充满了情感力量，怎么听都不觉得出自一位病人之口。曼妙的歌声，将人们引领至一个亦真亦幻的世界中。有人感叹，她还是那个百变的她，即便病痛缠身，她的表演依然不失水准，她用尽最后的力量，为世人呈现出极致的视听艺术体验。她曾有过坎坷艰难的人生经历，她那坚强的斗志和顽强的生命力便在这坎坷艰苦之中孕育成长起来。

开场时梅艳芳身上所穿的这袭金红色搭配的演出服甚是耀目。当初她请刘培基帮忙设计制作演出服时就说过，自己非常需要那种让观众一眼看到便惊喜尖叫的感觉，这样才能压场，才能给自己打气。果然，这套贵气十足的演出服为梅艳芳带来了一个惊艳万分的开场。

“你们好吗？今天好像十分热闹啊。”梅艳芳在台上开心地与观众们打着招呼。她像往常那样谈笑自若，仿佛从不曾患病，从不曾面对死亡的威胁。她只想用自己的行动告诉大家：有信心，无难事。她穿着36千克重的宫廷演出服，在台上做一个蹲下再站起的表演动作，可就是在这样的过程中，她的双腿在一直发抖。即便身体状况差到如此程度，她也没有降低对自己的演出要求。就像梅艳芳曾经说过的那样，从小到大，她只有站在舞台上才最自信，因为观众的热情给了她鼓舞和力量，所以她更要为观众们呈现精彩的演出，绝不能欺场。

此番站在台上的，并非只有梅艳芳一个人。那些老朋友，以及曾得到她提携和帮助的晚辈们，纷纷陪伴在她身边，出现在红磡体育馆的舞台上。大概梅艳芳已经自知时日无多，但即便是她在生命的最后时刻，即便是在自己的告别演唱会上，也依然打起精神向观众们郑重地介绍站在自己身边的乐坛新人陈奕迅：“你们别瞧他看上去傻乎乎的，但我非常看好他，断定他会有所作为。”他们合唱了一首《有心人》，梅艳芳还不忘对观众开玩笑说，“给点儿掌声鼓励他啊。”许多年后，当陈奕迅再度谈到梅艳芳，以及他们合作演出的场景时，他噙着泪水说，他对梅艳芳永远地欠下了那一声“谢谢”。

梅艳芳想到自己临到生命尽头，却仍有一个重要心愿未能实现——未能拥有属于自己的小家庭，这确实有些小小的遗憾。可她依然心怀满足地将人生中这最后的一段时日过完。很可能，她在感情方面不够圆满，曾经有过的每一段感情她都那么投入、那么真诚，却始终没有修成正果。但她又在演唱会现场对观众们说："凡事不要强求，大家都要珍惜身边人，抱紧眼前人。"可能在梅艳芳看来，有些事情虽然没有结果，但只要自己尽了心便不算留有遗憾，更何况她始终热爱的，是这个让她实现个人价值、完成个人理想的大舞台，自己人生中的那些爱情过往，也不过只是一种人生体验而已。

为了梅艳芳人生中这最后几场告别演唱会顺利举办，工作人员准备了一个很小的更衣室，里面放有6台取暖器，但梅艳芳还是觉得很冷，不住地发抖、打战，因为此时的她血小板含量极低。每次唱完歌下来，梅艳芳都需要伏在助手的身上稍微休息一会儿，但是当她再度出场，站在舞台中央时，依然面带笑意，给观众送去温暖、欢心。她就是这样艰难地撑下了8场演唱会，不论在台下多么疲劳、虚弱，一旦走到台上，她呈现给观众的永远是一个坚强美丽的形象。

她站在舞台上，对歌迷朋友们说道："我是一个歌手，也是一个演员，我不是第一次穿婚纱了，不过没有一次是属于我自己的。这可能是我这一生的遗憾。但是我有你们的爱，已经将这遗憾填补了。我将自己嫁给了音乐，嫁给了你们。"尽管这话听起来有些凄凉，可大家知道，梅艳芳从来就不是一个通过婚姻来证明自己的女人，她有自己的个性，也有自己的锋芒，与其说渴望拥有婚姻，不如说她渴求的是从小就缺失的东西——完整的家庭和友爱的亲情。既然此生无法拥有，那么也不要紧，她会把歌迷和影迷视为家人，将舞台视为自己的家园。所以，她哪怕承受着剧痛，也要完成每一场演出。多年之后，刘培基回忆起当年的情景时动情地说："我觉得梅艳芳不是在歌唱，而是在演绎生离与死别。"

直到梅艳芳用心用情地唱完最后那首《夕阳之歌》，身穿洁白婚纱、佩戴着嫁妆首饰的她在长长的阶梯上缓步而行，孤独而倔强地走到阶梯尽头再转过身来，潇洒地挥手说着"拜拜"时，她终于完成了在别人看来不可能完成的任务。梅艳芳在那道大门前挥手说"拜拜"的样子，成为她演艺生涯中最为经典的舞台形象之一。

当时担任上海交响乐团音乐总监的指挥家陈燮阳如此评论道："梅艳芳是个了不起的女性，她展现出最完美的收场。"梅艳芳在演出结束后，还曾与陈燮阳相约："我明年（2004 年）1 月还要演出的，到时候还要请你们来伴奏。"然而一向守信的梅艳芳，这一次却无奈地失约了。

这 8 场演唱会开始后，每举办一场，梅艳芳体内的积水都会增多一些。在这种情况下，刘培基需要帮她重新调整服装的腰围。最后一场演唱会结束时，梅艳芳的腰围已经从最初的 50 厘米增加到了 75 厘米。每场演唱会结束后回到家中，梅艳芳都会因为水肿加重而难以进食。体内的癌细胞迅速扩散着，伴有低烧的梅艳芳时时刻刻都在承受着剧痛，但只要她出现在观众面前，便显得精神十足、光彩熠熠。最后一场演唱会结束后，梅艳芳才坦然地显露出疲态——她最看重的一桩心愿已了。

结束全部演出后，梅艳芳并没有安心休养，而是拖着病弱的身体前往日本拍摄广告。这是她之前就已经答应对方的合作，她不愿失信于人。她说她想在离开这个世界之前再拍一条唯美的广告片，留下最美的形象。梅艳芳来到日本拍摄广告时已是天气寒冷的11月底，这样的寒冷季节对癌症患者来说很不友好，但主要取景地光明寺和大觉寺，在这个时节里却有着色彩绚丽的红叶，散发着异乎寻常的艳丽。

到达日本的当天，梅艳芳病情有所恶化并出现发烧的迹象，但在次日清晨4点，梅艳芳便要起来化妆造型，5点准时出发前往拍摄地点。这一天，空中飘着小雨，气温大概只有10摄氏度，到了黄昏时气温甚至更低。对于健康人而言，穿着暖和舒适的衣服，打一把雨伞在雨中漫步欣赏红叶真是不错的享受。可是对于梅艳芳而言，她不仅要在寒风中穿着单薄的服装完成拍摄，而且还要一直拍到日落时分。

虽然助手已经在梅艳芳身上贴了很多取暖用的暖包，可瘦弱憔悴的梅艳芳依然在不停地发抖——严寒中的她如同傲雪绽放的寒梅，哪怕被癌细胞吞噬着身体，她也依然矗立着、盛开着，丝毫不把病痛放在心上。拍完最后一个镜头时大家发现，梅艳芳身上的暖包不知何时已经烫伤了她的皮肤，而她自始至终不吭一声，保持着甜美的笑容和优雅的仪态。等到第二天，天空终于露出了暖和的太阳，阳光落在红叶上，那层层叠叠闪着金辉的红叶煞是好看。梅艳芳不禁感叹：真是好漂亮的地方！只是，在拍摄现场行走时都要依靠助手搀扶的梅艳芳，已经没有更多的体力去饱览一番冬日美景了。曾经的梅艳芳不论走在哪里都是大步流星、两脚生风，而如今的她却要极缓极慢地行走，那步履蹒跚的样子令人心碎。她在回答记者提问时，虽一如既往地真诚，却在讲话时显得十分力不从心。

记者问道："梅姐，现在顺利拍完广告，接下来有什么工作计划呢？"

梅艳芳回答："回到香港两三天后，就要动身前往北京拍摄电影《十面埋伏》。"在这部电影里，张艺谋还特意为她写了一个"飞刀门大姐"的角色，张艺谋说，这个角色只能由梅艳芳出演。原本梅艳芳计划在北京花费一周时间拍摄《十面埋伏》，而事实却是她回到香港被送进医院后，便再没有在镜头面前出现过。有人向梅艳芳身边的工作人员问道："为何梅姐在这样的情况下还要如此耗神费力？你们难道不劝说她吗？"工作人员只能无奈地表示，梅艳芳的性格一向要强，她不愿被人们看到自己虚弱的那面，她要向公众证明自己的身体并无大碍，这是她的责任，也是她的勇气。

实际上，梅艳芳对自己的身体状况心知肚明。在 9 月召开记者会公布病情之后，她便表示过自己有 3 个心愿要实现：举办演唱会，赴日拍摄广告，以及出演《十面埋伏》。在生命最后的一个多月时间里，梅艳芳既举办了演唱会，也领到了第四届中国金唱片奖艺术成就奖，虽然她无法亲自到颁奖现场，但她的艺术成就已经得到公众认可，这对她而言，便是莫大的欣慰与欢喜。另一件令她宽心的事是，在人生中最痛苦难挨的时候，有众多朋友前来看望她、陪伴她，她时时感受到自己被爱包围，虽然身体疼痛，却内心幸福。

两个心愿都已实现之后，梅艳芳回到医院继续治疗并立好遗嘱，她安排好了家人的生活，还特别提到自己的部分遗产用于慈善公益事业。不仅如此，她还忍着疼痛将《金大班的最后一夜》这部舞台剧的剧本看完，只盼望着养好身体，再度开工。当初著名导演谢晋表示过，舞台剧《金大班的最后一夜》设定的主演就是梅艳芳，而梅艳芳也希望通过此剧迎来个人演艺事业的“第二春”。然而医生却对病榻上的梅艳芳说，根据她目前的身体状况，以后再也无法进行表演了。梅艳芳听罢，平和地说：“既然如此，我便‘走’了。”此后不久，梅艳芳陷入昏迷，偶尔也会清醒过来，但这种清醒的状态越来越少见，她的身体以肉眼可见的速度被病魔蚕食着。可即便这样，梅艳芳依然强撑着精神接受了媒体的专访，这也成为她生前接受的最后一次专访。

也许是考虑以后再难采访到梅艳芳，记者从工作、生活等多个方面问了许多问题。难得的是，梅艳芳对每一个问题都回答得诚恳而详细，并没有因为身体不适而敷衍应付。在人生终点之际谈论自己这一生，确实也无须有所回避，更何况梅艳芳向来是个直爽、豪气的人，她面对媒体时极少采取回避的姿态。

就像记者问道："你常被称作'表演天才''天生的表演者'，你对这样的评价是怎样看的呢？"梅艳芳非常直接地说："我只能认为自己在表演方面有一点儿小天赋，并且喜爱表演，但是我也要去学很多东西，并且有些表演方面的东西我还学了很长时间。"

记者又问："既然已经在演唱方面取得了突出成绩，为什么后来又想到要去拍电影呢？"梅艳芳浅浅地表示，她只是想在电影中完成自己的梦想，并且最初她对于电影表演完全不懂，后期误打误撞地学到了很多电影表演方面的东西，一直到拍摄《胭脂扣》，表演才得到人们的肯定，她认为这要谢谢关锦鹏导演的帮助。

一如既往的谦逊口吻道出了众人所不知的心酸。很多人以为梅艳芳从小就登台表演，或许她小的时候就有一个心愿，立志要成为明星、歌后。但实际上，梅艳芳小时候的心愿特别简单，那便是把书读好。可是她并没有一个理想的学习条件，于是只能退而求其次，希望穿上漂亮的裙子当一个模特，因为在她看来模特能最大限度地展现女孩最美丽的状态。她也曾想过成为一名舞蹈家，因为她喜欢通过肢体语言来表现不同的情绪。至于自己能够在演唱事业上获得如此突出的成绩，梅艳芳本人倒是深感意外，因为她并没有觉得自己的歌声多么动听，纯粹只是喜爱唱歌表演而已。

是啊，她只是选择了自己喜爱的事情并为之努力了一生。她的人生故事已然成为鼓舞人们不懈前进的动力。广大的草根阶层将梅艳芳视为精神偶像的原因之一，便在于她的人生经历足够励志——这种艰苦奋斗、不屈不挠的精神，以及坚强面对挫折的意志，对人们起到了极大的正面作用。

再坚强的人，在承受着难以言说的病痛时也难免会灰心丧气。偶尔当身体状况突然急转直下，梅艳芳便会十分伤感，容易流泪。某一个深夜时分，她坐在病床上本想看电视放松放松心情，没想到打开电视后赫然看到放映的画面正是她与挚友张国荣合唱《芳华绝代》时的舞台表演。梅艳芳顿时落下泪来，原本就身体极度虚脱的她只能伏在时任梅艳芳歌迷会会长的苏笑贞肩上痛哭失声，而苏笑贞此刻也很是哀伤。在深夜的病房里，她们两人相拥而泣，苏笑贞还不忘为梅艳芳打气，梅艳芳只是流泪并沉默着。平时，苏笑贞就跟随着梅艳芳，不论梅艳芳演出还是召开记者会，她都陪伴左右；自从梅艳芳病重入院后，苏笑贞便如同家人一般照顾她生活中的方方面面。

很多时候，梅艳芳在朋友面前尚能表现得淡然从容，但是苏笑贞却能感受到她心底的忧伤难过。她们之间的情谊维持了20多年，亲密得如同姐妹一般。某天梅艳芳突然来了兴致，对着坐在自己身边的苏笑贞唱起了一首她儿时的旧歌谣：菊花园，炒米饼……梅艳芳在唱这首歌谣时，样子可爱极了，好像个遇到开心事的小姑娘。苏笑贞夸道："真好听，此前从未听你唱过……"这是梅艳芳在治疗期间少有的快乐时光。

在一个阳光和煦的清晨，梅艳芳对苏笑贞说，她想坐到餐桌旁好好地吃一顿早餐。平日里窗帘都是闭合状态，而这一次，她却希望把窗帘拉开，想看看外面的世界，虽然医院外面也没有什么风景可看。苏笑贞问她是否想吃点儿什么东西，梅艳芳轻轻点头。桌上摆放着梅艳芳平时喜欢吃的蜂蜜蛋糕，苏笑贞便递过去一块。梅艳芳慢慢地吃起来，脸上是一副快乐、满足的表情。苏笑贞又问她是否想喝点橙汁，梅艳芳再次轻轻点头。查房的医生进来时，恰好看到梅艳芳吃着蛋糕、喝着橙汁这一幕，便夸赞她"精神很好嘛"。梅艳芳听罢，与医生说笑起来。那天清晨的阳光，似乎比往常都要更温暖一些。在这之前，梅艳芳的病情极不稳定，一连几天都没有精神，身体极度虚弱。她不想说话，也不想进食，一天中的大部分时间都只是昏昏沉沉地睡在床上。可惜的是，就在大家以为梅艳芳身体情况有所好转之时，她又再度进入危险状态，情形甚至比之前还要糟糕。

作为梅艳芳的合作伙伴和好友，李碧华一直记得梅艳芳之前说起的心愿——做一出音乐剧。她不愿过度打扰再度入院治疗的梅艳芳，便通过传真与她联系。李碧华告诉梅艳芳，她与上海、北京以及日本的相关机构或负责人都联系过，也都提到过音乐剧一事。李碧华知道梅艳芳最心爱的便是《胭脂扣》，因此就在传真中告诉她，待她康复，体力恢复后，大家就再度将《胭脂扣》以音乐剧的形式搬上舞台。

李碧华这样鼓励道，“你必会在舞台上大显光芒，风华再现”，然而后来她通过连炎辉才知道，梅艳芳看传真时不仅无法起床，甚至也无法活动，即便进食都很困难，她只能依靠仪器来维持心跳、呼吸。

梅艳芳小时候忙于靠着演唱来赚钱养家，她没有一个同龄朋友，也不曾与其他人建立友谊。但是她在入行以后，却有那么多人喜爱她、关心她、呵护她，陪伴她走完即将结束的人生旅程。

很可能，梅艳芳的心中尚有其他的牵挂。只是她身上再没有多余的力气去说些什么、做些什么。她带着自己的未尽心愿，逐渐进入昏昏沉沉的状态，她睁着双眼，似乎在寻找着什么。她的朋友们、徒弟们有些陪伴在身边，有些则在病房外面守候。他们对梅艳芳说了些什么，她都能听见，也有些反应，但已不能再说话。在这之前，她趁着自己意识尚且清醒时曾叮嘱过自己的关门徒弟彭敬慈，“你性子直接，不要在娱乐圈里耍牛脾气，不然会吃亏的”；她还对大家说，“一定要珍惜眼前人啊”，这是她平时经常说的一句话，在将要结束这一生时娓娓道来，别有一番伤感的况味。

就在12月29日下午的时候，医生还对梅艳芳的那些朋友说："多陪陪她吧。"从医生的口吻中，大家此时已然心中有数——梅艳芳大限将至。傍晚时分，听闻梅艳芳病危的圈中好友纷纷赶到养和医院。此外，还有大批记者，以及众多"梅迷"都在焦急地等待着消息。

时间一分一秒地过去，梅艳芳时而睁开眼睛望着身边的人似乎在找寻什么，但更多的时候处于半昏迷中——在去世前4天，梅艳芳便已经陷入昏沉状态。终于，她的眼皮渐渐阖上，最终不再醒来。一直守护在一旁的苏笑贞放声痛哭。

2003年12月30日凌晨2点50分，香港养和医院传来噩耗：梅艳芳因子宫颈癌导致并发症，伴肺功能衰竭不治身亡，终年40岁。此前，医生已经对梅艳芳的病情进行过评估，梅艳芳生命的最后时刻到来比医生预估的时间要更晚一些，她是不想离开挚爱她的亲朋好友和歌迷、影迷们啊。虽然她最终没有战胜癌症，但从某种意义上来说，她也不曾败给病魔。

梅艳芳终究未能跨过旧的一年，而是平静地离开了这个世界。在她短暂的一生中曾有过五彩缤纷的演艺成就，有过绚丽多姿的舞台人生，这些都会成为这个美好世界的一部分，只是梅艳芳再也不能站在心爱的舞台上唱着她喜欢的歌，跳着那洒脱的舞了。梅艳芳生前好友曾志伟对公众表示，梅艳芳的病情急转直下，是她凭借着顽强的意志支撑着，直等到与每一位朋友见过最后一面，得到每一位朋友最后的祝福，这才平静地上路。

在弥留之际，梅艳芳曾用极微弱的声音说："不要喊我的名字，也不要哭。"但是她的那些昔日老友，以及那些歌迷、影迷如何能够忍住心中的哀伤？有人黯然落泪，有人垂头叹息，甚至有人号啕大哭。梅艳芳生前曾说过："百年归老时，可带走的东西就是真情。"她说得真对，当她离开这人间时，什么名利、地位、财富都未能带走，唯有众人心中那涌动的真情伴随她一缕芳魂而去。

曾经，有些关系比较亲近的朋友担心梅艳芳如此豪爽爱交友会吃亏上当，而梅艳芳却说："有人担心我轻信朋友的话，会遭人利用。但我觉得那是一种施，施比受更有福气。我不会计较是否有回报，因为施与，我很开心。"她的朋友遍及国内演艺界，还有很多朋友是她的歌迷、影迷。人们喜爱她，也不只是因为她出众的演艺才华，更是因为她有情有义、善良无私，以及无人可及的人格魅力。

一直等着梅艳芳来北京拍戏的张艺谋接到了制片人江志强打来的电话，这时他才得知梅艳芳病逝的消息。在接听电话的那一刻，他的心情很是沉重。在这之前，张艺谋只知道梅艳芳的身体状况已经非常不妙，但依然表示要等下去，等梅艳芳来北京出演"飞刀门大姐"。可是，他再也等不到梅艳芳了。得知梅艳芳病逝的张艺谋，带领全体演职人员为她默哀了一分钟。他说，如果按照最初的计划，再过几天梅艳芳就要进组参加《十面埋伏》的拍摄工作，而现在剧组等到的却是她病逝的噩耗。“我们失去了一个出色的演员，这次默哀，就是为了纪念梅艳芳这种奋斗不息的精神，”张艺谋动情地说，“很可惜，她这样快就走了。”

《十面埋伏》这部电影中原定由梅艳芳出演的角色，将不再选择由任何演员替代出演，“飞刀门大姐”这一角色最初就是为梅艳芳量身定制的。现在，伊人逝去，张艺谋将会改动剧本，将这一角色永远留给梅艳芳，他说将以这种方式向梅艳芳小姐表达内心的敬意。梅艳芳病逝后所获的其他殊荣，来自香港电影金像奖和中国电影表演艺术学会——她先后被香港电影金像奖追授“演绎光辉永恒大奖”，被中国电影表演艺术学会评选为“中国电影百年百位优秀演员”。

梅艳芳的亲密友人刘天兰后来回忆说，当梅艳芳向她缓缓地讲起病情时，其实已经到了癌症晚期。刘天兰从不曾想过，这样一位有情有义有担当的杰出女性，竟然会患上如此严重的病症，“之前她不是说癌症是良性、是早期的吗？怎么会发展得这样迅速？”说起这些，刘天兰便十分难过。

梅艳芳在香港养和医院治疗期间，刘天兰和姐姐每天都要去医院的深切治疗部（重症加强护理病房）探望梅艳芳，有时候她们见梅艳芳沉沉睡去，便留下字条表达问候：“我来了，你怎么样了？我哥哥也在养和医院的深切治疗部。”有一次，刘天兰来探望梅艳芳时，刚好遇着她清醒过来。病床上虚弱的梅艳芳示意刘天兰来到床边，声音很微弱地问：“你哥哥怎样了？他不是也在住院吗？”哪怕自身承受着病痛，哪怕生命之火在一点点熄灭，梅艳芳依然记挂着朋友的家事——梅艳芳这一生，向来是待人仗义的、热忱的。刘天兰有些话还来不及说完，梅艳芳却再也听不到这位昔日好友的心声了。

冯小刚导演在面对媒体时曾经追忆起这样一件事：梅艳芳确诊癌症之后抱病来到北京，希望能够促进香港演艺界和内地演艺界的合作。当时忙于拍戏的冯小刚无法脱身，梅艳芳便来到剧组探班，坐在监视器前两小时安静地等待，这让葛优和冯小刚等人十分感动。就是在这一次，梅艳芳告知冯小刚自己患癌的事。她说，自己也不知生命还余下多少时间，但是她身为香港演艺人协会会长想抓紧时间为香港的演艺界多做一些事情。“香港演艺界和内地演艺界应该像一个大家庭”，梅艳芳这样说道。

在梅艳芳生前曾与她有过数次合作的导演关锦鹏不无伤感地说：“梅艳芳的去世代表着一个时代的终结，就像阮玲玉已成为传奇。”

黄霑说：“人间福薄，留不住这般精灵一样的女子。”

《壹传媒》专栏作家李怡评论道：“梅艳芳的去世是继李小龙及林黛之后，最牵动人心的艺人之死，她的过去就是香港的过去。”

与梅艳芳有着深厚友情的罗君左，始终记得梅艳芳生前给予他的帮助和关怀：遇到不开心的人、孤单的人，梅艳芳总会特别有耐心，并且加倍照顾；或许因为她也是一个寂寞的人，所以特别明白寂寞人的心境。当年罗君左家中发生变故，陷入困境，正在日本发展歌唱事业的梅艳芳得知挚友遇到了麻烦，便让尚在香港的徒弟给罗君左拿去一张空白支票，不论他填多少数额，梅艳芳都借得出。可罗君左也不是一个爱占便宜的人，他在支票上填了“3700”这样一个数字，因为当时他只缺3700元。

2004年1月12日，梅艳芳的葬礼上，满是面色悲戚、低首落泪的人们。梅艳芳生前挚爱的人们纷纷赶来送别，为了送她，很多人甚至不惜推掉工作。灵车开往歌连臣角火葬场这一路上，街道两旁有近万民众沿街送别，大家哭泣着呼喊她的名字，他们以这种方式送梅艳芳最后一程。

梅艳芳生前曾说，希望用自己在《胭脂扣》中的如花剧照作为遗像，可治丧委员会最终选用了《是这样的》这张粤语专辑的封面照片作为遗像：黑色礼帽，中性装扮，神态潇洒，气质干练，颇有江湖“大姐大”的感觉；同时还刊出《别了！香港的女儿》这篇讣告，此后，梅艳芳便多了一个“香港的女儿”的称号。

在梅艳芳身上，体现出一种特有的时代精神，它被人们称为“香港精神”——乘势而起，应运而生，通过努力崛起而从不忘记根本。纵观梅艳芳一生的成长轨迹，其实与香港社会的发展步调也极为契合。从一介草根成长为殿堂级艺术家，她的人生奋斗不息、精进不止。香港在20世纪60年代经济尚未发展，民众生活困苦，而到了20世纪80年代则经济腾飞，大众的生活水平也得到了提升；梅艳芳在演艺事业上逐渐步入巅峰也正是在20世纪80年代。正因如此，媒体便将梅艳芳誉为“香港的女儿”，另一位被授予这一称号的则是为抗击“非典”做出杰出贡献乃至献出生命的谢婉雯医生。

2014年7月18日，香港星光大道上竖立起一尊铜像，在铜像的基石上刻有刘德华题写的“香港女儿梅艳芳”。在此之前，尖沙咀星光大道上只有已故武打巨星李小龙的铜像。如今，这两尊铜像共同屹立在此处，守望着他们曾经生活过的地方。

作为一位同时获封“歌后”和“影后”殊荣的演艺界人士，梅艳芳在去世两年后的2005年被评选为“中国电影百年百位优秀演员”，同时，她在生前保持着华语女歌手全球个人演唱会场次最高纪录，共计292场。有人说，梅艳芳这一生除了在演艺事业上摘得桂冠、获得殊荣之外，其余皆是哀伤的、可悲的，她没有一个完整而幸福的原生家庭，也没有如愿嫁得良人并生儿育女。但梅艳芳即便是孤身走完人生最后一段路，她也并不可怜，更不能算是不幸。在生命的最后阶段，她已然找到了自己的情感归宿，那便是音乐和舞台。说到底，这情感归宿的内核并不是他人，而是她挚爱的演艺事业。梅艳芳是一个敢于挑战命运的人，而演艺工作便是她握在手中的底牌。如果从来不曾进入演艺圈，梅艳芳凭借着自己的勇气和毅力也定然能够在其他领域做出成绩。看她从幼年登上舞台后的30多年人生生涯，一直与演艺工作密不可分。唱歌、表演已然成了她生命中不可分割的一部分，她以出色的表演才华将以往的褴褛衣衫换作了锦绣华服。

梅艳芳生前曾说："当有一天我离开娱乐圈，到底还有多少人能够真正记住梅艳芳这个人呢？我不要承诺，我只想当大家百般无聊的时候，望着天上的星星，会记起这个曾经好熟悉的名字。"

在她去世近二十年后，人们不仅依然记得她，依然记得她的代表曲目和电影作品，更记得她为社会做过的善举，以及她的满怀大爱。在2018年出版的《小行星通告》中，新增了45颗中文小行星名称。在这些小星体当中有一颗名为"梅艳芳小行星"，它由杨光宇于2001年9月25日发现。

果然，她化作了天上的一颗星。有那么多星星陪伴她，想来这下她该不会孤独、寂寞了吧。

后记
致敬“香港的女儿”梅艳芳

在我的记忆中，曾经有过一个最惬意、最美好的初夏时节：清爽的风中夹杂着花草的芳香，年少时那个喜欢的人陪伴在自己身边，我们一起听着优美抒情的歌曲，是阿梅的那首《亲密爱人》。梅艳芳的歌声如清泉流淌，驱散了初夏的微热。窗外天蓝云白，浓绿的树叶上有阳光跳动。那时候只知道这首歌真好听啊，让人觉得再糟糕的生活也会一天比一天好起来。

许多年以后再次聆听阿梅的这首《亲密爱人》，依然被她温柔的歌声所感动，尽管此时正在书房中挥汗如雨地劳作，却因为有了她的歌声做伴，心中顿生清凉。我暗自感叹：不论是青春年少还是人到中年，梅艳芳的歌曲一直是自己的心头好，即便是同一首歌在不同的人生阶段听，也能产生新鲜感和全新的体验。其实歌词、曲调均未变，只是听歌的人有了更为丰富的人生经历和与以往不同的心境，便觉得歌曲传达出的情感也跟着起了变化。原先就喜欢听阿梅的歌，因为她的歌曲风格多样，也因为她的歌声确实动听。

梅艳芳出道21年，留下近50张专辑，参演近50部电影，举办过292场演唱会，在华人女歌手中保持着个人演唱会场次的最高纪录。其实，我对这些数字并不敏感，我更愿意沉浸在她的音乐和光影之中，慢慢地度过一个下午或者一个晚上。从年少的时候就一直喜欢她的歌曲和电影，也一直喜欢她这个人。她生得命苦，可活得绚丽，尤为难得的是当她通过努力站在艺术生涯的巅峰时，也依然未变过真性情，为这世间奉献出光与热。

这位被尊为“香港的女儿”的殿堂级艺术家，有着20余年的演艺生涯，如果从她4岁半就在荔园游乐场登台表演开始算起，到她40岁病逝，这一生中有30多年是在舞台上度过的。她的艺术成就、社会影响，以及对于社会慈善事业做出的贡献，已经将她的生命无限延长。有些人虽然过早地离开了这个世界，但他们必然会以另一种形式获得永生。

梅艳芳的一生与香港社会的发展进程有着极为一致的步调，她从草根女孩成长为著名艺术家，香港从战后的破败发展为国际大都市。她这一生，不怕苦、不服输、不向命运低头，心系祖国，用赤子情怀回馈大众，不正是香港狮子山精神的真实写照吗？

是的，她有一个不那么幸福的童年，吃不好，睡不足，为了生活而奔波，像成年人一样操心。待到1982年她凭借一首《风的季节》宣告正式出道，在此后的21年中，她以多变的艺术风格和非凡的艺术成就获得数不清的奖项；她出演过多部艺术价值极高的电影，凭借《胭脂扣》中的如花一角成为“四料影后”；她与演艺界友人共同发起成立了香港演艺人协会，并在2001年成为协会首位女会长；她在社会慈善事业方面尽心竭力，更成立了“四海一心慈善基金会”，力求帮助到更多人群。

她不只是舞台上的演艺者，更是慈善大使。然而，现在有些人提及梅艳芳时，往往更喜欢讨论她的情感过往和家庭矛盾，似乎她这光辉灿烂的一生中只有这两样才最值得关注。诚然，梅艳芳曾经有过不幸的童年生活，也经历过数次情感上的分分合合，但其实我们不必过于夸大她童年的苦与难，更没必要关注她私人生活里的爱和恨。我想，我们有必要重新了解一下梅艳芳，并且也应该从她的社会价值、精神价值、艺术价值等方面进行探索，而这也正是这部传记所要突出的内容。

梅艳芳的舞台形象以“百变”而著称，她可以是充满西域风情的魅惑妖姬，也可以是温婉柔情的旗袍女郎。现实生活中的梅艳芳，同样有着不同的身份：她可以是充满人格魅力和鼓舞斗志的励志偶像，也可以是尽心帮助新人、提携新人的好好师父，还可以是与祖国同呼吸、共命运的华夏儿女。

在梅艳芳的身上有着诸多的优秀品质：坚韧顽强、不屈不挠、精益求精，永不服输，一生从未停止过前进的脚步，从未忘记过自己的初心。她说过，在演艺界只有拥有真正的才华方能一直走下去，只有不断提升自己的艺术才华方能延长艺术生命。她还说过，不要因为一时被捧得高，便在前呼后拥之中迷失了自己，每个人都要保持着清醒的状态，而不是看到眼前的成功就变得迷糊，变得忘乎所以。出身草根阶层的梅艳芳把自己的一生活成了传奇，让人们永远不要轻看奋斗的意义，更不要否定努力的价值。在1991年暂别歌坛之前，梅艳芳是个认真而投入的艺人；在1994年复出歌坛之后，她不仅努力表演，更是较以往更多地关注社会慈善公益工作，并且拥有了歌手、演员、慈善家等多重身份。很多媒体将梅艳芳的一生与法国国宝级女歌手伊迪丝·琵雅芙相比较，因为她们的人生是那样相像：虽出身贫苦，幼时艰难，却心无所惧，才华横溢。

为了说明梅艳芳在演艺事业上所获得的成就，我在网络上看了她的历次演唱会和那些代表性的电影作品，也看了能够找到的访谈视频。我想更多地了解这位“香港的女儿”，去阅读她的人生，去领会她的精神，但我也只能很遗憾地说一句：所有的文字资料和视频资料，都无法将她的个人魅力完完整整地还原出来。因为一个人的魅力隐藏在她一生的细节之中。

曾经看过一段视频，视频里说梅艳芳病逝10年后，也就是在2013年，她的旧居对公众开放了。在梅艳芳昔日居住的房屋里，最令人印象深刻的并不是她曾经获得的大大小小的奖项，而是那些并不值钱的物品，比如歌迷送她的毛绒玩具、相册、信件、小摆设等。这些看起来无比寻常的物品，都被她珍藏着。她真的很爱自己的朋友，也很爱自己的歌迷，哪怕到了生命的最后一刻，也是将情分尽到底。在某一次演唱会上，梅艳芳这样说道："如果有人问我最爱的是谁，我会说是我的歌迷。"她果然说到做到。

20世纪90年代中期，梅艳芳在日本拍完特辑返回香港，她的那些歌迷朋友前去接机，其中有一位歌迷已经做了母亲，小宝宝只有6个月大。记者们见梅艳芳在歌迷的簇拥下走来，连忙围着这一群人拍照，镁光灯闪闪烁烁，一刻不停。梅艳芳赶忙用手遮挡小宝宝的眼睛，免得小宝宝因镁光灯的闪烁而受到惊吓。这样的善良与温情，足以看出梅艳芳的人品和性情。

人们喜欢梅艳芳，纪念梅艳芳，除了因为她本人具有的诸多美好品质，以及散发出的温暖友爱的力量，还因为她所展现出的一种催人奋进的精神。

香港《文汇报》在2003年12月31日刊出过一篇题为《催人奋进的生命乐章》的评论文章。这篇文章盛赞梅艳芳"不仅留下了许多经典名曲和令人难忘的银幕形象，还因为她在人生的最后时刻，用顽强的意志，迸发出生命的无限光辉，激励人们勇于面对挫折，热爱生命，一息尚存，奋斗不止”。梅艳芳在生命终点时彰显出的顽强意志，值得后辈钦佩、学习与怀念。她这一生的作为，无愧于“香港的女儿”这一殊荣；她用自己这一生的经历激励了人们前进的斗志，并教导人们要热爱生命，要活出生命的尊严与价值。所以，我特别认同某位挚友的一番话——梅艳芳小姐的人生虽然落幕，可她的精神却一直都在！

只是现在的人们再度提及她时，往往将“悲情”“恨嫁”“童年不幸”等标签尽数地贴在她身上，就好比她有那么多经典金曲，可人们偏偏将《女人花》作为她演艺事业中的代表作品。当然，我并不是说《女人花》这首歌不好，而是梅艳芳本人生前就表示过，她并不是很喜欢这首歌，因为它太弱了，没有展现出女性应有的那种力量。是啊，梅艳芳是个百无禁忌之人，她有着千姿百态的舞台形象和银幕形象，我们又何必一定要将她框定在一个看不见的框框中呢？在《胭脂扣》这部电影中，十二少对如花说：“你有好多种样子，浓妆、淡妆、男妆、不化妆，还有现在如梦如幻月，若即若离花。”梅艳芳便是如此百变，每一种风格不同、气质不同的形象都是那般深入人心。

开始动笔创作这部传记时，正值一年中最寒冷的时节；如今书稿已成，天气渐暖，草木更新，一片心愿终于了却。这并不是一部完美的人物传记，因为有太多的故事无法书写下来。假如以后有机会，定要将梅艳芳这一生的故事补充完善。

马超

2022 年 4 月于唐山

参考文献

[1] 戴辛尉．星河回忆录[M]．香港：大风文创股份有限公司，2010.

[2] 王鸿谅．“他的 Fashion 传奇，她的 Image 百变”[J]．三联生活周刊，2013，51（12）.

[3] 罗君左．不可能再遇上 Anita 梅艳芳[M]．香港：知出版社，2008.

[4] 李展鹏，卓男．最后的蔓珠莎华：梅艳芳的演艺人生[M]．北京：生活·读书·新知三联书店出版社，2014.

[5] 丘濂．重寻梅艳芳的演艺踪迹[J]．三联生活周刊，2013，51（12）.

[6] 王鸿谅．“百变”与寂寞：梅艳芳的舞台人生（上）[J]．三联生活周刊，2013，51（12）.

[7] 李香兰（山口淑子）、藤原作弥．李香兰——我的前半生[M]. 北京：解放军出版社，1989.

[8] 新浪娱乐．梅艳芳十部最经典电影推荐:《审死官》[EB/OL]. http://ent. sina. com. cn . 2004-12-29.

[9] 董洺辰．专访 | 彭敬慈 Samuel：做梅艳芳的徒弟是我一生的幸运[EB/OL]. https://new.qq.com/rain/a/20211121A058JH00. 2021-11-22.

[10] 港报评论．梅艳芳永不言败的生命呼唤催人奋进[EB/OL]. 中国新闻网．2003-12-31.

[11] 百度贴吧梅艳芳吧．Anita 历年（1982-2003）采访资料（文字版）[EB/OL]. https://tieba.baidu.com/p/5384899262.

图书在版编目（CIP）数据

了不起的邻家女孩：香港的女儿梅艳芳 / 马超著
. -- 北京：华龄出版社, 2023.3
ISBN 978-7-5169-2433-4

Ⅰ. ①了… Ⅱ. ①马… Ⅲ. ①梅艳芳（1963-2003）
—传记 Ⅳ. ①K825.78

中国版本图书馆CIP数据核字(2022)第246326号

责任编辑 冀 晖 梁玉刚　　责任印制 李未圻
产品经理 小 北　　内文制作 刘龄蔓

书　名	了不起的邻家女孩：香港的女儿梅艳芳	作　者	马　超
出　版 发　行	华龄出版社 HUALING PRESS		
社　址	北京市东城区安定门外大街甲 57 号	邮　编	100011
发　行	（010）58122255	传　真	（010）84049572
承　印	定州启航印刷有限公司		
版　次	2023 年 3 月第 1 版	印　次	2023 年 3 月第 1 次印刷
规　格	800mm × 1230mm	开　本	1/32
印　张	10	字　数	190 千字
书　号	ISBN 978-7-5169-2433-4		
定　价	55.00 元		
